全国旅游高等院校
精品课程系列教材

Daxuesheng Chuangxin Lilun yu Shijian

大学生创新理论与实践

主编◎方法林　陈　瑶

中国旅游出版社

前　言

高等学校作为社会发展的重要引擎，在“大众创业 万众创新”的大时代，在创新人才培养的过程中，起着举足轻重的作用。

2015 年 5 月，国务院办公厅发布了《关于深化高等学校创新创业教育改革的实施意见》。《意见》中指出，深化高等学校创新创业教育改革，是国家实施创新驱动发展战略、促进经济提质增效升级的迫切需要，是推进高等教育综合改革、促进高校毕业生更高质量创业就业的重要举措。然而近年来，高校创新创业教育中也存在着一些问题，其中，创新创业教育理念滞后，与专业教育结合不紧，与实践脱节，成为最不容忽视的突出问题之一。因此，《意见》给出的一项实施指导意见就是，各高校要根据人才培养定位和创新创业教育目标要求，促进专业教育与创新创业教育有机融合，调整专业课程设置，挖掘和充实各类专业课程的创新创业教育资源，在传授专业知识过程中加强创新创业教育。同时，应组织学科带头人、行业企业优秀人才，联合编写具有科学性、先进性、适用性的创新创业教育重点教材。

确实，在我们启动创新教育课程改革之时，找不到一本既能与高校旅游专业紧密结合，又兼顾最新创新教育理念与实践指导的教材。因此，我们非常乐意投身于创新教育改革的浪潮中，开启我们的创新之旅。

我们的编写团队来自南京旅游职业学院，而南京旅游职业学院的前身是江苏旅游学校和金陵旅馆管理干部学院。这两所学校，前者是 1978 年成立的我国第一所旅游及酒店服务类学校，后者是 1991 年成立的中国第一所培养酒店中高级管理人才的专业学院。悠久的旅游教育历史及一直以来与行业的紧密合作，使得南京旅游职业学院在国内旅游教育界颇负盛名。在这个团队中，既有在旅游教育及研究中的资深专家，又有奋斗在学生创新实践教育第一线的新秀，相信我们的教材会给广大学生与读者带来不一样的体验。

本书由方法林、陈瑶架构逻辑体系，确立主体内容与核心观点，并最后修改统稿。本书的具体分工是：第一章由王娜编写；第二章由方法林编写；第三章和第四章由冯焕编写；第五章和第六章由陈维荣编写；第七章和第八章由管晨蓉编写。

本书的主要特色有：

一、面向旅游类专业学生，针对性强。本书主要适用于旅游类专业院校，为使教材更具实用性，我们使用了大量贴近旅游类专业教学与工作实际的案例，使得创新指导更加具体，更贴近学生的学习与工作需求。

二、符合大学生的阅读与学习要求。我们在编写的过程中特别注重教材的可阅读性。无论是教材的逻辑顺序，还是教材的体例，均有很强的可读性，既有理论深度，又易于理解；既有很强的专业性，又有实践的可操作性。

本书编写难免疏漏，感谢读者予以指正。我们将继续努力，将更好的作品奉献给读者！

作者

2016 年 12 月

目录
CONTENTS

第一章　自主创新是当今大学生的历史使命与时代要求 …… 1

一、大学生面临世界人才竞争的格局 …… 3

二、大学生承担建设创新型国家的使命 …… 10

三、大学生确立自主创新的目标与任务 …… 17

四、自主创新是大学生价值实现的现代方式与价值取向 …… 20

第二章　创新与创新教育 …… 25

一、解读创新 …… 25

二、创新与相关概念 …… 35

三、创新教育 …… 43

四、我国高校创新教育的现状 …… 51

五、国内外的创新教育比较 …… 54

第三章　创新素质 …… 64

一、素质的内涵 …… 65

二、创新素质的内涵 …… 66

三、创新素质的结构要素 …… 66

四、大学生创新素质的现状特征 …… 70

第四章　大学生创新素质培养路径探索 …… 76

一、大学生创新素质培养面临的问题 …… 77

二、大学生创新素质培养面临问题的原因分析 …… 80

三、培养大学生创新素质的路径探索 …… 90

第五章　大学生创新技法 …… 109
一、头脑风暴法 …… 109
二、头脑风暴法衍生的方法 …… 115

第六章　大学生自主创新的障碍超越 …… 130
一、大学生自主创新的主要障碍及其表现 …… 131
二、障碍因素对大学生自主创新的危害 …… 135
三、大学生自主创新障碍成因分析 …… 141
四、大学生自主创新障碍的克服与超越 …… 148

第七章　高校活动与大学生创新能力训练 …… 153
一、校园文化活动与大学生创新能力训练 …… 153
二、创新课堂教学活动与大学生创新能力训练 …… 160
三、创意课外实践活动与大学生创新能力训练 …… 166
四、毕业论文（设计）与大学生创新能力训练 …… 177

第八章　国外大学生创新经验借鉴 …… 183
一、美国大学生的创新经验借鉴 …… 183
二、英国大学生的创新教育借鉴 …… 189
三、德国大学生的创新经验借鉴 …… 195
四、日本大学生的创新经验借鉴 …… 199

参考文献 …… 204

第一章　自主创新是当今大学生的历史使命与时代要求

学习目标

通过本章学习，你应该能达到：

［知识目标］1. 了解建设创新型国家的目标与任务；

2. 了解现代人才的国际性流动与竞争；

3. 掌握现代人才的自主创新特点；

4. 掌握大学生确立自主创新的目标与任务。

［能力目标］能够理解自主创新与现代人才的关系。

［实训目标］能够在工作学习中意识到自主创新是当代大学生价值实现的现代方式。

案例导入

徐本禹出生在山东聊城郑家镇前进屯村一个贫寒农家，1999 年考入华中农业大学。当他领到第一笔勤工助学报酬时，就用来资助了山东费县一个叫孙珊珊的特困小学生。

2001 年的春天，学校发给他 400 元特困补助，他拿出 200 元捐给了“保护母亲河绿色希望工程”，还把 100 元捐给了山东聊城师范学校一名特困生。2001 年 3 月，徐本禹在湖北电视台做嘉宾，主持人给了他 500 元钱，他把其中的 200 元给了班上家庭条件很差的同学，100 元寄给了山东那个他曾经资助过的特困生，100 元寄给了湖北沙市孤儿许星星。在大学四年中，他在食堂洗盘子，在图书馆、计算机房当管理员，在节假日做家教，用微薄的勤工助学收入不断帮助那些需要帮助的人。

2002 年 6 月，徐本禹同另外四名同学组成小分队赴贵州参加社会实践，他告诉山区孩子们：“明年我毕业了一定回来教你们！”

2003 年春天，徐本禹考上了本校硕士研究生，但他找到学校领导：“我要申请保留研究生学籍，去贵州义务支教两年。”

2003 年 7 月 16 日，徐本禹启程去实践他阳光下的诺言。临行前，他从自己刚获得的6000元国家奖学金中拿出2400元交给辅导员，请她给自己一直资助的湖北沙市孤儿许星星每月寄100元作为生活费。

大方县猫场镇狗吊岩村条件十分艰苦，没有电，不通车。随着时间的流逝，这个岩洞中的小学因徐本禹的努力开始迅速发生变化，来上学的学生由原来的140人增加到现在的250人，学校也搬进了新建的校舍，教学质量也得到了提高。

2004年春，大方县大水乡党委书记沈义勇邀请徐本禹去做了一场报告，并领他参观了这个乡的大石村。大石村的条件比狗吊沿村更艰苦，这让徐本禹更加寝食难安，他萌发了转到大石小学支教的念头。学校支持他转到大石村，并捐助8万元改造校舍。此后，华中农业大学、武汉大学、中国传媒大学等高校的大学生纷纷前往当地开展助学服务，数十家新闻媒体的记者先后来到这里，含着眼泪用他们的镜头和笔记录和报道了徐本禹的感人事迹……

2007年3月，徐本禹去了津巴布韦，主要的工作是汉语培训。但更重要的是他把志愿精神带到了非洲，把中国青年的风采带向了世界。

徐本禹的事迹不仅充分体现了当代大学生理想信念坚定、价值取向正确、积极进取、奋发成才、勇于战胜困难、乐于奉献的精神风貌，也体现了高等学校自觉履行社会责任、积极服务经济社会发展的良好社会形象。

案例分析

徐本禹的舍己为人、艰苦创业，也是一种自主创新。他做了别人难以做到的事情，他不仅以自己独特的志愿活动，为急需帮助的人和贫困山区做出了奉献，而且敢于克服困难的勇气，创造了感动社会的道德精神。因此，只要人愿意创造，是可以创造一切价值的。人的价值是创造价值的价值，是一切价值中的最高价值，自主创新已经成为当代人实现个体价值、社会价值的方式。

创新是一个民族进步的灵魂，是国家兴旺发达的不竭动力。一个没有创新能力的民族，难以屹立于世界先进民族之林。处在大发展、大变革、大调整时期的当今世界，世界多极化、经济全球化使世界经济格局发生新变化，综合国力竞争和各种力量较量更趋激烈，世界范围内生产力、生产方式、生活方式、经济社会发展格局也正在发生深刻变革。这种急剧变化使创新成为经济社会发展的主要驱动力，知识创新成为国家竞争力的核心要素。在这种大背景下，各国为掌握国际竞争主动权，纷纷把深度开发人力资源、实现创新驱动发展作为战略选择。我国明确提出要建设创新型国家。在知识经济条件下，经济和社会的发展，不仅取决于人才的数量和结构，更取决于人才的创新精神与创新能力。大学生作为国家培养的高层次人才，理应成为建设创新型国家的实践者，成为我国实现人才强国的生力军，肩负着建设创新型国家的历史使命。

一、大学生面临世界人才竞争的格局

经济发展靠科技，科技创新靠人才，人才培养靠教育，这是现代社会发展的趋势，也是现代社会发展的逻辑。但在这种发展趋势与发展逻辑中，呈现出竞争的复杂格局。

（一）人才的国际性流动与竞争

人才的国际性流动与竞争，既表现在各国对培养人才的高度重视上，也表现在各国对人才的相互争夺上。

1. 人才是国际竞争的焦点

近年来，围绕高新技术人才的争夺战正在全球范围内展开。未来国与国之间的竞争，归根到底是知识和人才的竞争。在经济全球化进程中，每个国家都十分重视对人才资源的开发，对培养及留住本国人才已经达成共识，对吸纳别国人才也高度重视。世界范围内的人才整体性和结构性短缺，引发人才争夺战的白热化。西方国家为了取得人才资源争夺战中的优势地位，不断调整国际人才争夺的战略与策略。

世界各国尤其是发达国家从保护自身利益和长远安全出发，纷纷制定了人才战略及人才安全的法律与制度保障体系。美国制订了“培养21世纪美国人”的计划；日本提出了“培养世界通用的21世纪日本人”；加拿大制订了“21世纪接班人”计划等。美、日等发达国家还在人才策略上“先声夺人”。他们在纷纷制定人才战略的同时，又在人才策略上大显身手，推出“人才本土化”策略、“温柔人性”策略等，争夺和稳定优秀人才。

尽管美国人口只占世界的1/22，但已经拥有了全世界1/2的研究生，1/3的本科生，1/4的科技人员。1999年3月，美国参议院通过一项法案，放宽从国外引进人才的限制，将原定每年引进6.5万人增加到11.5万人。2000年5月，时任美国总统的克林顿，再次向国会提出一项计划，即从2001年到2003年的两年内，美国要把高科技人才引进的名额，由11.5万人增加到20万人。美国移民小组在2000年通过了一个法案，撤销外国科技人员在美国工作的限制，运用法律、外交手段留住人才。

英国审时度势，根据国际、国内人才状况，在人才政策上进行了一些调整。英国政府规定，对高科技研究、基础研究和高等教育研究领域有突出贡献的人才，实行倾斜政策，国家将拨出专款大幅度提高他们的工资待遇，其中由英国政府认定的几百名杰出人才的年薪将达到10万英镑以上。同时，政府对人才的定义更加灵活，不再局限于获得硕士学位以上的人，而是覆盖面更加宽泛，包括金融、科技、教育、信息、法律、医学等各个领域中有一技之长的人。2000年，英国放宽向以信息技术为主的人才发放劳动许可证的限制。此外，判别人才的权力也下放到全国的著名跨国公司、科研机构等，给他们以自行签发工作许可证的特殊权力。

为了填补巨大的高新技术人才缺口，德国近年来相继出台了一系列政策。德国坚持引进与培养并举、留住与用好并重的原则，修改和完善《移民法》，改革奖励制度，打造了一系列人才吸引计划。2000 年 8 月 1 日德国绿卡计划正式出台，按照这个计划，德国将在几年内向来自欧盟国家之外的 2 万名 IT 业高级专业人员，颁发特殊的居留许可，对其实行优惠的居留审批政策。2004 年、2009 年以及 2013 年德国多次对《移民法》进行修订，采取了更为积极的移民政策，扩大移民数量，广招天下贤才。《移民法》向世界各地的大学生、研究人员和科学家进一步敞开大门。德国放宽了留学生签证制度，也增加了针对外国留学生的奖学金。从 2011 年起，外国留学生如果被德国企业或在德国被聘用，就可以获得在德国的居留许可。对于一些毕业后未能马上在德国找到工作的外国留学生，德国也允许其居留一年来寻找工作。

日本提出了“培养世界通用的 21 世纪日本人”的战略，并采取各种措施，要使外籍科研人员总数的比例，在今后几年内达到全国科研人员总数的 30%。有资料显示，日本每年仅从中国聘用工程师就达数千人，而且无一例外全部是计算机软件开发研究人员。

芬兰则出台了一项新政策，芬兰境内掌握高科技技术的外国人，税率可以降低到当地纳税人的 58%。

2. 人才国际流动的趋势

人才跨国流动是人才在国家之间的流动，它是国际移民流动的一部分。20 世纪末以来，以信息技术为代表的新技术革命的深入发展，使人类社会进入知识经济时代。同时，经济全球化进程迅速推进。这些变化推动着人才跨国流动日益频繁，跨国人才竞争日益激烈。

人才跨国流动也就是国家之间的人才交换，这种交换同商品或劳务贸易一样，都是双向的。一个国家在一定时期内的人才输出量远远高于人才输入量时，便出现了人才流失；相反，便出现人才收益。人才流失概念在 20 世纪 60 年代被提出时，就是用来强调欧洲特别是英国的人才向北美的流失。后来则主要是用来强调发展中国家的人才向西方发达国家的流失。目前，欧盟国家向美国的人才流失仍然存在，发展中国家向西方发达国家的人才流失依然是人才跨国流动中的突出现象。

其一，欧盟国家向美国的人才流失。20 世纪 60 年代，英国化学家约翰·波普尔前往美国从事研究并在那里获得诺贝尔化学奖。因为他的离开，英国议会对政府提出了不信任案，差点让政府倒台。但从那以后，欧盟顶尖人才流失的势头并没有得到遏制，反倒有增强的趋势。到 2003 年，整个欧盟大约有 40 万高级人才在美国工作。《欧洲 2003 年度科技指标报告》指出在 1991~2000 年的 10 年间，共有 1.5 万名欧洲科技人才在美国取得博士学位，其中71%留在美国并明确表示无回国意愿，整个欧盟现有约40万名高级人才在美工作，波兰一国就有4万多名科学家滞美不归。欧盟人才向美国流动的主要原因是欧盟的科技投入太少，只占国内生产总值的1.9%，而美国则达到2.8%。较少的科技投入也意味着相对较差的工作条件和较低的工作报酬。欧盟国家的学术科研机构和高校倾向于保守，外国人才很难进入欧盟工作。尤其是在南欧国家，外来科研人员即使有很强的科研能力，也很难获得较高的学术地位。为改变欧洲人才向美国流动的趋势，2003年欧盟委员会提出了一个吸引高级科研人才的计划：要求欧盟国家至少拿出国内生产总值的3%作为科研投入，在欧盟范围内建立对研究人员能力和成绩进行评估的共同标准，让科研人员在不同国家之间的相互流动更为便利，为外国科研人员到欧盟工作提供方便等。

其二，发展中国家向发达国家的人才流失。发展中国家向发达国家的人才流失是人才流动中的一个非常明显的现象。

据世界银行统计，仅仅在1969~1979年的10年间，美国就接受了近50万名有专业知识和技术的外来移民，其中3/4来自发展中国家，他们中的一半来自亚洲的发展中国家。据估计，从20世纪60年代到90年代，发展中国家流入发达国家的技术移民总数超过了200万人。

其三，人才流失的其他方向。欧盟人才向美国的流失属于发达国家的人才流失现象。事实上，不仅欧盟，其他发达国家在对某些发达国家的人才交换中也存在人才流失。例如，加拿大也存在着向美国的人才流失现象。另外，据澳大利亚研究生协会调查，该国的研究生外流人数正以每年10%的速度增长，仅1992年就有60%的自然科学研究生毕业后外流，这些外流的研究生多是流向其他发达国家。需要指出的是，发达国家的人才流失不一定是真正的人才流失，因为发达国家人才在向其他发达国家流失的同时，也吸引着发展中国家的大量人才，在对发展中国家的人才交换中，发达国家往往是人才受益者。即使如此，加拿大、澳大利亚等发达国家对其人才流失现象也十分担忧和重视。

此外，独联体国家和东欧国家向西方国家的人才流失也比较引人注目。据统计，仅1992年前7个月中，独联体国家共有10.7万人被批准到国外定居，比如其中4.8万人到德国，4.3万人去了以色列，8500人去了美国，3400人迁入希腊。在流出人口中大部分是知识分子。东欧国家人才向西欧的流失也十分严重。独联体国家和东欧国家向西方的人才流失主要是由社会主义制度的阶梯所导致的工作机会减少、科研投入降低、生活水平下降以及其他的社会后果所引起的，这是不同于其他地区人才流失现象的一个突出特点。

其四，中国的人才流失。改革开放以来，中国的人才流失一直十分严重。人才流失最主要的渠道是学生和科研人员出国留学。

2004 年 2 月 16 日，教育部公布的 2003 年度留学人员情况统计结果指出：从 1978～2003 年，各类出国留学人员总数达 70.02 万人，留学归国人员总数达 17.28 万人。以留学生身份出国并目前在外的留学人员有 52.75 万人。回国人员只占 24.7%，超过 75%的留学人员尚未回国。在出国留学的学生中，名牌大学的优秀学生所占比例最高。中国因此成为美国雇用的外国出生的科学家、工程师人数最多的 6 个东方国家之一。

随着中国加入世界贸易组织，中国同西方国家的人才竞争面临更激烈的局面。国家人事部人事与人才研究所一项有关中国人才工作十大问题的研究显示，目前已有来自 14 个国家的 400 多家世界 500 强企业在华建立了研发机构，其中以朗讯的贝尔实验室规模最大，拥有科研人员 500 多人，其中具有博士、硕士学位的达 96%；微软中国研究院的 60 多名研究人员中，20 名有国外留学背景，40 名是中国著名学府的博士；IBM 公司中国研究院中的 60 多名研究人员全部具有硕士或博士学位。这些研发机构实际上形成了外资企业争夺中国高层次人才的桥头堡。

虽然在与发达国家的人才交流中，中国的人才流失依然严重。但是，近些年中国流失的人才回流也越来越多，这同国际上出现的人才回流趋势是一致的。教育部国际合作与交流司负责人在 2004 年 2 月 15 日教育部举办的“2003 年度出国留学工作情况发布会”上指出：近些年来，中国留学生回国创业人数稳步增长。2003 年度，各类出国留学人数总数为 11.73 万人，各类留学回国人数总数为 2.01 万人，比 2002 年增长 12.3%。这是改革开放以来中国年度留学归国人数首次突破 2 万人。

此外，中国近些年吸引的来华留学生人数也明显上升。国家留学基金管理委员会公布的 2002 年全国来华留学生数据统计结果显示：2002 年全年在华的各类外国留学人员共计 175 个国家的 8582 人，与 2001 年相比，国别增加了 6 个，人数增加了 38.7%，分布在全国 31 个省、自治区、直辖市的 395 所高等院校和其他教学机构。

留学回国人员和来华留学人员的增多，说明伴随着经济的迅速发展和对外开放交流的不断加强，中国对跨国流动人才越来越具有吸引力。

3. 确立面向国际竞争的人才视野

当前，全球经济的增长方式已由传统的工业化经济方式向以知识为基础的经济方式转变。据推算，经济合作与发展组织（OECD）主要成员国国内生产总值的 50%以上是以知识为基础进行生产的。知识的生产载体和传播载体是创新人才，从这个已经达到“控股”比例的简单百分数上的变化，我们可以清楚地看到，主宰世界经济增长的基本资源已开始由传统的物质资源向人才资源转变。美国斯坦福国际研究所所长米勒教授指出：“知识经济就是人才经济。”正是有了世界一流的创新型人才，美国才会出现以知识经济为内涵的“新经济”，人才出现连续十多年的低通胀和高就业，美国企业的利润才会滚滚而来。这些都充分表明，无论是自然资源、资本资源还是信息资源，都是在人才资源的作用下才得以转化的。因此，人才资源，特别是位于尖端的创新人才资源，已经成为新一轮国家竞争的焦点，成为世界经济增长的发动机，主宰着新世纪的经济发展，各国人才竞争的根本原因在于经济利益的驱使。

当今世界多极化和经济全球化不断发展，国际政治、经济、军事和意识形态等方面的竞争日趋激烈。特别是入世以来，我国面临的竞争全面升级，竞争的“战场”从中国市场延伸到世界市场。这犹如逆水行舟，不进则退。现代人才只有确立面向国际竞争的视野，坚持自主创新，主动参与国际竞争，大力提高国际竞争力，才能求得更好的生存和发展，为中华民族的伟大复兴贡献力量。

（二）现代人才的自主创新特点

1. 现代人才培养的时代背景

社会发展的日新月异，为现代人才的成长提供了一个具有鲜明时代特征的平台。在经济全球化迅速推进、科技创新日新月异、高等教育国际化步伐加快的时代背景下，人才培养既面临更多的机遇，也面临更大的挑战。

第一，科技创新背景。20 世纪 90 年代以来，以信息技术革命为中心的高新技术迅猛发展，不仅冲破了国界，而且缩小了各国和各地的距离，是世界经济越来越融为整体，经济全球化成为世界经济发展的一种重要趋势。所谓“经济全球化”，即以市场经济为基础，以先进科技和生产力为手段，以发达国家为主导，以最大利润和经济效益为目标，通过分工、贸易、投资、跨国公司和要素流动等，实现各国市场分工与协作、相互融合的过程。经济全球化，有利于资源和生产要素在全球的合理配置，有利于资本和产品在全球的流动，有利于科学技术的全球性扩张，有利于促进不发达地区经济的发展，是人类发展进步的条件，是世界经济发展的必然结果。但是，经济全球化对于每个国家来说，都是一把双刃剑，既是机遇，也是挑战。特别是对经济实力薄弱和科学技术比较落后的发展中国家，面对全球性的激烈竞争，所遇到的风险、挑战将更加严峻。

在经济全球化迅速发展、国际竞争日益激烈的形势下，只有不断提高国家自主创新能力，不断发展先进科技和生产力，才能在竞争中立于不败之地。国家自主创新能力的提高，需要大批高素质人才提供“智力支持”。整合信息能力、竞争协作能力、科学决策能力、开拓创新等能力的培养，是现代人才适应经济全球化趋势的基本素质要求。

科技创新作为科技发展的一条主线，从 20 世纪 40 年代以后，正以前所未有的速度和规模向前发展，科技创新成了经济增长的主要动力和源泉。

首先，技术进步在经济增长中的贡献率日益增大。早期的经济增长，是稀有资源、资本、劳动的大量投入，以劳动力密集型产业和资本密集型产业为主，经济增长率在 19 世纪之前，技术进步的贡献率仅占 20% 左右，80% 是由劳动增长率和资本增长率做出的。但进入20世纪以后，技术进步的贡献率显著提高，在现代一些发达国家已达80%以上。其根本原因就在于科技发展的巨大推动，加快了技术创新步伐，科学技术的生产力功能空前发挥，成为经济增长的主要动力和源泉。当前经济竞争的实质就是科技竞争，谁拥有了技术创新的强大能力，谁就处于竞争的优势地位。

其次，劳动者正由体力型向科技型、知识型的劳动者转变。农业时代，80%的劳动力从事农业生产，才能解决吃穿问题；而工业时代，只需要20%的劳动力从事农业生产，80%的劳动力转向工业、服务业；到了后工业社会后知识经济时代，从事工农物质产品生产的劳动力只有20%，80%的劳动力转向以知识为中心的服务产业。科学技术的发展，推动着劳动者由体力型向科技型、文化型方向发展，呈现出智力化趋势。

面对着科技创新的机遇和挑战，发展中国家要缩短与发达国家的差距，最根本的措施在于把创新的运用与扩散摆在首位，加快国家创新体系的建立，在强化自主创新的基础上，博采众家之长，走综合创新之路。

第二，高等教育国际化背景。高等教育国际化是21世纪教育与发展的三大特征之一。高等教育国际化并非新的现象，然而自20世纪90年代以来，世界经济一体化进程、网络社会与信息社会的兴起、全球问题与未来一代的全球观等因素推动了新一轮高等教育国际化浪潮。

高等教育国际化内容十分丰富，并因时代发展不断扩展。新一轮的高等教育国际化包括三个方面：首先，人员的国际流动。人员的国际交流是高等教育国际化最基本也是最活跃的因素之一。人员的国际交流包括学生和教师的流动。学生国际交流主要指大学生在国际范围内的流动，一方面欧美诸国积极吸引外国学生；另一方面也积极向外国派遣本国学生。其次，国际化课程的增设。国际化的课程是一种为国内外学生设计课程，在内容上趋向国际化，旨在培养学生能在国际化和多元文化的社会工作环境下生存的能力。例如，美国教育家普遍赞同课程的国际化，不仅仅开设更多的外语课程或学习有关其他国家历史、地理等知识，更重要的是以国际视野建构课程体系，用国际视野教育、帮助学生了解世界的变化，使他们在国际上更具竞争力。再次，加强国际学术交流与合作。目前，国际学术交流与合作主要有以下几种方式：一是通过有关国际组织进行国际合作研究，如通过联合国教科文组织、国际学术联合会议等机构设立的有关项目进行共同研究；二是进行校际合作研究，根据特定研究领域的交流项目，在其他大学的协作下，各大学之间进行有组织的共同研究；三是通过国际会议进行学术交流；四是开展学术信息交流，如资助研究成果的发表，推动高等学校通过国际互联网交流数据和研究成果等。

我国高等教育在20世纪末开始了大众化的进程。大众化不仅仅使我国高等教育在规模上迅猛扩大，而且带来了我国高等教育结构的巨大变化。例如，民办教育和高等职业教育的蓬勃发展，使我国高等教育的体系结构与发达国家具有了更多相通之处。这样我国在高等教育的对外交流与合作上具有了更大的空间。我国高等教育经过一个多世纪的自主发展和学习借鉴，已经具有丰富的经验。要使我国高等教育国际化不断向前发展，努力提高我国研究型大学的水平和高等教育各个层次的整体质量，是我国所面临的艰巨任务；而不断提升现代人才的自主创新能力，则是提高我国研究型大学的水平和高等教育各个层次的整体质量的关键。

2. 现代人才自主创新的时代特征

自主创新人才是指在构建创新型国家背景下，接受新思想、新思维，能够有效整合信息资源，在充分发挥主观能动性的基础上进行创造性的变革，推动社会进步并对人类文明做出重要贡献的人。现代人才的自主创新，彰显着如下时代特征：

第一，适应社会发展，具有开放视野。当今世界科技日新月异，经济全球化愈演愈烈，“地球村”概念已深入人心。现代人才只有放眼全球，主动参与国际竞争，才能跟上世界潮流、立于不败之地。因此，现代人才必须树立面向国际竞争的开放视野。坚持自主创新，主动参与国际竞争，大力提高国际竞争力，这是现代人才自主创新的前提。

第二，不断追踪学科前沿，调整知识结构。创新是在知识的基础上，在智力的支撑下，运用自己具有的信息去分析问题、解决问题，并首创前所未有的事物。由此可见，掌握知识是发展智力、培养创新能力的前提。智力是建立在知识的基础之上的，包括观察力、记忆力、想象力等诸多认识能力的总和。智力的发展促进知识的高效掌握，而知识的掌握又能促进智力的顺利发展。在创新人才的知识结构中，理论知识是基础，应用知识是关键；“有形知识”是基础，“无形知识”是关键；专业技术知识是基础，信息传播知识是关键。创新人才的知识结构呈现以下三个特点：新，掌握新的前沿知识和本学科发展的最新动态；专，在某一领域有独到的见解和较深的造诣；博，有扎实的基础和深厚的文化底蕴。创新人才能对有关学科进行整体性的归纳，使多学科的知识、技能形成合理的、便于提取的系统，还能根据自己在学习、工作中的需要，通过反思进行调整，能根据社会发展的趋势，积极进行知识储备，主动适应社会发展的变化。

第三，敢于面对竞争，注重培养创新精神。随着社会发展，社会竞争日益激烈。现代人才只有具备强烈的竞争意识，敢于面对竞争，注重培养自身的创新精神，才能把竞争的压力转化为创新的动力，才能以昂扬的斗志投入到创新活动中去。

第四，切实面向实际，着力提高创新能力。实践是最好的老师，创新能力的培养更不例外。创新能力不仅需要通过创新实践培养和提升，还需要通过创新实践加以检验。创新实践不同于一般的实践概念，它包括创新思维和创新行动两层含义，即主观性实践和客观性实践。主观性实践是指创新思维，其结果是提出新的创意；而客观性实践是获得物质性的创新成果。

现代人才参与创新实践，首先是主观性的创新思考，然后才是客观性的创新行动。从眼前的事物开始观察，从身边的事物开始思考，不放过任何创新实践的机会，是培养创新能力的最好方式。

二、大学生承担建设创新型国家的使命

（一）我国建设创新型国家的目标与任务

1. 创新型国家的基本条件

20世纪以来，世界上众多国家为寻求实现工业化和现代化的道路，都在各自不同的起点上进行了探索，走出了不同的发展道路。一些国家主要依靠自身丰富的自然资源增加国民财富，如中东产油国家；一些国家主要依附于发达国家的资本、市场和技术，如东南亚及一些拉美国家；还有一些国家把科技创新作为基本战略，大幅度提高科技创新能力，日益形成强大的竞争优势。国际学术界把后一类国家称为“创新型国家”。

目前世界上公认的创新型国家有20个左右，包括美国、日本、芬兰、韩国等。一般来说，创新型国家应至少具备以下四个基本特征。一是创新投入高。创新型国家的研发投入占本国GDP的比例一般在2%以上。比如日本、韩国目前是3%。美国是2.6%以上。二是科技进步贡献率大。科技进步贡献率即科技对经济增加值的贡献率，创新型国家科技进步贡献率的平均值为70%左右，美国是80%。三是自主创新能力强。目前世界上的20个创新型国家，其自主创新能力都很强，平均对外技术依存度指标低于30%，而美国、日本等发达国家的对外技术依存度指数只有10%左右。四是创新产出高。目前世界上公认的20个左右的创新型国家所拥有的发明专利数量占全世界总数的99%。

2. 我国与创新型国家的主要差距

自改革开放以来，我国通过大量引进国外资本、先进技术和管理经验，有力地促进了经济发展，使国民生产总值快速持续增长。可是，核心技术和自主知识产权的缺乏，使我国经济至今仍主要靠廉价劳动力、资源消耗、土地占用和优惠政策赢得竞争优势，这不仅使我国商品在国际竞争中处于劣势，大量企业沦为外国商品廉价的加工厂，也导致我国资源短缺、环境恶化，经济增长中矛盾凸显、压力增大。这些都说明我国与创新型国家还有较大的差距。

《国家中长期科学和技术发展规划纲要（2006~2020年）》指出，到2020年，我国研发投入占GDP比重将提高到2.5%，达到创新型国家指标。在科技贡献率方面，我国当前科技进步对经济增长的贡献率仅为39%，远低于创新型国家70%的平均值。而我国对外技术依存度高达50%，占固定资产投资40%左右的设备投资中，有60%以上要靠进

口；国内拥有自主知识产权核心技术的企业仅为万分之三。根据2001年的有关分析数据，中国科技创新能力在世界49个主要国家中仅居于第28位，不仅低于发达国家，也低于巴西、印度等发展中国家。我们的专利占世界总额的1.8%，发明专利有世界影响的只占0.2%。

新中国成立以来特别是改革开放以来，党和国家采取了一系列加快我国科技事业发展的重大战略举措，经过广大科技人员顽强拼搏，我国取得了一批以“两弹一星”、载人航天、杂交水稻、高性能计算机、人工合成牛胰岛素、基因组研究等为标志的重大科技成就，拥有了一批在农业、工业领域具有重要作用的自主知识产权，促进了一批高新技术产业群的迅速崛起，造就了一批拥有自主知名品牌的优秀企业，全社会科技水平显著提高。这些科技成就，为推动经济社会发展和改善人民生活提供了有力的支撑，显著增强了我国的综合国力和国际竞争力。

但是，我国科技的总体水平同世界先进水平相比仍有较大差距，主要是：关键技术自给率低，自主创新能力不强，特别是企业核心竞争力不强；农业和农村信息的科技水平还比较低，高新技术产业在整个经济中所占的比例还不高，产业技术的一些关键领域存在着较大的对外技术依赖；不少高技术含量和高附加值产品主要依赖进口；科学研究实力不强，优秀拔尖人才比较匮乏；科技投入不足，体制机制还存在不少弊端。

除科技差距之外，与世界发达国家相比，我国还存在着一定的人才差距，主要体现在：第一，在世界一级、二级科技组织中任职人数较少。如果说全球75%的知识产权集中在发达国家，倒不如说是同样比例的原始创新人才集中在发达国家。中国与发达国家在科技创新能力上的差距集中表现为原始创新人才拥有量的差距。资料显示，虽然我国人才总体规模已近6000万，但能跻身国际前沿、参与国际竞争的战略科学家却凤毛麟角。第二，科技人力资源总量第一，但创新型人才较少。2008年4月29日，中国科协发布我国第一部《中国科技人力资源发展研究报告》。《报告》的数据显示，到2050年年底，我国科技人力资源总量达到4246万人，比美国的4200万人略多，仅次于欧盟5400万人的科技人力资源数量。如果只计算单一国家，中国的科技人力资源总量也已经居世界第一，成为名副其实的科技人力资源大国。然而，《报告》同时指出，尽管我国科技人力资源较为丰富，但我国科技人才的质量和水平还不是很高，在科技人力资源总量中可以被称为“科技工作者”的只占61%左右，有近40%的科技人才“荒废”了，并没有从事与科技有关的工作。第三，我国科技成果中的原创成果少，我国科技人才在几大著名的世界性科技奖中获奖少。

3. 我国建设创新型国家的目标

2006年1月9日，国家主席胡锦涛在全国科技大会上宣布中国未来15年科技发展的目标：2020年建成创新型国家，使科技发展成为经济社会发展的有力支撑。中国科技创新的基本指标是：到2020年，经济增长的科技进步贡献率要从目前的39%提高到60%以上，全社会的研发投入占GDP比重要从1.35%提高到2.5%。

此次会议是党中央、国务院在21世纪召开的第一次全国科学技术大会。会议的主要任务是：分析形势，统一思想，总结经验，明确任务，部署实施《国家中长期科学和技术发展规划纲要（2006~2020年）》，动员全党全社会坚持走中国特色自主创新道路，为建设创新型国家而努力奋斗，进一步开创全面建设小康社会、加快推进社会主义现代化的新局面。

党中央、国务院做出的建设创新型国家的决策，是事关社会主义现代化建设全局的重大战略决策，建设创新型国家，核心就是把增强自主创新能力作为发展科学技术的战略基点，走出中国特色自主创新道路，推动科学技术的跨越式发展；就是把增强自主创新能力作为调整产业结构、转变增长方式的中心环节，建设资源节约型、环境友好型社会；就是把增强自主创新能力作为国家战略，贯彻到现代化建设各个方面，激发全民族创新精神，培养高水平创新人才，形成有利于自主创新的体制机制，大力推进理论创新、制度创新、科技创新，不断巩固和发展中国特色社会主义伟大事业。

4. 大学生是未来建设创新型国家的主力军

21世纪头20年是我国全面建设小康目标的关键时期，中国能否抓住这一战略机遇期，核心在于科技进步和自主创新。科学技术的创新是创新型国家建设的核心，而科技创新需要大量创新型人才作支撑。大学生无疑是这股支撑力量的主体，大学生的知识优势、科学精神、竞争意识和创新能力从一定程度上决定着国家的创新能力，决定着创新型国家的建设进程。首先，建设创新型国家，要求大学生具备系统、合理的知识结构。随着知识经济时代的发展，知识更新的速度明显加快，大学生要实现知识创新，就必须强化自己的基础知识，拓宽知识面，形成较为优势的知识结构。其次，建设创新型国家，要求大学生除了具备科学知识外，还要具备科学精神，包括科学求实的态度、革故鼎新的勇气、挑战权威的胆识、为科学献身的精神等。再次，建设创新型国家，要求大学生具备强烈的竞争意识。社会发展日新月异，大学生只有具备不甘落后的竞争意识，才能化压力为前行的动力，积极投入到创新活动之中。最后，建设创新型国家，要求大学生具备一定的创新能力，创新能力是实现创新的关键因素，也是大学生创新素质中的核心因素。

大学生是建设创新型国家的主力军，大力提倡创新教育，培养具有创新精神、能灵活驾驭知识和具备较强社会适应能力、对科学和真理有执着追求、具有终身学习能力、能进行国际交往的新型大学生，将为创新型国家的建设奠定坚实的基础。

（二）我国建设创新型国家的战略

1. 科教兴国战略

20世纪40年代以来，一场新的技术革命迅猛发展，特别是70年代末80年代以来，以信息技术为主的高科技及产业化，引发了一场知识革命，急速地改变着社会整体经济结构、人们的生活方式和社会观念。进入20世纪90年代以来，世界经济呈现知识化、全球化的趋势。科学技术对生产力发展所起到的作用超过其他生产要素之和，教育在经济发展和社会进步中的基础性地位日益突出，以知识为基础的新的经济形态开始显现出强大的生命力，人类社会开始了由工业经济社会向知识经济社会转变的新时代。21世纪将是知识经济社会，国家之间的竞争将取决于科学与教育的发展、知识创新与技术创新。

当代社会经济发展的事实，无可辩驳地证明了科学技术和教育是经济发展的动力，对社会经济发展具有积极的、直接的促进作用，科技和教育发展程度已经成为衡量一个国家经济发展和综合国力的重要标志。

如果说，党的十一届三中全会是我国走上正确的社会主义道路的里程碑，那么，1992年，以邓小平南方谈话和党的十四大为标志，我国的改革开放和社会主义现代化建设事业进入了一个新的阶段。以江泽民为核心的党中央根据邓小平关于科技、教育的理论和我国的基本国情，确立把“科教兴国”作为我国的基本国策，制定了一系列的重大决策。1997年，党的十五大召开，发出了高举邓小平理论的伟大旗帜，把社会主义建设事业全面推向21世纪的伟大号召，提出了要加快实施科教兴国战略和可持续发展战略，从而大大加快了实施科教兴国战略的步伐。

我国实施科教兴国战略，是我们党面对世界范围内科学技术迅猛发展，知识经济即将来临，综合国力竞争日趋激烈的时代背景，根据经济和社会发展规律及我国现实情况做出的重大战略部署，是保证国民经济持续健康快速发展的根本措施，是实现我国社会主义现代化宏伟目标的必然选择。

首先，我国的现代化建设只能走依靠科技进步和提高劳动者素质的道路，这是由我国的国情决定的。我国的国情之一就是人口众多，资源相对不足，经济文化比较落后。能否把沉重的人口负担转化为巨大的人才优势，将决定着我国现代化的成败，而实现这种转化的唯一出路就是大力发展教育。以色列之所以能在资源贫瘠的土地上创造出令人瞩目的奇迹，主要原因得益于实行科技立国的战略。他们把培养高素质人才作为科技立国成功的关键因素，从20世纪70年代以来，政府对教育的投入占国民生产总值的8%以上，这是我国现代化建设应当借鉴的经验。

其次，实施科教兴国战略是我国针对综合国力较量的态势和新技术革命迅猛发展的趋势采取的一项根本对策。当今世界，科学技术突飞猛进，国力竞争日趋激烈。这种竞争归根到底是人才竞争。一个国家的持续发展和竞争力，越来越取决于人才开发的状况。我国要在这种综合国力较量中立于不败之地，就必须大力发展教育、科技。为此，党的十五大报告把人才视作社会经济发展的最重要资源，把文化视作综合国力的重要标志。报告还指出，科学技术是第一生产力，科技进步是经济发展的决定因素。正如邓小平所指出的：我们国家，国力的强弱，经济发展后劲的大小，越来越取决于劳动者的素质，取决于知识分子的数量和质量。

2. 人才强国战略

翻开世界各国的振兴史，我们发现，现代国家的发达和振兴无不得益于大兴教育和重视人才；每一次成功的经济追赶，都同时伴随着人才能力建设和人力资本投资的先行追赶，许多国家发展成为经济强国，都是经历了教育立国、科技兴国和人才强国的战略阶段。

中国作为世界上最大的发展中国家，人口多，底子薄，人均资源相对不足，这一基本国情决定了中国的发展必须坚持“以人为本”，走人才强国之路。中国的人才强国战略主要包括两层含义：一是着眼加大人才资源的开发力度，全面提高人才的基本素质，将人口大国转变为人才强国，通过提高人才的竞争力，增强国家的综合国力和国际竞争力。二是着眼创新体制机制，做到广纳人才，为我所用，通过提高政策制度对人才的吸引力和凝聚力，增强国家的综合国力和国际竞争力。

中国的人才强国战略，是一个不断发展和完善的过程。随着世界科技革命的发展和经济全球化进程的加快，随着中国改革的深化和进一步对外开放，中国人才资源开发工作与综合国力竞争、经济社会发展的要求不相适应的矛盾越来越突出。根据第五届全国人大政府工作报告提出要制定国家人才战略的要求，2000 年到 2001 年，国家人事部先后研究起草了《21 世纪中国专业技术人才发展规划》，制定了《人事人才发展“十五”规划纲要》。2002 年，中央制定了《2002～2005 年全国人才队伍建设规划纲要》，这是我国制定的第一个包括各类人才和人才政策在内的中期人才发展战略规划。规划中提出的人才强国战略，在 2003 年召开的第六届全国人大政府工作报告中得到了确认并通过。

《规划纲要》的出台，标志着我们党和国家实施人才强国战略具有了具体的行动方案和工作规划。同年，党的十六大提出全面建设小康社会的奋斗目标，进一步确立了“尊重劳动、尊重知识、尊重人才、尊重创造”的重大方针。2002 年年底，全国组织工作会议提出了党管人才原则，要求形成党委统一领导，组织部门牵头抓总，有关部门各司其职、密切配合的人才工作新格局。2003 年 5 月 23 日，中共中央政治局召开会议，充分肯定近年来国家人才工作取得的成绩，提出了新世纪新阶段人才工作和人才队伍建设的指导思想、重大任务和工作目标。会议提出人才问题是关系党和国家事业成败的关键问题，并进一步强调人才是第一资源的科学判断，进一步强调要实施人才强国战略。根据党管人才的要求，决定成立中央人才工作协调小组，把其作为全面加强人才工作的一项组织措施，履行人才工作的战略规划、政策研究、宏观指导和工作协调职责。这标志着人才工作摆上了党和国家更重要的议事日程，人才强国战略实施的力度进一步加大。

2003年11月24日中共中央政治局再次召开会议，重点研究人才工作。2003年12月19日至20日召开的全国人才工作会议，把实施人才强国战略作为科学发展观的有机组成部分，作为党和国家一项重大而紧迫的任务，作为新世纪新阶段国家人才工作的根本任务。中央人才工作会议后，下发了《中共中央国务院关于进一步加强人才工作的决定》，指出：实施人才强国战略是党和国家一项重大而紧迫的任务，并进一步明确了新世纪新阶段中国人才工作的重要意义、根本任务和一系列方针政策。全国人才工作会议的成功召开，标志着中国共产党向全国发出了新世纪新阶段大力实施人才强国战略的宣言书和动员令，标志着实施人才强国战略工作进入全面展开、整体推进的新的发展阶段。

人才强国战略的实施，具有重要意义。胡锦涛同志指出，小康大业，人才为本。实施人才强国战略，既是全面建设小康社会的重要内容，又是全面建设小康社会的重要保证。无论是保持国民经济持续快速协调健康发展，还是推进社会全面进步；无论是树立和落实全面、协调、可持续的发展观，还是统筹城乡发展、统筹区域发展、统筹经济社会发展、统筹人与自然和谐发展、统筹国内发展和对外开放；无论是建设完善的社会主义市场经济体制和更具活力、更加开放的经济体系，还是走新型工业化道路、推动经济结构的战略性调整和经济增长方式的根本转变；无论是促进社会主义物质文明、政治文明和精神文明的协调发展，还是提高全民族的思想道德、科学文化素质和实现人的全面发展，都必须以人才为基础、为保障，都需要由人才来推动、来支持。实施科教兴国、可持续发展、西部大开发、振兴东北地区等老工业基地等重大发展战略，也对人才工作提出了新的更高的要求。总之，要完成全面建设小康社会的各项任务，必须把人才工作纳入国民经济和社会发展的总体布局，大力开发人才资源，走人才强国之路。从这个意义上说，人才强国战略是一项具有决定性意义的战略。

3. 创新性国家发展战略

中共中央十六届五中全会通过的《中共中央关于制定国民经济和社会发展第十一个五年规划的建议》《国家中长期科学和技术发展规划纲要（2006~2020年）》，提出了国家战略的重大选择，胡锦涛同志在全国科学技术大会上提出："动员全党全社会坚持走中国特色自主创新道路，为建设创新型国家而努力奋斗。"

1978年"中心论"：中共十一届三中全会决定，工作重点转移到以经济建设为中心。

1991年"转轨论"：中央提出把经济建设转移到依靠科技进步和提高劳动者素质的轨道上来。

1995年"兴国论"：《中共中央国务院关于加速科学技术进步的决定》提出了科教兴国战略。

1999 年“主体论”：《中共中央国务院关于加强技术创新，发展高科技，实现产业化的决定》提出“企业是技术创新的主体”，“强化企业的技术创新的主体地位”。

2003 年“强国论”：《中共中央国务院关于进一步加强人才工作的决定》，提出实施人才强国战略。

2005 年“创新型国家论”：温家宝总理在《关于制定国民经济和社会发展第十一个五年规划的建议的说明》中指出“要把增强自主创新能力作为国家战略，致力于建设创新型国家”。

为什么会提出建设创新型国家？胡锦涛同志在全国科学技术大会上的讲话中指出：“一个国家只有拥有强大的自主创新能力，才能在激烈的国际竞争中把握先机、赢得主动。特别是在关系国民经济命脉和国家安全的关键领域，真正的核心技术、关键技术是买不来的。”用 15 年的时间使我国进入创新型国家行列，是一项极其繁重而艰巨的任务，也是一项极其广泛而深刻的社会变革。所以，把中国建设为创新型国家，走出一条中国特色自主创新之路，是从国家层面提出来的国家战略。

党的十八大以来，习近平同志站在全局和战略的高度，围绕创新驱动发展提出了一系列新思想、新观点、新论断，集中体现了我们党对世界科技创新发展趋势的深刻认识、对我国发展阶段性特征的准确把握，为实施创新驱动发展战略指明了方向，进一步增强了我们坚定不移走中国特色自主创新道路的信心和决心。

习近平同志多次强调，科技创新是提高社会生产力和综合国力的战略支撑，必须摆在国家发展全局的核心位置；即将出现的新一轮科技革命和产业变革与我国加快转变经济发展方式形成历史性交会，为我们实施创新驱动发展战略提供了难得的重大机遇。这是顺应国内外发展大势做出的重大判断。放眼全球，新一轮科技革命和产业变革正在孕育兴起，变革突破的能量不断蓄积，依靠科技创新培育新的经济增长点、抢占未来发展制高点，已成为世界各国的共识。当前，我国经济总量已跃居世界第二位，但发展中不平衡、不协调、不可持续问题依然突出。特别是我国经济已进入增长速度换挡期、结构调整阵痛期、前期刺激政策消化期叠加的阶段，迫切需要以科技进步和创新的新成果为加快转变经济发展方式、调整经济结构、提高社会生产力开辟新空间。

4. 大学生担当科教兴国、人才强国与建设创新型国家的历史使命

中华民族曾经有过辉煌的历史，尤以汉唐雄风而领先于当时人类文明的发展。近代以来中华民族的落后，从根本上说，就是创新精神的束缚和压抑，或至少是未能得到必要的保护、开发和发挥。中华民族能否在不长的时间里赶上世界发达国家并有所超越，关键在于创新精神的发挥程度。对于当代和未来而言，国与国之间经济竞争的背后就是科技的竞争，因此，有无创新能力及其创新能力的高低也就成为竞争中的焦点。鉴于民族发展和国家发展的需要，我国适时提出了科教兴国与人才强国战略，奏响了科教兴国

和人才强国的最强音。

在新的历史时期，大学生群体担负着振兴中华、建设有中国特色社会主义国家的重任。国家发展的根本出路在于改革、在于创新，这就要求大学生顺应历史发展的潮流，培养创新精神，努力使自己成为具有创新能力的高层次人才。只有这样，才有可能推动国家高新技术的发展和传统产业的改造，使之成为国家的财富和生产力，才能在科教兴国和人才强国战略的指导下，促进中华民族的伟大复兴，这是时代与中国社会赋予当今大学生的重任。

三、大学生确立自主创新的目标与任务

（一）全面发展目标的时代内涵与我国教育目标的调整

1. 全面发展目标的时代内涵

关于人的全面发展的问题是一个古老的哲学和教育学课题。讨论人的全面发展在思想史上与讨论人的本质一样源远流长。古希腊的雅典教育就是身心和谐思想的实践。亚里士多德提出了德、智、体和谐发展的教育主张。在教育中出现的“三艺”“七艺”，其宗旨就是培养智力、道德、美感、体魄和谐发展的人格。

西方文艺复兴运动后，在欧洲思想家眼中，人的全面发展成为一种崇高理想，特别是近代教育思想家的代表人物卢梭，提出身心两健、自由发展的自然人思想，使全面发展理论得以传播。卢梭心目中所憧憬的自然人如爱弥儿：“他身强力壮、心智发达、感情丰富，能适应各种客观条件的变化，他既不囿于世俗偏见，又不是那种崇尚空谈而无实际能力的书痴；他还接受了广泛的职业技术教育，不仅能自食其力，而且精通多种技能，适应各种职业，并能担任任何职位。”19 世纪的空想社会主义者也十分关注人的全面发展。特别是罗伯特·欧文为此做了教育实验，进行了培养全面发展新人的探索。在人的全面发展问题上，马克思则主张人的体力和脑力各种能力的充分发展及个人能力和社会全体成员能力的统一发展，其最终目的在于解放全人类，使社会上每个人都能够得到全面、充分、统一的发展。

历史的发展证明，人的全面发展作为人类追求的理想境界，始终是思想家和教育工作者思索和关注的焦点。21 世纪，在知识经济迅猛发展和经济全球化趋势日益增强的背景下，国家综合国力和国际竞争力越来越取决于教育、科技和知识创新水平。对人才培养及其标准的思考成为热点问题。

自 20 世纪 90 年代以来，高科技的迅速发展使网络技术的神奇触角伸展到地球村的各个角落，为全球经济的进一步融合注入了新的活力。经济全球化带来了激烈的国际竞争，围绕着自主核心技术而展开的国际竞争，最终将具体到对优秀人才的争夺上。我们

党和国家事业的兴旺发达和长治久安，需要一大批各行各业的优秀人才。我国科技事业的发展，也需要培养和造就一代年轻科技人才。这是一项十分紧迫而重大的战略性任务。当今和未来世界的竞争，从根本上说是人才的竞争。我国要跟上世界科技进步的步伐，加快科技创新和知识创新，必须有一批又一批的青年人才脱颖而出。建设有中国特色社会主义的伟大时代，应该是百舸争流、人才辈出的时代。正如习近平同志所说："面对科技创新发展新趋势，世界主要国家都在寻找科技创新的突破口，抢占未来经济科技发展的先机。我们不能在这场科技创新的大赛场上落伍，必须迎头赶上、奋起直追、力争超越。"

2. 我国教育培养目标重点的确立

基于以上发展形势，1999 年 6 月 15 日，改革开放以来由党中央、国务院召开的第三次全国教育工作会议在北京召开，江泽民在会议上发表了重要讲话，他强调："国运兴衰，系于教育；教育振兴，全民有责。"他特别谈到了创新问题，把创新与教育战线的任务联系在一起，认为教育是培养民族创新精神与创新型人才的重要基地和摇篮。江泽民指出：中华民族是富有创造精神和创新能力的伟大民族，古代中国人曾以"四大发明"等众多科技创造闻名于世，对世界文明的发展做出过重大贡献。今天，面对世界科技飞速发展的挑战，我们必须把增强民族创新能力提升到关系中华民族兴衰存亡的高度来认识。教育在培育民族创新精神和培养创造性人才方面，肩负着特殊的使命。每一个学校，都要爱护和培养学生的好奇心、求知欲，帮助学生自主学习、独立思考，鼓励学生的探索精神、创新思维，营造崇尚真知、追求真理的氛围，为学生的禀赋和潜能的充分开发创造一种宽松的环境。这就要求我们必须转变那种妨碍学生创新精神和创新能力发展的教育观念、教育模式，特别是由教师单向灌输知识、以考试分数作为衡量教育成果的唯一标准以及过于划一呆板的教育教学制度。学校的校长和教师，在精心培育人才方面负有特殊的责任，既要严格要求，又要平等待人，更要善于发现和开发蕴藏在学生身上的潜在的创造性品质。教师与学生之间要相互学习、相互切磋、相互启发、相互激励，这也是我们中华民族古已有之的教学相长的一个优良传统。高等学校要在培养大批各类专业人才的同时，努力为优秀人才的脱颖而出创造条件，尤其是要下功夫造就一批真正能站在世界科学技术前沿的学术带头人和尖子人才，以带动和促进民族科技水平与创新能力的提高。这不仅是教育界的责任也是全党全社会的战略性任务。江泽民的讲话，确立了我国教育培养目标的重点。

有人总结了中国教育的两大不足：一是学生动手能力、实践能力差；二是缺乏后劲，也就是缺乏创新能力。这两个不足已经明显地阻滞了我国经济的增长，不适应我国生产力发展水平的要求。江泽民的精辟见解，为我们指明了前进的方向，找到了发展的突破口。我国的教育，必须大力培养具有创新精神的人才，不断提高人才的创新能力。

在知识经济时代，先进的科学知识成为一个国家经济增长的主要支柱，谁掌握的先进技术多、技术水平高，谁就能走在世界发展的前列，谁就能在竞争中立于不败之地。美国连续 8 年国民生产总值保持较高的增长率，实现经济的良性发展，主要依靠的是技术革新。比尔·盖茨能在短短的十几年间迅速成为一个亿万富翁，凭借的也是在开发电脑软件方面层出不穷的发明创造；而1996 年韩国的经济危机一个重要原因就是由模仿到革新转变的失败。“科学技术是第一生产力”这句名言从来没有像今天这样具有如此巨大的震撼力。学习、运用、创造科学技术，成为时代发展对人才提出的新要求。

（二）自主创新目标的确定与任务

古人云：“有志者，事竟成。”这句话蕴藏着丰富的人生哲理。“志”就是人们所要追求的一定的目标。当行动之前对目标的期望即转化为动机，而适应社会发展的动机则能产生强大的动力和高度自觉性。所谓目标，即指人们欲求的结果或将要达到的标准，是行动的指南，它是满足人们的需要和动机相联系的客观结果在主观上的反映。目标能激励人们去奋斗、拼搏，是产生动力的源泉。

翻开科学文化史，便会发现古今中外的许多历史名人，大多是在青年时代打下了一生成就事业的基础。爱迪生 21 岁时取得了第一项专利；牛顿在 23 岁时创立了微积分；爱因斯坦 26 岁时完成了狭义相对论……很多研究资料表明：青年中期处在最佳创新年龄的开始阶段，创新性活动最活跃的时期是青年后期和成人初期。许多科学家、发明家都是在这一阶段奠定了一生事业的基础，并从这里开始走向成功的道路。当代大学生是未来建设创新型国家的主力军，因此，要十分珍惜自己的青春年华，确立自主创新的成才目标，并为之不懈努力。

自主创新成才目标分为两层含义：第一层含义为自主性，第二层含义为创新性。其中，自主性包括独立性、主动性与创造性三个方面，它是大学生主体性的表现。但是，应当看到，一些大学生在不同程度上还表现出一定的依赖性、被动性与复制性。大学生的依赖性主要表现为：缺乏独立思考能力，人云亦云，唯唯诺诺；不能对自己的行为负责，缺乏判断能力与选择能力，茫然无助；不敢面对现实生活，沉醉于网络虚拟世界而不能自拔；没有进取精神，完全依赖他人或等待社会给予机会。大学生的被动性主要表现为：发挥主观能动性的能力较差，在关键时刻，往往不能独立自主地做出决策。比如在考研问题上，部分大学生希望借此实现“有个更好的生活”“找个更好的工作”“逃避社会压力”等目标，却往往忽略了自身特点及需求，一味被动地随大流行事，往往只能收获事倍功半的效果。大学生的复制性主要表现为：在思想意识和价值观念里，虽然崇尚个性独立，强调主体意识，但是由于受周围环境的影响和束缚，真正属于自己的独立思考选择的成分并不多，常常模仿和随从他人及周围的环境因素，并以此作为自己的判断标准和价值取向，甚至不愿动手、动脑，“复制”他人答案、成果据为己有。大学生要树立自主创新成才目标，首先就要发挥自身的自主性，独立思索，主动行事，敢于创造。自主性是创新的前提与基础。

创新性则包括探索性、开拓性与求新性三个方面。只有不断探索，勇于开拓，才能力争求新。但是，当代大学生则在不同程度上表现出现成性与维持性。他们多注重于对已有知识经验的学习，继承传统的文化成果。获取的仅仅是一对固定的文字符号，是他人创新思维的结果，他们不会和很少在此基础上，改变知识固有的结构，重新组合，建立新的秩序。大学生的这种现成性与维持性，忽视了自身创新精神和创新能力的培养，影响着自身对新知识的积极探索和追求。而建立在知识的生产、分配和使用基础之上的知识经济，其核心是创新。要求人不断地推陈出新，勇于标新立异，大胆地探索未知领域，主动地寻求新的知识，以推动知识经济的发展，适应知识经济时代的需要。因此，处于知识经济时代的大学生，必须摒弃现成性与维持性，培养自己的创新性。创新性是自主的目的与价值。

四、自主创新是大学生价值实现的现代方式与价值取向

价值是关系范畴，其本来含义，是作为主体的人与客体之间的特定关系，是客体属性对主体需要的肯定或否定关系。某个东西是否有用即价值如何，是对于一定主体的需要而言的。离开人这一主体，离开主体的需要，任何事物都无所谓价值。根据客体属性，可以把价值划分为物质价值、精神价值和人自身的价值三种类型。马克思主义认为，人的价值是创造价值的价值。随着时代的发展，自主创新已经成为当代大学生价值实现的现代方式。

（一）人的价值是创造价值的价值

1. 人的价值与人的本质

人的本质存在于具体的人性之中。人的价值是具体的，包括客体个人对主体社会的价值，或指客体社会对主体个人需要的价值，或指客体个人对主体个人自身需要的价值等。在人的价值关系中，人是价值客体和价值主体的对立统一。在个人对社会的价值关系中，个人是客体，以其贡献，显示人的本质属性和主体社会需要发生关系。在社会对个人的价值关系中，个人是主体，而社会是客体，社会的人以其贡献显示其社会本质属性。

毛泽东曾经说过："世间一切事物中，人是第一个可宝贵的。"中国古代的荀子也曾说过，人"最为天下贵"，人之贵就贵在能够创造价值，是价值的主体。人本来是物，也作为生物体同其他生物体一样，必须同自然界进行物质和能量交换才能生存。但是，人不是纯自然的生物体，人在本质上是社会存在物，人不是被动地接受自然界提供的生

存资料，而是以社会的方式主动地创造自己作为人所需要的生存资料。自然物质只是通过人的能动的创造活动，才赋予了以能够满足人的需要的意义。价值是人的创造物，是作为主体的人的实践活动的产物。人的价值及人对人自身的意义，就在于人必须创造价值以满足人自身的需要。人的需要是全面的，人作为社会、文化存在物，既有物质生活的需要，又有精神生活的需要。因此，人既要为自己创造物质价值，也要为自己创造精神价值。

人的价值可以分为社会价值和个人价值。人的社会价值是指个人对满足社会物质需要和精神需要所做的贡献。一个对社会不承担任何责任、对社会没有任何贡献的人，也就是对社会没有任何价值的人。人的社会价值的大小的决定性因素是其对社会的贡献程度和奉献精神。人的个人价值是指社会对个人物质生活和精神生活两方面的满足程度。世界不会自动地满足人的需要，人的需要必须靠人自己改变世界的活动去满足。从这点上说，人又是实现人自身目的的工具，人的价值具有工具性的一面。事实上，人也只有把自己作为满足自己需要的工具，才能够能动地驾驭他物，才能够实现人的现实价值。正是人具有工具性的一面，因而人也可以成为价值客体。由于人具有目的和工具的二重属性，使人既是价值主体又是价值客体。

人的个人价值和社会价值是辩证统一的。一方面，个人价值和社会价值互为前提。表现在社会价值以个人价值为前提。一个人如果连最基本的物质和精神需要都不能得到满足，就谈不上为社会、为他人做贡献。同时，个人价值又以社会价值为前提，如果人的个人价值不表现为社会价值，就得不到社会的承认，也就没有任何意义。另一方面，个人价值和社会价值又是相互促进、相互转化的。个人价值和社会价值相互促进和相互转化的基础是社会实践。在社会实践中个人价值和社会价值的转化是相互的、双向的。个人不断为社会、为他人做贡献的过程，也就是个人价值不断地充实、丰富和实现的过程。

在当代，自主创新已经成为实现人的个体价值、社会价值的方式。“人是地球上唯一有理智、有思维、有技艺并能够自主地、能动地、创造性地从事实践的和观念的对象性活动的存在物。”人的需要永远不能满足，人为满足自身需要而进行的价值创造也永远不能停止。同时，人的价值也是人自己创造的。人在创造价值的同时，过程也是实现主体自身价值的过程。物的价值不能超出他的价值属性本身，人的价值恰好超越它的本质属性本身，是人的本质力量的外化、对象化。人的需要是历史的发展的，人创造价值的活动也是随着人自身的需要的发展而发展的。在当代，面对市场化、全球化的激烈竞争，自主创新可以使人在价值创造和价值实现过程中，先行一步，抢得主动，更好实现目标，因而成为当代人实现个人价值和社会价值的重要方式。

2. 人只能通过实践创造价值

唯物史观揭示了人与社会实践的本质联系，强调全部社会生活的本质是实践，劳动、社会实践是人的存在方式和生命过程。人的价值有潜在价值和现实价值两种形态。人的价值实现的过程，就是人的潜在价值向现实价值的转化过程。潜在价值是人的本质力量及主体力量所具有的创造能力和潜能。人具有主体力量，具有进行主体性活动的能力，也就潜在地具有了其价值实现的基础。人所具有的这种潜能，是人在长期的自然进化和社会进化过程中的积淀，它潜伏于人体之中，并不能自然地转化成现实价值，只有在人的实践活动中才能被激发出来。人通过实践使潜能发挥出来，变成创造价值客体的现实力量，人也就成了现实的主体而实现了自身的创造价值。潜在价值和现实价值的相互转化，是一个永无止境的不断循环、不断深化提高的过程。实践活动是人的潜在价值向现实价值转化的基础和前提。

在人的价值实现过程中，经历了不同的历史发展时期，效果也有天壤之别。在古代，由于生产力水平低下，科学技术不发达，人们主要以体力劳动创造财富或价值，效率低下，人的价值实现很不理想。经过工业革命，人创造了机器，极大地解放了人的体力，提高了生产效率，人的价值实现获得了长足的进展。现在是知识经济时代、信息社会，人学习、运用、创造科技，生产力水平空前提高，是最重要的价值创造。

同时，人的活动对人自身产生不同的效应，表明人的价值实现在不同的时代有不同的选择和方向。在价值实现过程中，只有正视社会条件，结合国家和社会的实际，从客观实际出发才具有实现的可能性，创造的价值才有意义。反之，如果忽视社会需要，不顾现实条件，以个人为本位，以自我为中心，一味抽象进行“自我选择”“自我实现”，那么，这样的价值目标不但实现不了，而且追求这种价值目标的行为本身还必然会损害他人、社会乃至国家利益，成为一种负价值。

因此，一切价值都是人的创造物，人创造客体价值的同时也就是实现主体的自身价值的过程。人的价值在于创造价值，离开创造价值的活动就谈不上人的价值。

（二）自主创新是大学生价值实现的现代方式

人的价值实现的程度，既受主体能动性因素制约，也受社会条件的制约。其中，主体活动的价值目标，也就是价值取向的作用至关重要。主体确定什么样的目的，其所确定的目的是否建立在客观的依据之上，有无实现的可能，对于人的价值实现具有决定性的意义。从当前的形势和大学生的实际情况看，自主创新已经成为大学生价值实现的现代方式。

1. 大学生具备自主创新的自我条件

人的价值创造取决于一定的自我条件，前面已经阐述，大学生自主创新的主客观条件已经具备。大学生如何有效利用有利条件，实现从潜在价值向现实价值的转化，这是大学生能否进行自主创新的关键。潜在价值向现实价值转化，是受各种条件制约的。条件不同，人的价值实现的方式和程度就不同。马克思指出：人们自己创造自己的历史，但是他们并不是随心所欲地创造，并不是在他们自己选定的条件下创造，而是在直接碰到的、既定的、从过去继承下来的条件下创造。从当前大学生价值实现的形式看，当前我国正在提倡进行自主创新，提供了各种条件和优惠措施，大学生进行自主创新有广阔的舞台。大学生的自主创新的价值取向，大学生自主创新的积极性主动性，则对于大学生自主创新的价值实现具有决定性意义。毫无疑问，个人的价值目标只有同社会发展的方向、时代的要求一致才有意义，个人的价值目标只有正视现实社会条件、从客观实际出发，才具有实现的现实可能性。当前举国上下自主创新的氛围既为大学生进行自主创新提供了条件，更提出了自觉进行自主创新、不断提高自主创新能力的具体要求和努力目标。

2. 我国建设创新型国家的战略为大学生自主创新提供了广阔的发展空间

自主创新是科技发展的灵魂，是一个民族发展的不竭动力。自主创新能力是国家竞争力的核心，是我国应对未来挑战的重大选择，是统领我国未来科技发展的战略主线，是实现建设创新型国家目标的根本途径。因而，建设创新型国家已经成为举国上下的共识，我国已经进入自主创新时代。国家、民族、社会都寄希望于大学生成为创新人才，都在创造条件，诸如为大学生设立研究课题和创新基金，提供研究经费和创业资金，制定创新政策与奖励制度，鼓励大学生自主创新，为大学生发挥聪明才智创造了良好条件。

案例思考题

创新就在身边

第一个案例。大家可能都知道一个品牌——TOTO，做洁具的，主要生产马桶、水龙头等产品。它有什么可以创新的？TOTO 最近提出了一个新理念：健康管理。消费者上洗手间时，可以测测体重，测一下体内脂肪率，看看胖了还是瘦了；其间也可测一下血压，测下尿糖。得到的数据直接发到家里与之相连的电脑上，使你迅速了解自己的健康情况，并得到它的健康提示。你会突然感觉到它真的是很爱你了，比你的夫人还爱你。它提出的一个观点，“我是马桶吗？不是，我是你的健康管理师。”

第二个案例。相信很多年轻人都知道，NIKE 推出了 NIKE ID，是做量身定做的，比如很多明星穿的 NIKE 鞋上面是有自己的名字的。NIKE 推出 NIKE ID 并不稀奇，值得稀奇的是它推出了另外一个服务——NIKE PHOTOID，非常简单的服务，消费者可以任意将现实生活中喜欢的景致用手机拍摄下来，例如喜欢的色彩、个性的街头涂鸦、钟爱的宠物等，将照片发至指定接收器。数分钟后，用户就会收到配好颜色的个人专属 NIKE

球鞋照片和作品序号。照片既可以作为手机桌面，也可以分享给朋友。用户回访NIKE的网站输入作品序号，便可以得到更完整的产品预览，还可以直接在网站上完成购买。在这个强调个性的年代，NIKE PHOTOID使追随流行的NIKE粉丝们享受到创意与技术融合带来的无限新鲜感受。

第三个案例。一款标价76美元、名为OSPOP的休闲运动鞋成为欧美国家年轻人竞相追逐的时尚新宠。在不到一年时间里，OSPOP在美国卖出了8万多双，在香港、广州、北京、上海等国内大城市，潮流人士也开始以拥有这样一双OSPOP鞋为时尚标志。在淘宝网上，还有店铺做起了海外代购，帮买家从国外代购OSPOP。但其实，这款大卖特卖的OSPOP鞋，出生地就在中国，这种鞋还有个曾用名——解放鞋。当然，它的产品销售不是一成不变的，而是采取了一些商业创新策略，在保持产品原汁原味的同时，加入时尚元素，将产品重新包装定位，重新设计改良，以更高的质感、更时尚的外观和更舒适的穿着体验满足时下消费者的需求。对这种貌似不可思议的现象，有人说这是中国风回潮，有人说这是国内品牌的又一堂营销课，也有人说关键还在于鞋子经营者的品牌意识及占据高档时尚文化的软实力；其实归根结底还是回到“商业创新”这个老话题，中国不缺乏“品牌”，缺乏的只是发现“品牌”的眼睛。

一个品牌的盛衰成败，既受一定的客观因素制约，也会因一些特定的主观因素而潮起潮落。如何使一个品牌焕发出新的生命光彩？或许解放鞋在欧美的热销给了我们一个非常有益的启示。

在全球经济低迷时期，企业和商家比以往任何时候更需要创新思维。但创新未必就需要投资大量的真金白银，未必都是重大发明，也未必都是“从无到有”大手笔的资本运营，企业走出困境，提高竞争力，有时只要进行一丁点的商业创新就够了。

创新可以是巧妙的、迂回的。当产品在技术方面没有重大突破时，换个思路和眼光，采取新的创新模式，发现和突出产品自身的闪光点，挖掘现有产品隐藏的附加值，或对现有产品功能进行微调和升级，或许就能让企业柳暗花明，峰回路转，从而创造一片真正的蓝海。

正如日本平面设计大师原研哉在《设计中的设计》一书中写到的那样：“轻轻地将手肘撑在桌子上，托起脸来看这个世界，眼前的一切似乎也会随之有所不同。”如果我们突破固有思维模式，换一个角度重新审视，换一种思维方式重新思考，就会从许多我们司空见惯、习以为常的事物中，发现新的、不一样的世界。创新，就在身边。

思考题：

1. 什么是创新，为什么要创新？

2. 作为当代大学生，如何理解自主创新是大学生价值实现的现代方式？

第二章　创新与创新教育

学习目标

通过本章学习，你应该能达到：

［知识目标］1. 了解创新的由来和创新的概念和特点；
2. 了解创新的哲学内涵和社会意义；
3. 掌握科学界对创新的解读以及创新与相关概念；
4. 掌握创新教育及其与素质教育的关系；
5. 了解国内外创新教育比较及给我们的启示。

［能力目标］能够清晰地描述创新与创新教育。

［实训目标］能够学习创新在实际工作中的作用和启发。

案例导入

《伊索寓言》：一个暴风雨的日子，有一个穷人到富人家讨饭。“滚开！”仆人说，“不要来打搅我们。”穷人说：“只要让我进去，在你们的火炉上烤干衣服就行了。”仆人以为这不需要花费什么，就让他进去了。这个可怜人，这时请厨娘给他一个小锅，以便他“煮点石头汤喝”。“石头汤？”厨娘说，“我想看看你怎样能用石头做成汤。”于是她就答应了。穷人于是到路上拣了块石头洗净后放在锅里煮。“可是，你总得放点盐吧。”厨娘说。她给他一些盐，后来又给了豌豆、薄荷、香菜。最后，又把能够收拾到的碎肉末都放在汤里。当然，您也许能猜到，这个可怜人后来把石头捞出来扔回路上，美美地喝了一锅肉汤。如果这穷人对仆人说：“行行好吧！请给我一锅肉汤。”会得到什么结果呢？结果是十分明显的，这就是创新思维的力量！因此，伊索在故事结尾处总结道：“坚持下去，方法正确，你就能成功。”

一、解读创新

（一）“创新”的由来

1912年美国经济学家熊彼特在他的德文著作《经济发展理论》中，首次提出了创新的概念。熊彼特认为，创新就是把生产要素和生产条件的新组合引入生产体系，即“建立一种新的生产函数”，其目的是为了获取潜在的利润。熊彼特的理论一开始并没有引起足够的重视，直到 1934 年他的作品用英文出版后，才引起了学界的广泛关注。20 世纪 90 年代，我国把“创新”一词引入了科技界，形成了“知识创新”“科技创新”等各种提法，进而发展到社会生活的各个领域，使创新的说法几乎无处不在。

创新到底是什么？创新是以新思维、新发明和新描述为特征的一种概念化过程。起源于拉丁语，它原意有三层含义：第一，更新；第二，创造新的东西；第三，改变。创新是人类特有的认识能力和实践能力，是人类主观能动性的高级表现形式，是推动民族进步和社会发展的不竭动力。一个民族要想走在时代前列，就一刻也不能没有理论思维，一刻也不能停止理论创新。创新在经济、商业、旅游、技术、社会学以及建筑学这些领域的研究中有着举足轻重的分量。在中国大陆，经常用“创新”一词表示改革的结果。既然改革被视为经济发展的主要推动力，促进创新的因素也被认为至关重要。准确地说，创新是创新思维蓝图的外化、物化。

由于创新的系统性，以及创新系统的复杂性，也使人们越来越注意从社会、政治和科技、文化的角度来理解企业、企业之外的其他机构在创新系统中的行为和作用，这是非常必要的，但如果把企业之外的不同机构或者不同社会角色在创新系统中的作用孤立起来，特别是撇开与企业创新活动的联系，就往往容易把创新这个概念单纯理解为“创造新东西”。创新行为在历史上长期是一种企业家的个人行为，从 20 世纪中叶，特别是六七十年代后，人们越来越认识到创新是一个多主体、多机构参与的系统行为，因此，20 世纪 80 年代，人们提出了国家创新系统的概念和理论。随后，国家之间的竞争转向以经济竞争为主，知识经济的兴起使经济的发展越来越依赖知识和技术的进步，在这种形势下，国家创新系统建设成为世界各国普遍关注的重要问题。

（二）何谓创新

1. 创新的概念

当今我国正在由工业经济社会向知识经济社会过渡。知识经济就是创新经济，创新是知识经济的灵魂和实质，是知识经济发展的不竭动力。什么是创新？从字面上来说，创新就是抛开旧的，创造新的。我国现有的相关词典、字典上也有不同的描述，商务出版社出版的第五版《现代汉语词典》解释“创新”为抛开旧的，创造新的，指创造性，新意汉语“创新”义出《大学》：“苟日新，日日新，又日新。”《新华汉语词典》对创新的解释为：创造新的从而抛弃旧的。

从创新的内涵和外延讲：创新不同于自然形成的新东西，它必须是由人创造发明的，过去从来没有的；或是从来不曾有人研究过的，通过研究提出了自己的符合事实的看法；或虽有人研究，但结论不符合事实，通过研究纠正了前人的错误，提出了正确的新见解；或在前人研究的基础上增加了新内容。

关于创新的概念研究者们观点也不同，社会学家认为创新是人们为了发展的需要，运用已知的信息，不断突破常规，发现或产生某种新颖、独特的有社会价值或个人价值的新事物、新思想的活动。其本质是突破，即突破旧的思维定式、旧的常规戒律。创新活动的核心是“新”，它或者是产品的结构、性能和外部特征的变革，或者是造型设计、内容的表现形式和手段的创造，或者是内容的丰富和完善。经济学家认为创新是利用已存在的自然资源或社会要素创造新的矛盾共同体的人类行为，或者可以认为是对旧有的一切所进行的替代、覆盖。创新是以现有的思维模式提出有别于常规或常人思路的见解为导向，利用现有的知识和物质，在特定的环境中，改进或创造新的事物（包括但不限于各种方法、元素、路径、环境等），并能获得一定有益效果的行为。

清华大学科学与社会研究所教授李正风认为，“创新”一词在我国存在着两种理解，一是从经济学角度来理解创新，二是根据日常含义来理解创新。目前，人们经常谈及的创新，简单说来就是“创造和发现新东西”。这里使用的实际上是“创新”的日常概念。从这个广义的概念上看，人类社会的每一次进步都离不开创新。那么，我们通常所说的“科技创新”“自主创新”究竟属于哪个范畴呢？从事创新概念研究的学者普遍认为，很难进行严格的界定。在汉语言中，经济学范畴的创新（innovation）一词，没有严格对应的词汇，现在使用的“创新”很容易和另一个词“discovery”混淆，特别是在基础科学领域。这种概念的泛化或者说是多元化，有它有利的一面也有不利的一面。从有利的方面说，清华大学的另一位学者刘立博士认为，这种多元化有利于社会各阶层、各群体，在社会生活中处于不同角色的人，参与创新行为，也有利于对他们的行为进行非经济学的评估。而不利的一面在于，丧失了统一的标准，使很多行为都能被称为“创新”，而“创新”本身，也容易成为一个简单的“口号”。

综上所述我们可以将创新定义为：根据既定的目标，充分利用已知信息、已有知识，开展创新思维，创造出某种具有新颖、独特和社会价值的新概念或者新设想、新理论、新技术、新工艺、新产品等新成果的智力活动过程。创新的本质是有目的的、有价值的、以知识为基础的内涵，创新是一个过程。

知识拓展

大众创业，万众创新

在世界经济复苏乏力，中国经济面临转型之困、经济负担下行压力背景下，我国经济发展形势不容乐观，面临一系列困境。再加之由来已久的“made in china”的低端仿造山寨之风，中国一直处于世界经济产业链条和价值链条的底端，长期扮演世界工厂的“打工者”的角色，攫取的市场份额与付出的高额劳动并不相称。受制于经济发展现状，我国经济发展亟须寻找新型动能，以增强韧性与活力，积攒力量蓄势待发，由此“大众创业，万众创新”便顺势而起。

在2014年夏季达沃斯论坛开幕式上，中国国务院总理李克强发表重要致辞，指出“只要大力破除对个体和企业创新的种种束缚，形成‘人人创新’‘万众创新’的新局面，中国发展就能再上新水平”。继而在2015年两会政府报告中，李克强总理再次提到要“把亿万人民的聪明才智调动起来，就一定能够迎来万众创新的新浪潮”。由此，“大众创业，万众创新”的新浪潮开始引发公众关注，成为新常态下经济发展的“双引擎”之一，也成为2015年热点事件之一。

2. 创新的特点

根据研究者对创新的定义及其描述，创新通常具备以下几个特点：

（1）独创性。这是创新最本质的特征，创新是突破原有的框框和束缚，力求探索新的思路，运用新的思维方法，更深入地揭示事物的本质属性，寻找新事物、新形态与旧事物、旧形态之间的差异，在“异中求同，同中求异”中产生新的质疑，找出新的发现，提出新的创见，实现新的突破，得出不同于以往和他人的、第一次创造的而且具有开拓性的、崭新的结论和抉择。

（2）灵活性。创新所凭借的创新思维不囿于固定不变的思维模式和方法，所产生的创新实践不局限于某种现成的工作程序和方法，其思维框架、实践模式常变常新。创新的灵活性也带来风险性和突变性。创新的机理是突变论，以突变为机理的创新方法，是一切创新行为的基石。有效地运用以灵感思维为主要思维方法的突变，可以增强创新能力。

（3）科学性。任何创新活动都必须遵循客观规律，符合客观实际，经得住实践检验，具有令人信服的科学性。这也是衡量创新是否具有“存在价值”的一条重要依据。创新的科学性，还具体体现在它的现实性、继承性和功利性。

（4）综合性。创新活动是一种综合性极强的创造性、开拓性行为。

（5）普遍性。创新能力有大有小，创新内容和形式可以各不相同，创新层次有高层次、一般层次和较低层次，但每个人都具有创新的潜能。创新潜能并不就是创新能力，创新能力不是生来就有的，要在不断发展的社会实践中，特别是在良好的创新环境中，在理论与实践的结合中才能得到开发。现代科学研究所涉及的对象越是广大和深入，对经验的依赖就越少，对理论思维的依赖就越强。就一般人来说，对事物的认识主要凭敏锐的直观和直觉，所获得的知识往往是整体的而非分析的；是模糊的而非清晰的；是表面的、眼前的，而非深刻、长远的，不易达到对事物深层本质和发展规律的把握。

因而要提高人的创新能力，就必须重视实践和实验，重视理论的探索，建立起系统实验和理论思维的价值取向，端正认识路线，把握科学的认识方法，在思维方式上来一场革命。

（三）创新的哲学内涵和社会意义

1. 创新的哲学内涵

创新从哲学上说是人的实践行为，是人类对于发现的再创造，是对于物质世界的矛盾再创造。人类通过物质世界的再创造，制造新的矛盾关系，形成新的物质形态。创意是创新的特定形态，意识的新发展是人对于自我的创新。发现与创新构成人类对于物质世界的解放，即为人类自我创造及发展的核心发展的矛盾关系。代表两个不同的创造性行为。只有对于发现的否定性再创造才是人类产生及发展的基本点。实践才是创新的根本所在。创新的无限性在于物质世界的无限性。创新包含了：

（1）物质的发展。物质形态对于我们来说是具体矛盾。我们认识的宇宙与哲学的宇宙在哲学上代表了实践的范畴与实践的矛盾世界两个不同的含义。创新就是创造对于实践范畴的新事物。任何有限的存在都是可以无限再创造的。

（2）矛盾是创新的核心。矛盾是物质的本质与形式的统一。物质的具体存在者与存在本身都是矛盾的。任何以人的自我内在矛盾创造的新事物都是创新。

（3）人是自我创新的结果。人以创新创造出人对于自然的否定性发展。这是人超越自然达成自觉自我的基本路径。人的内在自觉与外在自发构成规律在物质的总体上形成对立的内在必然与外在必然的差异。创新就是人的自觉自发。

（4）创新是人自我发展的基本路径。创新与积累行为构成一个矛盾发展过程。创新是对于重复、简单的劳动方式的否定，是对于人类实践范畴的超越。新的创造方式创造新的自我。

（5）认识论上看创新是自我意识的发展。自我意识的发展是自我存在的矛盾面，其发展必然推动自我的行为的发展，推动自我生命的发展。

从认识的角度来说，就是更有广度、更有深度地观察和思考这个世界；从实践的角度说，就是能将这种认识作为一种日常习惯贯穿于生活、工作与学习的每一个细节中，所以创新是无限的。

从辩证法的角度说，它包括肯定和否定两个方面，从而也就包括肯定之否定与否定之肯定。前者是从认同到批判的暂时过程，而后者是一种自我批判的永恒阶段。所以创新从这个角度来说就是一种“怀疑”，是永无止境的。

知识拓展

矛盾的对立统一关系

矛盾与联系、发展是对立统一的关系。首先，三者是有区别的，不能混为一谈。矛盾就是对立统一；联系是事物之间以及事物内部各要素之间的相互影响、相互制约的关系；而发展则是新事物的产生和旧事物的灭亡。其次，三者是统一的。表现在，矛盾是事物联系的根本内容，矛盾是事物发展的动力；事物的普遍联系和相互作用，构成了事物的运动，引起了事物的变化，推动着事物的发展。任何以人的自我内在矛盾创造的新事物都是创新。

2. 创新的社会意义

创新是一个民族进步的灵魂，是一个国家兴旺发达的不竭动力，也是一个政党永葆生机的源泉，这是从 20 世纪世界各国政党，特别是共产党兴衰成败的历史经验和教训中得出的科学结论。

近代以来人类文明进步所取得的丰硕成果，主要得益于科学发现、技术创新和工程技术的不断进步，得益于科学技术应用于生产实践中形成的先进生产力，得益于近代启蒙运动所带来的人们思想观念的巨大解放。可以这样说，人类社会从低级到高级、从简单到复杂、从原始到现代的进化历程，就是一个不断创新的过程。不同民族发展的速度有快有慢，发展的阶段有先有后，发展的水平有高有低，究其原因，民族创新能力的大小是一个主要因素。

中国实现社会主义现代化靠创新。面对特殊的国情，实践要求全体人民在中国共产党的领导下，以创新的精神努力认识和把握现代化的一般规律、社会主义现代化的特殊规律，特别是中国特色社会主义现代化的特殊规律，从而科学地制定和正确地执行反映这些客观规律的路线方针政策。进入 21 世纪，我国的社会主义现代化建设将开始新的发展时期。随着改革开放的不断深化和社会主义市场经济体制的逐步建立，我们的社会生活发生了广泛而深刻的变化，社会经济成分、组织形式、利益分配和就业方式日趋多样化。在社会生产力获得大解放和大发展、综合国力不断增强的同时，我们的改革和发展也遇到了新的矛盾和新的问题，包括可预料的和不可预料的、来自国内的和来自国外的、经济生活中的和社会政治生活中的各种困难和诸多风险。如何妥善处理好这些矛盾和困难，化解这些阻力和风险，为现代化建设创造统一、稳定、和谐的国内环境？这就要求我们不能一味沿用过去的经验和思路，更不能从本本出发，而要勇于探索，努力实践，通过创新找到行之有效的办法。对于经济实力、科技实力、国防实力及由此构成的综合国力都与发达资本主义国家存在较大差距的中国来说，必须重视国际惯例，借鉴国际经验，在观念创新和实践创新中发挥后发优势，积极迎接新经济挑战，大力推动科技创新和科技进步，尽快缩小东部、中部和西部地区之间的差距，在后发式的现代化建设中，牢牢把握经济建设这个中心，避免西方社会已经出现的种种弊病，做到物质文明建设与精神文明建设相互促进、协调发展，最终提升综合国力的整体水平，实现社会主义现代化建设的宏伟目标。

党的十八大明确提出实施创新驱动发展战略，将其作为关系国民经济全局紧迫而重大的战略任务。党的十八届五中全会将创新作为五大发展理念之首，进一步指出，坚持创新发展，必须把创新摆在国家发展全局的核心位置，不断推进理论创新、制度创新、科技创新、文化创新等各方面创新，让创新贯穿党和国家一切工作，让创新在全社会蔚然成风。李克强总理在2015年政府工作报告中提出，推动大众创业、万众创新，培育和催生经济社会发展新动力。2015年6月，国务院颁布了《关于大力推进大众创业万众创新若干政策措施的意见》，明确指出，推进大众创业、万众创新，是培育和催生经济社会发展新动力的必然选择，是扩大就业、实现富民之道的根本举措，是激发全社会创新潜能和创业活力的有效途径。这是认真总结国内外发展实践经验和理论认识的结果，符合当今世界发展实际和创新潮流，具有重要的理论意义和现实意义。

（四）科学界对创新的解读

1. 熊彼特与创新理论

创新是美籍奥地利经济学家约瑟夫·阿洛伊斯·熊彼特经济发展理论的核心。熊彼特在其重要著作《经济发展理论》中提出创新，并加以深入系统的阐述。虽然其研究的载体是资本主义生产过程本身，但丝毫没有影响“创新理论”对包括经济学、管理学、社会学和政治学在内的社会科学等领域产生深远影响。

对于创新的研究，熊彼特从静态经济学研究入手，以“经济循环流转”为研究对象，认为各经济主体如果按照过去的经验和习惯来“下意识”地完成以往各自的工作，属于简单再生产，这个过程只能使规模增加，而不能实现“发展”，熊彼特所说的“发展”就是创新。他认为，“创新”就是“建立一种新的生产函数”，也就是把“生产要素和生产条件的‘新组合’引入生产体系”。只有在打破原有循环流转的基础上产生了新组合，才能推动企业的“创新发展”，企业才能产生利润。不改变旧有循环模式，只是在原有基础上的小修小补，不算是真正意义上的创新，为此，他形象地比喻：“你不管把多大数量的驿路马车或邮车连续相加，也决不能从而获得一条铁路。”

正如他所说，如果“没有在质上产生新的现象，而只有同一种适应过程，像在自然数据中的变化一样”，那并不算是真正意义上的“创新”，“只要发明还没有得到实际上的应用，那么在经济上就是不起作用的”。创新不仅要产生“质变”，而且这种“质变”

还要能够得到应用，没有得到应用的和没有促进生产力发展的，最多只能算作是发明。而这种“质变”很容易进入“价值判断”的范畴，因为“质变”产生了“新事物”，经济社会发展对这种“新事物”的需要程度形成了对其的“价值判断”。所以，这种在促进经济社会发展和生产力进步方面的价值内涵，便是“创新”深层次的“价值观”。

而“新组合”并不容易“立”起来，因为存在着打破旧有“循环模式”的阻力。正如熊彼特所说：“虽然他在自己熟悉的循环流转中是顺着潮流游泳，如果他想要改变这种循环流转的渠道，他就是在逆着潮流游泳。从前的助力现在变成了阻力，过去熟知的数据，现在变成了未知数。”

熊彼特的“创新价值观”理论，对于创新型人才培养观念上的重要启示是：要在创新型人才培养内涵中树立“创新价值观”的理念。培养出来的创新者要首先明确自己的“行为”在未来会产生什么样的“价值”，当然这种价值既包括宏观层面的促进生产力的发展，又包括微观层面的以在市场上进行交换而产生价值的过程。

知识拓展

资本主义的创造性破坏

“资本主义的创造性破坏”（The creative destruction of capitalism）——当景气循环到谷底的同时，也是某些企业家不得不考虑退出市场或是另一些企业家必须要“创新”以求生存的时候。只要将多余的竞争者筛除或是有一些成功的“创新”产生，便会使景气提升、生产效率提高，但是当某一产业又重新有利可图的时候，它又会吸引新的竞争者投入，然后又是一次利润递减的过程，回到之前的状态。所以说每一次的萧条都包括一次技术革新的可能，这句话也可以反过来陈述为：技术革新的结果便是可预期的下一次萧条。在熊彼特看来，资本主义的创造性与毁灭性因此是同源的。但熊彼特并不认为资本主义的优越性便是由于其自己产生的动力而不停地推动自身发展，他相信资本主义经济最终将因为无法承受其快速膨胀带来的能量而崩溃于其自身的规模。

2. 马克思与创新理论

马克思主义经济学的根本在于劳动概念，而创新是劳动的基本形式，是劳动实践的阶段性发展。基于科学的人类进化、自我创造的发展学说的经济学思想，是来自人类自我内在矛盾创造的实践思想。劳动价值论是马克思主义经济学的核心，其揭示出社会发展的本质变量。其在广义上是一切社会存在的基本决定要素。

马克思指出：创新作为一种实践，关涉人与人、人与自然以及人与观念，贯穿自然界、人类社会和人本身三大领域。创新劳动是劳动的阶段性发展，是对于同质劳动的超越。劳动的基本矛盾关系是生产工具与劳动力，劳动力与生产工具的发展推动生产力整体的革命性进步。创新是人类对于其实践范畴的扩展性发现、创造的结果，创新在人类历史上首先表现为个人行为，在近代实验科学发展起来后，创新在不同领域就不断成为一种集体性行为。但个人的独立实践对于前沿科学的发现及创新依然起到引领作用。创新的社会化形成整体的社会生产力进步。

（1）人类创造自我的行为就是以发现、创新的质变到重复、积累的量变。对自然及社会的发现是创新的前提条件。人类来自自然物质世界，以创新自我的物质形态为起源。对社会本身的发现与创造构成新的社会关系。在个人的发现及创新以各种信息系统传播开来形成社会化的大生产后就形成以普遍的人民主导的生产力体系。这个体系主要是重复新生产技术的生产过程，同时积累财富与实践范畴。在某个时期后为一个新的劳动者发现新的领域及创新新的生产方式所超越，这是一个质变与量变交替发展的阶段。

（2）在经济领域，创新是劳动的一个重要的阶段性成果，是生产力发展的阶段性标志。其是社会经济发展的前置因素，形成规模性效益的源泉。创新与积累劳动形成经济发展的两大矛盾性劳动根源。创新的价值在于以新的生产方式重新配置生产要素形成新的生产力，创造新形式的劳动成果或者更大规模的生产。其在于创新成果社会化过程对于经济领域的路径选择或者创新新的路径。创新价值是从个别主体的垄断价值到社会再生产的普遍价值转化。

（3）创新行为的社会化与创新成果的社会化是相辅相成的。创新社会是依赖创新成果有效社会化的。创新成果的有效社会化同时是创新劳动的社会价值实现。同时其创造了创新理念的社会化。从社会历史发展的过程看，创新的社会化根本是创新劳动行为的社会化。创新行为的社会化与分工的社会化结合在一起形成总体对于简单劳动的超越性发展。

（4）创新劳动的价值论在于创新成果的分配过程，分配又看所有制。从社会关系的发展史看财富的流通过程就是形成社会各个主体间关系的直接路径。但社会财富的生产过程中的生产分工才是最根本的决定通道，决定分工的竞争要素根本上取决于劳动者的劳动素质。所以一个创新的价值直接来自财富分配、流通，而根本反映劳动者本人的劳动素质的实现。

（5）创新劳动的根本问题在于创新劳动者自我，劳动者的劳动是对于自我的劳动素质的创造。人来自自然却是自我创造了自我的人格与生命的统一。人的内在矛盾要素都是人的自我创造并在有意识地连续发展中。人在一定实践范畴中，却无时不在超越已有的生命经历。

（6）社会创新是社会人对于社会关系的创新性发展。其对于社会关系的内在本质及范畴的发现及创新是对于人类自我解放的自觉实践的反映。只有人类自我自觉的自我解放行为才可以是真的社会创新，才可以形成整体的社会革命性创新。社会的革命性创新路径依赖的是生产力的解放，是劳动人民内在自我解放能力的提升，是劳动科技中劳动者素质及工具的整体进步。其最终表现为所有劳动者的社会化总体生产力的提升与劳动者作为人的存在的发展。

3. 其他相关解读

长期以来，国内外专家对创新的认识也不断地变化，20 世纪 60 年代，美国经济学家华尔特·罗斯托提出了“起飞”六阶段理论，对“创新”的概念发展为“技术创新”，把“技术创新”提高到“创新”的主导地位。

1962 年，伊诺思（L. Enos）在其《石油加工业中的发明与创新》一文中首次直接明确地对技术创新下定义，“技术创新是几种行为综合的结果，这些行为包括发明的选择、资本投入保证、组织建立、制订计划、招用工人和开辟市场等”。伊诺思的定义是从行为的集合的角度来下定义的。而首次从创新时序过程角度来定义技术创新的林恩（G. Lynn）认为技术创新是“始于对技术的商业潜力的认识而终于将其完全转化为商业化产品的整个行为过程”。

美国国家科学基金会（National Science Foundation of U. S. A.）从 20 世纪 60 年代开始兴起并组织对技术的变革和技术创新的研究。迈尔斯（S. myers）和马奎斯（D. G. Marquis）作为主要的倡议者和参与者，在其 1969 年的研究报告《成功的工业创新》中将创新定义为技术变革的集合，认为技术创新是一个复杂的活动过程，从新思想、新概念开始，通过不断地解决各种问题，最终使一个有经济价值和社会价值的新项目得到实际的成功应用。到 20 世纪 70 年代下半期，他们对技术创新的界定大大扩宽了，在 NSF 报告《1976 年：科学指示器》中，将创新定义为“技术创新是将新的或改进的产品、过程或服务引入市场”。

厄特巴克（J. M. UMerback）在 20 世纪 70 年代的创新研究中独树一帜，他在 1974 年发表的《产业创新与技术扩散》中认为，“与发明或技术样品相区别，创新就是技术的实际采用或首次应用”。缪尔赛在 20 世纪 80 年代中期对技术创新概念做了系统的整理分析。在整理分析的基础上，他认为：“技术创新是以其构思新颖性和成功实现为特征的有意义的非连续性事件。”

著名学者弗里曼（c Freeman）把创新对象基本上限定为规范化的重要创新。他从经济学的角度考虑创新。他认为，技术创新在经济学上的意义只是包括新产品、新过程、新系统和新装备等形式在内的技术向商业化实现的首次转化。他在 1973 年发表的《工业创新中的成功与失败研究》中认为，“技术创新是一个技术的、工艺的和商业化的全过程，其导致新产品的市场实现和新技术工艺与装备的商业化应用。”其后，他在 1982

年的《工业创新经济学》修订本中明确指出，技术创新就是指新产品、新过程、新系统和新服务的首次商业性转化。

我国20世纪80年代以来开展了技术创新方面的研究，傅家骥先生对技术创新的定义是：企业家抓住市场的潜在盈利机会，以获取商业利益为目标，重新组织生产条件和要素，建立起效能更强、效率更高和费用更低的生产经营方法，从而推出新的产品、新的生产（工艺）方法，开辟新的市场，获得新的原材料或半成品供给来源或建立企业新的组织，它包括科技、组织、商业和金融等一系列活动的综合过程。此定义是从企业的角度给出的。彭玉冰、白国红也从企业的角度为技术创新下了定义："企业技术创新是企业家对生产要素、生产条件、生产组织进行重新组合，以建立效能更好、效率更高的新生产体系，获得更大利润的过程。"

进入21世纪，信息技术推动下知识社会的形成及其对技术创新的影响进一步被认识，科学界进一步反思对创新的认识：技术创新是一个科技、经济一体化过程，是技术进步与应用创新"双螺旋结构"（创新双螺旋）共同作用催生的产物，而且知识社会条件下以需求为导向、以人为本的创新2.0模式进一步得到关注。《复杂性科学视野下的科技创新》在对科技创新复杂性分析基础上，指出了技术创新是各创新主体、创新要素交互复杂作用下的一种复杂涌现现象，是技术进步与应用创新的"双螺旋结构"共同演进的产物；信息通信技术的融合与发展推动了社会形态的变革，催生了知识社会，使得传统的实验室边界逐步"融化"，进一步推动了科技创新模式的嬗变。要完善科技创新体系亟须构建以用户为中心、需求为驱动、以社会实践为舞台的共同创新、开放创新的应用创新平台，通过创新双螺旋结构的呼应与互动形成有利于创新涌现的创新生态，打造以人为本的创新2.0模式。《创新2.0：知识社会环境下的创新民主化》进一步对面向知识社会的下一代创新，即创新2.0模式进行了分析，将创新2.0总结为以用户创新、大众创新、开放创新、共同创新为特点的，强化用户参与，以人为本的创新民主化。

还有众多名人、学者曾在他们的著名论著中提及创新这一概念，如福特公司创始人亨利·福特："不创新，就灭亡"；畅销书《追求卓越》作者托马斯·彼得斯："要么创新，要么死亡"；创新魔法师李响："创新是企业持续壮大的唯一出路"；等等。

二、创新与相关概念

既然创新被重视，那么自然有其他相关概念的支撑、说明和补充，共同构建起对创新的具体认识。这些相关概念有：创造、创立、发展、发明、发现、革命、改革、革新、进步和"新事物"等。从实际使用的角度，有必要对这些概念做一个梳理，以明确它们与创新概念的内在联系。

（一）创造与创新

创造是一个与创新相近的概念。马克思的创造概念是一个人类学的概念，是一种以人为中心，把人的创造活动理解成人类世界的自我构成原则的人学世界观。当然，这种世界观看到的人类创造活动的历史展开过程是以一种“异化”的方式实现的。马克思确认：只有人才是世界上唯一能够从事自主的、独立的、全面的创造性活动的存在物，只有人的活动才称得上真正的创造。资本主义创造是通过工人阶级实现的，在《雇佣劳动与资本》《哲学的贫困》等作品中，马克思、恩格斯揭示了以剥削雇佣劳动为基础的资本主义社会的实质，说明阶级对抗体现的是劳动和资本的利益对立，指出资本家通过“自由”交换得到“劳动”，即工人的生产活动，亦即创造力量，使“劳动力”成为商品。工人创造的商品越多，他就越变成廉价的商品。物的世界的增值同人的世界的贬值成正比。劳动生产的不仅是商品，它生产作为商品的劳动自身和工人，而且是按它一般生产商品的比例生产的。这一事实无非是表明：劳动所生产的对象，即劳动的产品，作为一种异己的存在物，作为不依赖于生产者的力量，同劳动相对立。

由此可见，创造是劳动、生产的主要内容，如果看作是创造性劳动的话，那么就与重复性劳动一起构成劳动。但创造并不一定给劳动者带来好处，在资本主义条件下，创造越多商品，劳动力商品就越廉价，资本主义世界的劳动者由于不知道剩余价值规律，也没有掌握生产资料和政权，工人创造的越多就越多给自己创造窘境和危机，受苦于异化劳动，工人在他的产品中的外化，不仅意味着他的劳动成为对象，成为外部的存在，而且意味着他的劳动作为一种与他相异的东西不依赖于他而在他之外存在，并成为同他对立的独立力量；意味着他给予对象的生命是作为敌对的和相异的东西同他相对立。

如此观之，创造孕育创新，以之为目标，需要把握规律和增加利益总量，才能转化为创新；同时，创新需要创造，以之为基础，必须有利于创造者。

案例连接

室内导流：“淘点点”（布局 iBeacon+餐饮导购）

背靠阿里巴巴，虽说起步相对较晚，起色迟缓，但淘点点通过联手银泰和高德，基于 iBeacon 技术的 Shopping Mall 餐饮导购项目，也体现出来阿里不甘落后的决心，中国餐饮 O2O 网曾对此做过深入报道。淘点点的“微定位+室内导航”双重技术结合应用，进一步向商业体渗透，银泰商户成为“手机餐厅”，便于提升用户体验和导流客源的同时，有利于维系老用户关系，提高黏性，并快速获得了大量的新增用户，是多赢的合作模式。

点评：在移动互联网领域，平台导流不应再仅仅停留在户外或商场餐厅环境、地址、菜品、优惠等信息提供和远距离导航层面。试问，当用户进入商场中，面对诸多的餐厅，如何让用户更快、更精准地找到目标餐厅呢？平常逛商场时，想吃饭，不进店也可以了解商场内不同餐厅最新的菜品或优惠活动？淘点点所推室内微定位更精确地解决诸如商场、机场等大型消费场所内客户就餐的选择问题。

资料来源：亿欧网　作者：孙彦良

（二）创立与创新

在马克思主义经典当中，创立专门用来指理论的、制度的、组织的创新。例如在创立组织方面，恩格斯说："国际本身只存在了9年，但它所创立的全世界无产者永久的联合依然存在，并且比任何时候更加强固"而且"奠定了工人国际组织的基础，使工人做好向资本进行革命进攻的准备"；"让市民社会和舆论界创立本身的、不依靠政府权力的机关"。在制度的创立方面，如"资产阶级摧毁了封建制度，并且在它的废墟上建立了资产阶级的社会制度"，"现代资本主义生产方式所造成的生产力和由它创立的财富分配制度，已经和这种生产方式本身发生激烈的矛盾，而且矛盾达到了这种程度，以至于如果要避免整个现代社会毁灭，就必须使生产方式和分配方式发生一个会消除一切阶级差别的变革"。在创立理论方面，"如果不是先有德国哲学，特别是黑格尔哲学，那么德国科学社会主义，即过去从来没有过的唯一科学的社会主义，就绝不可能创立。如果工人没有理论感，那么这个科学社会主义就绝不可能像现在这样深入他们的血肉。"又如恩格斯说："我和马克思共同工作40年，在这以前和此期间，我在一定程度上独立地参加了这一理论的创立，特别是对这一理论的阐发。"此外，创立还与发展密切相关，分别从质变和量变角度来说明创新。例如毛泽东在《上海太原失陷以后抗日战争的形势和任务》中写道：一九三八年春，新四军挺进华中敌后，开展抗日游击战争，先后创立、发展和巩固了苏南、苏中、苏北、淮南、淮北、鄂豫皖、皖中、浙东等敌后抗日根据地。但是在马克思主义经典当中，创立从不用来指技术、工具或机器等具体生产资料方面的创新。

马克思和恩格斯19世纪40年代开始在批判地吸收人类文明优秀成果的基础上创立新的世界观，并同工人运动结合起来。在《关于费尔巴哈的提纲》中，马克思指出包括费尔巴哈在内的一切旧唯物主义忽视实践作用的缺点，说明了实践是认识的基础和标准，人们的思维是否具有"客观的真理性"，是一个实践问题，只能由实践来证明。他还指出，人的本质不是单个人所固有的抽象物，在其现实性上是一切社会关系的总和。进而揭示新旧世界观的根本区别，提出了马克思主义哲学的使命："哲学家们只是用不同的方式解释世界，而问题在于改变世界。"为此，1847年他们参与创立第一个无产阶级政党，同工人运动中的各种错误思潮进行斗争；又在19世纪50年代后半期创立剩余价值理论，促使社会主义从空想变成了科学。由此可见，创立是创新在组织、制度或者理论方面的体现，要创造新的组织、制度或者理论，并立得住，能发挥作用。正因为这样，历史上通过科学社会主义的创立，对思想和历史的认识被提高到科学水平，使各种科技创新互相联系，创立各种理论的、制度的、组织的体系，反过来在一个新的水平上促进科技创新。显然，创立在本质上是创新，创新可以表现为创立。

案例连接

渠道创新："青年菜君"（渠道创新+生鲜）

基于京城上班族的生活状态和消费需求，青年菜君为顾客提供线上预订，线下取货的服务，顾客只需提前一天通过登录网站或在微信的公共账号下单，第二天到地铁门店、社区便利店或合作的社区物业提货。从中国生鲜电商网对青年菜君的一系列报道中，可以发现青年菜君在布局创新性渠道的同时，回归本源，细化客群，深化供给，讲究情感诉求，提供多功能的合理的晚餐解决方式，例如：姨妈餐、月子餐、健康餐、减脂餐，以满足特定消费人群的需求。

点评：创新不一定要大开大合，前无古人后无来者，绝无仅有，渠道之所以有价值，是因为覆盖客群，把握O2O机遇，思维方式的调整也会造就创新思路，对于餐饮O2O亦不例外。青年菜君明确且精细地把握上班族工作和生活节奏，通过菜品新鲜度和渠道便利性方面的创新，可以很快地赢得一批客户的芳心，并进一步深化，从地铁延展到社区，更加快捷地贴近终端用户的需求，有针对性供餐，以快速促成交易。

资料来源：亿欧网　作者：孙彦良

（三）发明、发现与创新

发明是应用自然规律解决技术领域中特有问题而提出创新性方案、措施的过程和成果。产品之所以被发明出来是为了满足人们日常生活的需要而发明出来。分为有用发明和无用发明。发明的成果或是提供前所未有的人工自然物模型，或是提供加工制作的新工艺、新方法。机器设备、仪表装备和各种消费用品以及有关制造工艺、生产流程和检测控制方法的创新和改造，均属于发明。

发明与创新有一定差距，不但需要"多次改进"以便应用，即使在科学理论领域也还没有达到"创立"的高度。发明强调的是发挥主观能动性，发现则强调客观真实性，较为基础，更注重把握客观规律，要求必须是正确的认识。科学发现一定是创新，是认识上的创新。但是发明则有可能是创新，只有在增加利益总量时例如提高了劳动生产力时，才转化为创新。正因如此，发明与创造一样都孕育着创新，被合称为发明创造。发明在理论、工具、机器之外，还可以用来指创造新的方法，例如工艺方面，“1780 年发明了搅炼，即用高温和抽出碳素的办法把生铁变成锻铁”，甚至制度，例如“需要发明一套新的更完善的社会制度，并且通过宣传，可能时通过典型示范，从外面强加于社会”。客观规律基础上的发明，虽然并不直接等于创造经济价值，但是为新的经济创新提供了生产力基础。“科学就是靠这些发明来驱使自然力为劳动服务，劳动的社会性质或协作性质也由于这些发明而得以发展。劳动生产力越高，消耗在一定量产品上的劳动就越少，因而产品的价值也越小。”因为产品的市场价格由生产这种产品的社会必要劳动时间决定，价值比率先应用新发明的产品高。所以，这些发明就使企业用含较低价值的产品能够在市场上按照较高价值交换，获得超额剩余价值，体现在财务报表上就有较高的利润。这时，发明才实现了新的经济效益。

发现，英文对应词“discover、find”。第一次看到或知道或由于对一个目标的研究或经验而找到。发现是把握了规律、真相的认识创新；同时，发明虽然可以用于生产资料、制度和理论等，但还只是创新的准备阶段，需要一方面确保各环节的配套；另一方面得到正确的实际应用，获得效益才能转化为创新。这由发明的英文对应词“invent”的释义得到证实：invent 意为实现创意，侧重于发挥人的能动性，并不直接增加效益。

案例连接

去中介化：“觅厨”（即食料理包+菜品配送）

厨师是餐饮幕后的英雄，貌似与各位食客经常性绝缘，二者之间无法形成直接的关联。觅厨则不拘一格，突破传统，将厨师从幕后推到台前，为厨师提供了展示的平台，将他们烹饪的菜品真空分装，最后以包裹的形式冷链送达用户，并让厨师与食客的互动更多元化。

点评：觅厨敢于打破传统产业链规则，搭建平台，暂且放下评价体系不谈，让深藏不露的厨师们以真实的身份示人，与食客们互动，切实分析其尊重人性的思维模式，不失是一种餐饮界的创新，厨师们不再只是为餐厅“卖艺”，更能将一身的“好厨艺”市场化，开垦了厨师的劳动力，这本身就是一种非常好的创新。

资料来源：亿欧网　作者：孙彦良

（四）革命、革新与创新

革命有广义和狭义之分。从广义上讲，革命指推动事物发生根本变革，引起事物从旧质到新质的飞跃。从狭义上讲，革命主要是指社会革命和政治革命。另有人名、电影名以及肖邦乐曲名亦为“革命”。关于“革命”这个命题，人们曾经进行过不少的探索。在中国古代，曾有“汤武革命，顺乎天而应乎人”的论述，意指纪元前商王汤讨伐夏桀和周武王讨伐商纣，实施变革更替朝代以应大命，顺民意。这里的革即变革，命即天命，是从神权政治观出发对革命做出的解释。革新对应英文“innovation”，即革除旧的，创造新的“事物、技术等”的行为或过程，还有一种解释是除去旧积习而建立新的制度革新计划。在西方，从古希腊的柏拉图、亚里士多德到当代美国的亨廷顿，先后有不少思想家、政治学家和社会学家从不同的角度阐释了社会意义的革命和政治意义的革命，其中最具代表性的有以下四种：

（1）革命是一种实现正义和恢复秩序的行为。古罗马历史学家李维在其《罗马史》中把罗马共和国的建立看作是一种道德行为，认为这是有道德的人战胜了塔奎尼乌斯王的统治。在英国革命过程中，爱德华·海德认为，革命是获取理想政治秩序的途径。这种把革命看作是实现正义，实际上是用道德的标准而不是用政治的标准解释革命，把革命看作是恢复旧秩序，而不是建立新秩序的观点，实际是一种保守主义的观点。

（2）革命是一种权力转移的方法。美国政治家杰克·A. 戈德斯通认为，革命就是“不同集团，其中包括前政府，都力争使自己成为中央权力”①。换言之，革命就是争夺权力的公开较量，就是某些阶级或集团将国家或中央政府的权力转移到本阶级或本集团手中。这种观点指出了革命的中心问题是权力斗争、权力转移，但是没有把政治革命的权力转移与一般情况下的政府的权力转移区别开来。

（3）革命是一种发泄不满和改变现状的途径。亚里士多德在其《政治学》中分析产生革命的原因时指出：“有些人看到和他们相等的他人占着便宜，心中就充满了不平情绪，企图同样达到平等的境界。另一些人的确有所优越，看到那些不能和自己相比拟的人们却所得相等，甚至反而更多，也就心中激起了不平情绪。”② 于是，低贱的人为了追求平等而进行革命，同样的人为了取得更优势的地位而进行革命。马基雅维里指出：“人们因为希望改变自己的境遇，愿意更换他们的统治者，并且这种希望促使他们拿起武器去反对他们的统治者。”③ 这些观点主要强调了进行革命的心理原因，但忽视了进行革命的经济和政治根源。

（4）革命是一种实现社会变革的历史过程。古希腊历史学家波利比阿曾经指出，革命就是消灭和改变僭主统治的过程，就是恢复正义和正当秩序的过程。而现代社会的科学家们往往把革命和巨大的社会变革联系起来，认为任何革命都不是一个单独的夺取政

① 中外政治格言集萃：政治的智慧［M］. 北京：警官教育出版社，1992：122.

② 亚里士多德．政治学［M］. 北京：商务印书馆，1965：236.

③ 马基雅维里．君主论［M］. 北京：商务印书馆，1986：6.

权的事件，而是一个变革社会的过程。这种从动态的角度解释革命，把革命看成是一种变革社会的过程是有一定道理的。但是不从本质上阐释革命，只从动态的角度解释革命是不全面的。

上述四种观点从不同的角度阐述了革命的含义，对我们理解社会意义上的和政治意义上的革命的含义有不少启发和借鉴。要全面地、科学地理解社会意义和政治意义上的革命的含义，就必须了解马克思主义在这方面的三个基本观点。第一，革命是阶级矛盾和社会矛盾激化的产物。第二，革命是一个阶级推翻另一个阶级的暴力行动。第三，革命是政治的最高行动。

所谓革命并不是庸俗化的“革掉别人的命”，而是革新生命，这里的生命包括生存、生产和生活三个层次。革命是重大创新。联系马克思、恩格斯对工业革命变革英国的论述：“英国这种变革很可能会比法国的政治革命或德国的哲学革命在实践上更快地达到目的。英国的革命是社会革命，因此比任何其他一种革命都更广泛，更有深远影响。”我们发现，革命包括却绝不限于革命战争，可以指一切领域的决定性创新。一提起革命就想起暴力，只是我们刚从战争年代走过来的思维惯性。革命在经典中是用来指各个层次的影响重大的创新实践。正是在这个意义上，“精简机构是一场革命”，改革是中国的第二次革命；邓小平在《社会主义也可以搞市场经济》一文中指出，“离开了生产力的发展、国家的富强、人民生活的改善，革命就是空的。”

革命或者改革都是从创新实践的角度说明创新，当要突出创新效果的时候，马克思主义经典中用的是革新一词。例如说“劳动过程的技术条件可以大大革新”；“革新了的犹太教”；蒸汽纺纱厂也像“较晚的革新”一样，异常迅速地得到推广。列宁也从强调创新效果的角度说，我们现在要问“大喊大叫要‘革新’这个理论的人，究竟对这个理论有什么新的贡献呢?”这也表明革新必须有新贡献。列宁还要求政策必须“改造和革新人民的生活”，要求中央委员会的工人“真正致力于革新和改善机关”。五四运动被毛泽东称为文化革新运动，也是因为其具备反帝、反封建的创新效果。当然，马克思主义经典作家围绕着创新还用了很多其他概念，例如在强调创新效果的时候还用了“进步”概念：“使革命成为社会进步和政治进步的强大推动力”；“蒸汽织机得到了实际应用，给予工业进步以新的推动”。因此，也就有了“理论进步”“生产的进步”和“人类的进步”等提法。但“进步”仅限于人化事物的范围，而从不用于自然界。与进步一样可以用来强调人化事物的创新效果的是发展一词。因为“真实的具体的同一性自身包含着差异、变化”，联系马克思主义基本原理所说发展的实质是新事物代替旧事物，就不难发现所谓“新事物”是对创新结果的静态描述，是创新的最终结果。但“新事物”并不限于有人参与的积极变化，可以指一切新出现的合规律的事物。这样看来，发展可以出“新事物”，创新也可以出“新事物”，但是发展可以用于没有人参与的“新事物”，可以忽略能动性的作用；创新则必须有人的参与，强调的正是能动作用。创新不能用来表述自然界的“新事物”。守旧作为创新的对立面，其反动性就表现为用旧事物来抵制新事物，用唯心主义形而上学反对唯物辩证法。因此，旧事物的拥护者是反动派，新事物的拥护者就是革命派。在这种较宽的意义上，创新性人才都是革命者，具有革命性。这些概念都从各自角度具体说明了创新，丰富了创新内涵。

总之，在马克思主义经典作家那里，创立、发展、发现、革命、改革、革新和进步等都涉及创新的内涵。但主要用革命、改革来描述创新实践，突出创新过程；而用革新、进步来描述创新效果，突出结果。当发展用于人化事物时是从动态角度来说明创新，以前一阶段的创新成果为基础。“新事物”则从静态角度描述创新结果。发现则主要指把握了规律、真相的认识创新。创立被专门用来指对理论、制度和组织的创新，与革新、进步都着眼于创新成果。发明是创新的准备阶段，与创造相近，都需要实践检验；创造是劳动与创新之间的过渡概念，需要把握规律和增加利益总量，才能转化为创新。创新则以创造为基础，必须有利于创造者。

知识拓展

创新对个人发展的意义

创新思维能力的有与无，将决定一个人的发展前途。由于创新思维能力上的差异，会导致不同的结果或结局，踏实肯干固然重要，但从某种意义上说来，有无创新思维能力，即应变思维的能力，超前思维的能力，联想思维的能力等更为关键。

创新思维能力的高与低（大与小），将决定一个人的事业天地。

古今中外，大凡在事业上有所建树、有所作为的人，可以说都是创新思维能力很强的人。他们靠智慧、靠特色、靠创新、靠点子，开拓出了事业上的一片广阔天地，被人们所赞颂、所称道。

创新思维能力的超与凡，将决定一个人的勇气谋略。

创新思维能力超高、超众，就能敢于说别人没有说过的话，敢于做别人没有做过的事，敢于思考别人没有思考过的问题。创新思维能力的超与凡，将决定一个人的勇气、胆识的大小、谋略水平的高低。

创新思维能力的显与隐，将决定一个人的目标设计。

有无创新思维能力，有哪个方面的创新思维能力，准确了解、把握自己创新思维能力的大小及其表现形式，将有助于自己的发展定位和目标设计。

三、创新教育

（一）创新教育的含义

创新教育就是以培养人们创新精神和创新能力为基本价值取向的教育。其核心是在全面实施素质教育的过程中，为迎接知识经济时代的挑战，着重研究与解决在教育领域如何培养学生的创新意识、创新精神和创新能力的问题。对于创新教育，上海辞书出版社出版的第六版缩印本《辞海》给出的解释是："产生于20世纪90年代的一种教育思想。主张教育以培养创新型人才为目标，着力促进人的创新精神和创新能力的发展。创新教育活动已在我国一些中小学开展。"

（二）创新教育的定位

创新教育的定位可以是多维度的，其中认识定位就是一个十分重要的方面。在创新教育的认识上，教育实践界存在许多误区，澄清以下这些模糊认识对学校创新教育实践有极为重要的意义。

——创新只是少数天才学生的事。许多教师以为创新是人的高级智慧，非一般学生所能拥有。其实，创新是人的本性，人人都具有创新的潜能与倾向；创新是人生存的需要，只要人存活一天就片刻也离不开创新。问题的关键是我们后天的教育是否尊重、保护并培育了这种潜能，激发、促进并满足了这种需要。《学会生存》曾指出："教育既有培养创造精神的力量，也有压抑创造精神的力量"，人的创新精神与能力不完全是由先天因素决定的，后天的教育因素也是重要的决定力量。所以，创新教育应具有全体性，应面向每一个学生。

——创新只是自然科学的事。许多人以为创新就是科学发现、技术发明，只有科学教育才能培养人的创新精神与能力。实际上，不仅自然科学需要创新，社会科学与人文科学同样需要创新，特别是在科学技术的负效应日益显现的今天，科技创新与人文创新更应平衡发展，使未来社会既是高智力的，又是高情感的。不仅如此，即使自然科学创新也离不开社会和人文思维方式的支持。所以，创新教育应具有全域性，面向每一门学科。

——创新只是课外活动的事。也有许多教师以为，课堂教学的任务就是传授知识，发展创新是课外活动的事。实际上，这种区分是人为地割裂了传承与创新之间的内在联系。创新是整个教育模式、教育制度和教育观念的全局性改变，并不是局部的修改和增减，它应贯穿于课堂教学、课外活动和日常教育生活等方方面面，成为全部现代教育的精神特质，局部性的教育创新不可能是真正意义上的创新教育。其中，课堂教学是创新教育的主渠道，也是学校教育改革的着重点。

——创新只是智力活动的事。还有一些人认为，创新是一个人的智力表现，高智力必然会有高创新。这也是一种错误认识。创新不仅是一种智力特征，更重要的还是一种人格特征或个性特征，是一个人综合素质的凝结性表现，是一个人的自我超越和自我发展，是一个人潜能和价值的充分实现。在人的智力水平相当或恒定的情况下，非智力因素往往起着决定性的作用，许多有创新精神的人并非智力超群，而是非智力的人格特征出众。单纯的智力活动只能培养匠人，而不可能培养大师。所以，创新教育还具有综合性，是个体生命质量的全面提升。

——创新只有正面的效果。几乎所有人都认为，创新是“正面的”“好的”事情，人们可以尽情地去追求。殊不知，创新是一把双刃剑，它既可以成为天使，也可以成为魔鬼；既可以为人类造福，也可以使人类致祸。现代社会的高级犯罪有哪一宗不是创新的结果呢？创新只是工具，并不是方向本身，创新还不能单独成为目的，创新教育也不能代替现代教育的全部，它必须与道德教育整合，培养人的同情心和责任感，把人的创新精神与创新能力引向为人类造福的方向上来。所以，创新教育具有双重性，现代教育必须致力于相互整合，兴利去弊。

（三）创新教育的目标定位

基础教育是为个体升入上一级学校、自身素质持续发展以及为今后走向社会做准备的教育，基础教育阶段的创新教育也要为学生未来的持续性创新打基础。那么，具有深厚基础性和广泛迁移性的创新品质究竟包括哪些？这也是创新教育定位应予以优先回答的问题。概括地说，为持续的创新打基础主要包括两大方面：一是打创新精神基础，二是打创新能力的基础。创新精神是创新人格特征，是主体创新的内部态度与心向，它包括创新意识、创新情感、创新意志、创新思维和创新活动五大方面。

（1）创新意识。创新意识是个体追求新知的内部心理倾向，这种倾向一旦稳定化，就成为个体的精神与文化。经验性的研究表明，具有创新意识的人常常是不满足于现实，有强烈的批判态度；不满足于自己，有持续的超越精神；不满足于以往，有积极的反思能力；不满足于成绩，有旺盛的开拓进取精神；不怕困难，有冒险献身的精神；不怕变化，有探索求真的精神；不怕挑战，有竞争合作的精神；有强烈的好奇心，旺盛的求知欲，丰富的想象力和广泛的兴趣等。这些品质都是基础教育应重点予以关注的。

案例连接

日本“方便面之父”创新意识贯穿后半生

安藤百富 1910 年出生在中国台湾嘉义，原名吴百富。1957 年，安藤担任理事长的信用社破产，他经营的其他产业都被用来抵债，剩下的只有位于大阪府池田市的私宅。当时，日本经济处于开始腾飞的最初阶段，人们生活节奏明显加快，安藤决定研制快速冲泡后食用的拉面。他在家里专门搭出一间小屋，埋头研制方便面。多次失败后，安藤从妻子炸“天妇罗”（日本传统油炸食品，用蔬菜、虾等裹上面粉下油锅炸成）中得到启发，发明了“瞬间热油干燥法”，用这种方式炸面条，水分能快速挥发，面条上还会出现细孔，用开水一泡，水分能迅速渗入面条，恢复面条的弹性。继而，安藤对调味料进行反复调配。1958 年 8 月 25 日，世界上第一份方便面“鸡肉拉面”正式上市，定价 35 日元。从当时日本物价水准看，方便面定价不菲，但在市场宣传、免费品尝等攻势下，方便面很快在日本掀起热潮。

时年已 48 岁的安藤百富开始了今后一辈子的事业。当年年底，安藤创立日清食品株式会社。方便面很快成为时代的宠儿，效仿者不断出现。安藤很快意识到，必须规范市场，才能维护新产品的名誉。1961 年，他注册了“鸡肉拉面”商标。1962 年，安藤取得“方便面制作法”专利，并据此向 113 家同业发出警告。但在 1964 年，安藤成立日本拉面工业协会，把方便面专利转让给业界。安藤说，此举是为了把行业做大，从而给老百姓提供价廉物美的方便面。

1966 年，安藤在美国考察时意识到，欧美饮食中没有碗、筷等东方人普遍利用的餐具。为适应欧美市场，安藤发明了“杯面”和“碗面”。1971 年 9 月，世界首份“杯面”上市。至今已累计卖出 200 亿份“杯面”。

2005 年，安藤又迎来一大快事。当年 7 月，日清的方便面同日本宇航员野口聪一一道搭上美国“发现”号飞船，成为太空站的宇宙食品。

（2）创新情感。创新情感是个体追求新知的内部心理体验，这种体验的不断强化，就会转化为个体的动机与理想。经验性研究也表明，有创新情感的人常常是情感细腻丰富，外界微小的变化都能引起强烈的内心体验；人生态度乐观、豁达、宽容，能比较长时间地保持平和、松弛的心态；学习和工作态度认真、严肃，一丝不苟，有强烈的成就感，工作的条理性强；对世间的所有生命都有同情心和责任感，愿意为改善他们的生存状态而尽心尽力等，这些也是基础教育应予以优先关注的。

（3）创新意志。创新意志是个体追求新知的自觉能动状态，这种状态的持久保持，就会成为个体的习惯与性格。经验性的研究表明，有创新意志的人常常是能排除外界的各种干扰，长时间地专注于自己的活动；工作勤奋，行为果断，对自我要求较高，对工作要求较严；善于沟通与协调，组织能力强，有较强的灵活性，为达到目的愿意变换工作的途径和方法；有较强的独立性和自制力，在没有充分的证据和理由之前，不轻易放弃自己的主张，能容忍别人的观点甚至错误等，这些品质在基础教育阶段也应形成。创新能力是创新的智慧特征，是主体创新的活动水平与技巧，它包括创新思维和创新活动两大方面。

（4）创新思维。创新思维是个体在观念层面新颖、独特、灵活的问题解决方式，创新思维是创新实践的前提与基础，如果想不到是不可能做得到的。经验性的研究表明，具有创新思维的人常常感觉敏锐，思维灵活，能发现常人视而不见的问题并能多角度地考虑解决办法；理解深刻，认识新颖，能洞察事物本质并能进行开创性的思考；思维辩证，实事求是，能合理运用发散与辐合、逻辑与直觉、正向与逆向等思维方式，不走极端，能把握事物的中间状态等。这些品质是基础教育阶段思维训练的重点。

（5）创新活动。创新活动是个体在实践层面新颖、独特、灵活的问题解决方式，创新活动是创新思维的发展与归宿，经不起实践检验的思维是无价值的。经验性的研究也表明，具有创新活动能力的人常常实践活动经历丰富或人生经历坎坷，经受过大量实践问题的考验；乐于动手设计与制作，有把想法或理论变成现实的强烈愿望；不受现成的框框束缚，不断尝试错误、不断反思、不断纠正；愿意参加形式多样的活动，乐于求新、求奇，乐于创造新鲜事物等。这些也是基础教育应给予考虑的创新素质目标。

能力测试

测试你是否有创新意识

生活中有些人的惰性比较强，而有的人则喜欢求新求变，喜欢不断地去尝试，喜欢创造：看看你的创新意识如何吧！

1. 印在纸上的主意、想法，其价值还不如印它们的纸张。

   A. 非常同意 B. 比较同意 C. 稍许同意 D. 不太同意 E. 很不同意 F. 极不同意

2. 世界上有两种人，一种人追求拥护真理，另一种人排斥真理。

   A. 非常同意 B. 比较同意 C. 稍许同意 D. 不太同意 E. 很不同意 F. 极不同意

3. 大多数人并不知道什么才是对他有益的。

   A. 非常同意 B. 比较同意 C. 稍许同意 D. 不太同意 E. 很不同意 F. 极不同意

4. 人生中的大事就是去做自己认为重要的事。

   A. 非常同意 B. 比较同意 C. 稍许同意 D. 不太同意 E. 很不同意 F. 极不同意

5. 在这个复杂的世界里，要了解事情的演变情形，唯一的途径就是我们信任的领导人或专家。

   A. 非常同意 B. 比较同意 C. 稍许同意 D. 不太同意 E. 很不同意 F. 极不同意

6. 在当代论点不同的所有哲学家当中，有可能只有一两位才是正确的。

   A. 非常同意 B. 比较同意 C. 稍许同意 D. 不太同意 E. 很不同意 F. 极不同意

7. 大多数人根本不会替别人稍微设身处地地想一想。

A. 非常同意 B. 比较同意 C. 稍许同意 D. 不太同意 E. 很不同意 F. 极不同意

8. 最好听取自己所尊敬的人的意见，再做判断和决定。

A. 非常同意 B. 比较同意 C. 稍许同意 D. 不太同意 E. 很不同意 F. 极不同意

9. 只有投身追求一个理想，才能使生命变得有意义。

A. 非常同意 B. 比较同意 C. 稍许同意 D. 不太同意 E. 很不同意 F. 极不同意

10. 当有人顽固不肯认错时，我就会很急躁。

A. 非常同意B. 比较同意 C. 稍许同意 D. 不太同意 E. 很不同意 F. 极不同意

计分方法：A. 是1分 B. 是2分 C. 是3分 D. 是4分
E. 是5分 F. 是6分

说明：得分在0~18分：创新意识很低；得分在19~40分：创新意识中等；
得分在41~60分：创新意识较高

（四）创新教育与创业教育的关系

创新教育与创造教育有相同的一面但也有很多的不同。创新教育是为了迎接即将到来的知识经济时代而提出来的。创新教育不仅仅是方法的改革或教育内容的增减，而是教育功能的重新定位，是带有全局性、结构性的教育革新和教育发展的价值追求，是新的时代背景下教育发展的方向，尽管我们研究的定位是培养中小学生的创新精神和创新能力，但实际上将来带来的是教育全方位的创新。我们强调，创新教育的重点不仅是在操作层面在上搞小发明、小制作，或在学科教学中仅仅培养发散思维能力就可以了。这些在创新教育中仍然要搞，但除了考虑这些操作层面上的问题外，更要考虑适宜创新人才成长的“土壤”、良好的环境，这比什么都重要。这符合马克思主义的基本原理，环境对人的影响是特别巨大的，尤其是对青少年的影响更是巨大。所以，我们能否接过创造教育的旗帜搞创新教育呢？不行，时代不同了。创新教育与过去的创造教育固然有继承关系，但绝不是沿袭过去的东西。当然两者也并不矛盾，它们在很多方面，尤其在基础方面是相通的，创新教育是创造教育在新的历史条件下的发展和升华。我们不能割裂传统，不过，在这些问题上我们不搞争论、论战，把时间和精力花在名词术语的争论上没有意义。

（五）创新教育与素质教育关系

这个问题在全国教育工作会议期间颁布的《中共中央国务院关于深化教育改革全面推进素质教育的决定》中已经说得很清楚，不是创新教育离开素质教育另起炉灶、另搞一套，而是素质教育要以培养学生的创新精神和实践能力为重点。有人说，创新教育把素质教育推向了一个新的台阶，创新教育是素质教育的灵魂、核心，创新教育为实施素质教育、深化素质教育找到了一个“抓手”。这几年搞素质教育总感到有点像老虎吃天，不知从哪儿着手。先是多搞活动，多搞点音、体、美，但又感到光停留在这个层次上也不行。现在感到创新教育抓住了素质教育的一个核心内容，可以成为“抓手”，况且创新精神和创新能力便于细化，可以操作，用它可以带动素质教育的方方面面。1999 年 10 月 20 日的《中国教育报》在头版的位置报道创新教育课题会时提出：创新是实施素质教育的关键。过去从来没有这样提过，但细细琢磨确实是有道理的。这首先是江泽民总书记的指示，创新是关系国家前途命运的关键问题；二是素质教育要提高全民族的素质，提高全民族的创新能力，它同创新教育追求的目标是一致的；第三，实施素质教育必须在一系列问题上创新，包括教育观念、教育思想、教育制度、教育内容、教育方法都要创新。如果不创新，还是沿袭旧的那一套，素质教育就很难实施。所以，不管是从时代的发展，现代化的需要，教育改革的需要，党和国家领导人的倡导来看，还是从素质教育追求的目标来看，创新教育是为了使素质教育能够真正得到贯彻实施。深化教育改革，全面推行素质教育有很多方面，其中最重要的是创新精神和创新能力。它能保证素质教育的实施，而且使之得到深化。

（六）创新教育模式

创新教育模式，在此我们主要讨论的是进行创新教育的模式，不是指创造新的教育模式，也不是教育创新的模式。创新教育模式是使受教育者形成创新意识、发展创新能力，并在未来的人生经历中做出创新性工作的教育过程及教育环境体系。对于创新教育模式而言首先它不是一个固定不变的框架，不是封闭的系统，也不是一个简单的结构，从性质来讲它具有开放性、动态性、发展性和复杂性，从这个意义上来讲，创新教育模式既是要创造新的教育模式，又是要进行教育创新的模式，但现在更多的是对教育模式的历史总结，还远未进入创新教育模式的开发设计，至少我们对创新和创新教育的认识还停留在初级水平。由创新教育的模式性质来看，创新教育有它的结构特征与体系要求。作为创新教育体系有它的历时结构和共时态结构。历时结构有两层含义：其一，创新教育体系的发展过程是进化的；其二，创新教育实践过程有相互关联与相互制约的要素。创新教育的共时态结构也有两个方面，就创新教育体系而言反映创新教育发展的状态，就创新教育实践过程而言反映创新教育要素的组合关系及配合状态。在此我们不关心创新教育体系的结构问题而注重的是创新教育实践活动的结构问题，前者属于创新教育的存在本体问题，后者关心创新教育的实证研究。因为创新教育实践的历时结构反映了创新教育系统中相互作用的要素间动态过程和演变方式，展现各种作用机制促成目标转换的逻辑或非逻辑过程；创新教育实践的共时态结构主要表现为各种作用与目标间的统计关系和经验关系。创新教育实践的共时态结构特点为我们提供了考察创新教育实践体系内部要素间的配合要求、经验说明和教育结构格局的机会；其历时结构特点为我们提供了创新教育体系内部各要素之间的作用方式、传递关系、微观机制和宏观机理的可能。创新教育结构的研究为开发可操作的创新教育模式提供可能性基础。

知识拓展

教育模式

教育模式是人们对教育进行有效实践而采取的一种教育策略的集合体系，其特点主要是体现出一定的程式。

一、普通教育：中国的普通教育分义务教育和高等教育，义务教育主要是指中小学教育；高等教育就是指普通高校教育，不包括艺术院校。

二、职业教育：职业教育是指对受教育者实施可从事某种职业或生产劳动所必需的职业知识、技能和职业道德的教育，包括职业学校教育和职业培训。

三、成人学历教育：指整个有组织的教育过程，不论其内容、水平、方法如何，是正规的或是非正规的，不论是延续或是取代学校和大学进行的初步教育以及在企业的学徒训练。通过这个教育过程，使社会成员中被视为成年的人增长能力、丰富知识、提高技术和专业资格，或使他们转向新的方向，在人的全面发展和参与社会经济、文化的均衡而独立发展两个方面，使他们的态度和行为得到改变。成人教育分为成人高考、高教自考、远程教育。

四、艺术教育：美育的核心、根本目的是培养全面发展的人。艺术教育承担着开启人的感知力、理解力、创造力，使人的内心情感和谐发展的重任。常说的艺术教育是指专门的艺术院校进行的专业艺术教育，教学以艺术启发为主，传授文化知识为辅。

来自：百度百科

对一个企业而言，到底什么是创新？是不是制造新产品便是创新？那些不能使企业得到净效益的企业创新活动都是浪费。只有很少的专利能给公司带来财富，大部分专利都不能为公司产生价值。创新的确有可能给企业带来好处，但关键不在于谁是始创者，而在于企业是否有能力应用创新来创造最大价值。源于生活上的某种欲望，通过新的理念组合现有资源来满足这一欲望，我们称为“源创新”。

在过去的30多年里，中国的经济发展一直是以制造业为主要推动力，我们可称为制造经济。而中国也以“中国制造”（Made in China）而闻名，是全世界各地价值链的上游，也是全世界的工厂。一直以来，中国制造的产品以出口为主，随着中国经济发展，国内市场也随之扩大，但中国大部分的制造业仍然主要是供应国外市场。

现在，“中国制造”面临着几个严重问题。第一，随着工资增加，竞争也越来越激烈。第二，能源消耗大，引起了一些环境问题。如果我们将环保消耗算进成本，可能总利润是负数。中国的制造经济不可能长久地这样不计环境成本。第三，国际上对中国的产品有一些不好的印象，认为中国制造业不负责任，如玩具、奶粉事件。第四，来自国际的压力。有些国家起诉我们倾销，如轮胎事件等。其实我们的出口并没有对其他国家工人就业产生很大的影响，但是很多人觉得我们的出口太多了，因而产生了反感。第五，世界经济萧条。2008 年以来的金融危机、欧债危机，使欧美消费市场萎缩，中国很多地区在 2008 年已经深有感受。第六，规模越大，面临的危机也越大。那么多的厂房与机器在没有生意的时候就是一个很大的负担。2009 年，中国很多工厂都因世界金融风暴而倒闭。

事实上，以上提到的不是制造业独有的问题，也不是哪一个单一行业的问题，而是整个行业以及整个中国面临的问题。解决个别企业的眼前困难并不能解决根本问题，而是需要有系统性的措施，才能使大家转危为安。很多学者与专家都认为创新能使中国走出面临的困境，但我们究竟应该如何理解“创新”，尤其是中国的创新呢？欧美的企业创新通常是由个人开展而后带动他人加入，所以一个企业的创新能力大都以其员工的创新能力为基础。欧美人普遍认为，一个人如果要有创新能力，他必须有远见、有热情，敢想他人不敢想的事，不墨守成规，能向传统智慧挑战，有勇气承担风险，有能力说服他人。因为中国企业有员工服从领导的文化，有很强的执行能力及模仿能力，却并不习惯向传统智慧挑战，所以很多欧美学者都认为中国企业的员工缺少创新能力，中国企业在现状下也难以进行创新。让我们来认真分析一下“创新”和“创新活动”。在很多人的观念里，创新几乎等同于高科技，认为生产高科技产品便是创新。现有的评价体系也通常以一个企业或一个国家一年内获得专利的数量来衡量它的创新程度。一个新产品可以因为它的特殊设计异于当前产品而获得专利，一项新科技可以因为它异于当前的科技而获得专利，一道新的生产流程可以因为它有一些新的、特殊的程序而获得专利，它们的共同点在于都异于现状，而且可增加价值。因此，很多欧美学者认为创新是开发新产品、发明新科技或建立新生产流程。那么，对一个企业而言，到底什么是创新？是不是制造新产品便是创新？如果一个企业开发了新的产品，但是产品投入生产后发现没有市场，这是不是有意义的创新？一般来说，对一个企业来说，那些不能使企业得到净效益的创新活动都是浪费。

火药是中国人发明的，但中国把火药应用在烟花、鞭炮、传统军火上。而西方国家将其用于开山、建铁路来支持工业革命，用于制造先进军火来加强军队战斗能力，所以西方从火药发明中获得的收益远远超过中国。印刷术也是中国人发明的，当时中国应用这项技术来方便信息的传播。但西方应用该技术来促进商业发展，进而成为工业革命的推动力，所以它们得到的好处也远比中国多。第一台个人电脑是施乐公司做出来的，它只将其看作电脑的新种类。而苹果电脑及很多硅谷的高科技公司利用施乐公司的个人电脑技术推动了个人电脑革命，从而改变了整个计算机行业，并且现在市面上已经看不见施乐公司出品的个人电脑。

创新其实可以分为两类：一类是科学创新，另一类是商业创新。科学创新是指有关自然规律的新发现，包括新科学理论、新产品及新科技，本书称为“始创新”。这也是很多西方学者所指的创新，或者中国许多人常提到的“自主创新”。而商业创新是指创造新价值。西方学者也有一个类似概念，称为连续性创新（continuous innovation），意思是这类创新会连续性地增加价值。第二类商业创新活动是指通过一种新的理念来推动对人们日常生活或工作有新价值的活动，这种新理念很多时候是被新产品或新科技（始创新）所激发，但也可以是源于生活上的某种欲望，通过新的理念组合现有资源来满足这一欲望，我们称为“源创新”。这个“源”字是“开源节流”中“开源”一词的延伸，寓意全新的开始，从无至有。

正因如此，源创新活动需要触发、引导其他的经济参与者联合起来，共同提供这种新理念的新价值，同时它也必然会开拓新的市场。

四、我国高校创新教育的现状

案例导入

马云：中国创新不好是教育的问题

阿里巴巴集团董事长马云在上海市浙江商会第九次会员大会上发表演讲时表示，中国创新不好，归根到底是教育的问题。马云认为：我也想和大家分享所谓的“创新”。我们经常讲美国、欧洲创新比我们好，中国创新不好，归根到底是教育的问题。其实我觉得，中国的教是没有问题的，育是有问题的。教，中国的学生全世界考试最好，但是我们育是培养文化、情商，我毕业于杭师大，如果毕业于北大、清华，现在每天就在研究了。因为我是毕业于杭师院，文化是玩出来的，会玩的孩子、能玩的孩子、想玩的孩子一般都很有出息。我们是教，把育的东西拿走了。如果“新常态”下我们重新思考我们的文化，我们的育、我们的玩、我们体育，这些东西才会不断出现。很多画家是玩出来的，很多运动员是玩出来的，很多作品都是玩出来的。所以，我们企业家也要学会玩。

资料来源：新浪科技 2014-12-08 作者：朝晖

（一）我国高校创新教育现状

创新教育是伴随着人类的创造实践活动而产生，并逐步形成的。所谓创新教育是指在学校教育中注重培养学生的创新精神、创新能力和创新人格，使之成为创造性人才的教育实践活动，创新教育要解决的问题就是培养学生的“二创精神”即创新意识和创新能力。创新教育重点在“创新”，创新既是思维形式，也是实践活动，既是引领科技发展的发明创造，也是带来丰厚利润的市场行为。创新活动与社会进步和发展息息相关，历史的发展表明每一次科技革命和知识创新都给社会带来巨大的进步，而这些都离不开学校的创新教育。20 世纪 70 年代美国就提出了培养具有创新精神人才的目标，日本也在 1996 年提出，要把“创新性”当作个人在今后急剧变化的社会里获取生存能力的重要内容。江泽民同志多次强调“创新”的意义。他说：“创新是一个民族进步的灵魂，是国家兴旺发达的不竭动力。如果自主创新能力上不去，一味靠技术引进，就永远难以摆脱技术落后的局面。一个没有创新能力的民族，难以屹立于世界先进民族之林。”1999 年召开的全国第三次教育工作会议做出决定，将创新精神与实践能力的培养作为今后长期实施的素质教育的重点。2006 年温家宝总理在十届全国人大四次会议的政府工作报告中提到“我国已进入必须更多地依靠科技进步和创新推动经济社会发展的历史阶段”，进一步将创新提升到了国家发展战略地位。2014 年 6 月 9 日习近平在中国科学院第十七次院士大会、中国工程院第十二次院士大会开幕式上发表重要讲话强调“坚定不移创新创新再创新，加快创新型国家建设步伐”。习近平强调，今天，我们比历史上任何时期都更接近中华民族伟大复兴的目标，比历史上任何时期都更有信心、有能力实现这个目标。而要实现这个目标，我们就必须坚定不移贯彻科教兴国战略和创新驱动发展战略，坚定不移走科技强国之路。2015 年 10 月中共中央政治局常委、国务院总理李克强对首届中国“互联网+”大学生创新创业大赛总决赛做出重要批示，批示指出：大学生是实施创新驱动发展战略和推进大众创业、万众创新的生力军，既要认真扎实学习、掌握更多知识，也要投身创新创业、提高实践能力。刘延东强调，人是创新最关键因素，创新驱动是人才驱动。

西方国家一直把创新教育作为其高校教育的传统，提倡自由教育是西方国家教育的主流。与此相比，我国高校的创新教育由于缺乏传统，目前的发展现状不成熟，还普遍地存在一些问题，不能很好地适应时代要求和满足高校教育自身发展的要求。

第一，基于工具主义价值观支配的教育理念陈旧，这种价值观把教育作为纯粹的社会工具，即经济的扬声器、政治的传话筒和文化的维护者，这样的理念下，不可能培养出真正具有创新精神的人才。其次，教学活动不能发挥学生的主体性，根本上压抑了学生的创造性。我国高校教育从来强调教师的主导作用，忽视学生的主体性，把学生看作一个接受知识的绝对客体，阻碍了创新潜力的发掘和创新能力的培养。最后，我国高校在课堂教学上呈现方法简单、形式单一的现象，教师授课缺乏问题意识，课堂讨论与交流、实践教学等形式运用得不多，相应地容易出现学生的知识面狭窄，有利于培养学生创新精神的社会热点、焦点及理论前沿很少涉及，这样的教学根本就不利于学生创新能力的培养。

（二）高校实施创新教育的必要性

1. 在高校实施创新教育，是我国经济社会发展的需要

当今世界经济和科技飞速发展，国与国之间的竞争日趋激烈，综合国力的竞争关键在经济，经济的发展核心在科技，科技的发展要依靠具有创新精神的人才。为了迎接经济和科技竞争的挑战，我国实施科教兴国战略，目的就是培养社会主义现代化建设需要的创新人才。在高校实施创新教育，才能为经济和科技发展不断输送人才，才能满足国家发展对人才的需要。

2. 在高校实施创新教育，是改革我国落后教育模式的需要

我国高等教育在扩大招生和对外交流的形势下得到迅速发展，但是就教育教学自身的状况表现出诸多不足。由于受传统教育思想影响很深，教师在课堂上向学生灌输知识，要求学生对书本知识死记硬背，考试无非就是检验学生对知识的记忆，在这种训练下，学生成了学习和记忆的机器，失去了独立判断和思考的能力。这种模式的教育教学急需改革。全国第三次教育工作会议就指出：素质教育要以提高国民素质为根本宗旨，以培养学生的创新精神和实践能力为重点，倡导尊重学生身心发展特点和教育规律，使学生在学习过程中生动活泼、积极主动，使创新能力得到发展。实施创新教育，是全面贯彻党的教育方针，培养高素质的创造性人才，改变我国的教育现状的需要。

3. 在高校实施创新教育，是大学生成长和成才的需要

创新教育是把每个人当作一个主体，充分发挥主体作用的教育；创新教育是尊重每个人个性差异的教育，使每个人个性健全发展的教育，是最适合和最能促进大学生成长和成才的教育。国内外心理学家及脑科学研究成果表明：创造能力是每个健康个体都具有的一种普遍的心理能力。但是创造能力的形成要依靠主体自身的力量去完成，创新教育能给学生以极大的自主空间，让他自己去研究和探索，尝试着自己去寻求问题的答案，通过发挥他们的主观能动性，去获得知识和经验，从而把创新能力从一种潜在的心理变为现实。

（三）我国高校创新教育发展的途径

1. 创新教育是一个系统的工程

高校教育是构成整个社会教育的一个环节，是基础教育的继续和延伸，学生们如果在基础教育的13年中都没有经历过创新教育的训练，他们就无法适应大学的这种教育模式，正像中国的学生到西方国家留学一样，无法适应他们的学习和考试的方式，学习能力和学习兴趣锐减，这样的状况会使学校和学生都陷入两难的境地。因此，创新教育是一个系统工程，从幼儿园开始的教育就应该渗透创新教育的原则和方法，基础教育更是应把创新教育贯彻到教育教学中去，这样高校实施创新教育也就水到渠成了。

2. 推进教学内容和教学方法改革是开拓创新教育的主渠道

创新教育对教育的影响作用主要是通过学校的教学活动体现出来的，学校应加强对教学内容和教学方法的改革。首先，将创新教育内容融入教学活动之中。把握学科前沿，让反映现代科学技术的新知识及时进入课堂，并增设与创新教育有关的课程，使教师尽可能多地了解和掌握新的教学手段和方法，教会学生获取新知识的方法和能力，不断获取科学文化知识，为创新提供能动力。其次，在教学活动中，确立学生主体地位，变学生被动接受知识为主动探求知识，变书本知识学习为问题研究型学习。在教学中，教师可采用启发式、讨论式、竞赛式等方法，鼓励学生敢于质疑，大胆提出新思想、新问题和新方法，使学生能主动地、愉快地、创造性地获得知识和能力，个性得到自由充分发展，潜能得到最大限度的释放。再次，要加强实践教学环节。学生创新能力的培养，至关重要的一环是实践教学环节。学生通过参加实践活动，能更深地理解知识、运用知识，并能促使其提高发现问题、探究问题、寻找解决问题的能力。实践教学给学生提供了展现创造性个性和发现自己创造才能的机会，从而能激发学生强烈而广泛的好奇心和求知欲，调动学生的创造积极性，培养学生的创新能力。

3. 重视校园文化建设，使创新思想和创新精神成为校园里的新风尚

校园文化建设对培养学生创新素质尤为重要，它体现了环境对于人的培养的巨大影响作用。健康向上的校园文化能启发学生思想、培养学生能力、发展学生个性。学校应通过校园文化建设为学生提供有利于进行创新活动的环境条件，让创造精神从积极向上、宽松自然的校园氛围中生长出来，从而培养学生的探索精神和创新思维。例如，可以通过开展科技竞赛和科技文化节等活动建立大学生创新素质教育基地，来培养学生的求实、创新精神；在校训、标语口号和宣传栏中应体现对创新精神和创造能力的追求；在校园里应随处看到那些为社会的发展做出重大贡献的科学家、政治家、文学家和思想家的各种形象，宣传他们的创造成就等。在校园里对创新、创造的积极提倡，能有效地激励学生去学习和效仿，使创新思想和创新精神成为校园里的新风尚。

五、国内外的创新教育比较

随着当前世界进入“互联网+”、人工智能的时代，创新发展已经成为包括我国在内的许多国家的发展战略。创新能力的开发已经直接关系到一个国家的发展和实力。各国对创新能力的开发越来越关注。美国总统提醒人们："我们正跨入一个新的时代——急需一种新的创造精神的时代"。日本人也提出："独创是国家兴亡的关键"，开发国民的创造力是"走向21世纪的道路"。由此可见，开发创新能力是未来社会和知识经济发展对人提出的要求，也是当今世界教育改革的潮流。国外发达国家围绕这个"新"字构建创新教育目标。他们把目标定位于培养既有现代知识，又有创新能力、品德高尚、体魄健美、身心发展良好的现代化的新人，即善于适应变化和创新的新人上，如：日本人提出，教育要成为"打开能够发挥每个人的创造力大门的钥匙"，教育要"适应技术新时代而提高学生的价值品位，发展学生的想象力、谋划力和创造性智力以及为创造而进取的不屈不挠的意志"，使受教育者成为"面向世界的日本人"。美国人则强调教育的首要目的就是释放学生的创造力，要培养"骨髓中都充满未来思想和未来意识的人"和"世界一流的创新人才"。英国人在《学校课程框架》中提出了发展创新思维，了解世界群体和个人，养成正确道德观念等教育目标要求。

（一）创新教育在美国

世界的进步来源于创新，美国康涅狄格大学教授兰祖利在创新教育大会上指出："我们的世界变得越来越复杂，我们所有的进步，包括在经济、社会、政治等其他领域，全部来自于创新创意。当前，很多现实领域里出现的问题需要有创意的青年的一代来解决，例如埃博拉病毒的爆发，例如中国的交通拥堵、医疗体系改革、经济转型发展，这些都需要有创新能力的人去改变，因此创新教育是非常重要的。"美国以创新和发明著称于世，每年有50%左右的诺贝尔奖获得者为美籍科学家，一直遥居各国榜首。这也是其繁荣和发展的根本保证，无论是政府教育部门，还是其他行政部门，以及民间组织、企业、大专院校等都大力提倡并积极创造条件鼓励创新。在全美上下形成了良好的创新环境和氛围。20世纪70年代，美国教育界就明确提出了培养具有创新精神的人才的目标。斯坦福大学在美国硅谷成功过程中发挥了巨大的作用，则更加证明了高等学校知识创新、科技创新和创新人才培养对国家的发展极为重要。美国的创新教育主要体现在以下几个方面：

首先，美国大专院校开展多种形式的创新教育，将创新视为学生发展的重要能力之一，结合创新的相关课程、计划及研究中心不胜枚举，在塑造美国创意文化的过程中扮演了重要角色。其次，企业对高等教育中创新精神的支持和鼓励较大，民间企业不仅本身进行创意产品设计研发，亦能关注社会及教育，将创意的精神融入其中，在高校设立企业实验室、奖学金、捐献项目帮助大学开展各类创新教育。再次，美国创新的开展，有来自民间自发的蓬勃力量，推动相关课程与研究，并与政策相辅相成，使创新遍及个人、社区、教育场所及一般企业实践中。除了上面三个方面外很重要的一个方面是政府的高度重视，美国商务部在 2013 年 7 月就正式发布了《创新与创业型大学：聚焦高等教育创新和创业》报告，促进学生创新和创业，支持大学科技成果转换与校企合作。美国政府没有制定专门的创新教育政策，但在相关教育政策以及教育主管部门颁发的文件中则可以发现创新的概念或做法已是自然而然地融入其中，美国有很多州都要求学校承担起创新教育的责任，有几个州已经将创新教育纳入州立教育法令当中，要求学校进一步改进和完善。在大多数的评检中创新是必然的指标。目前美国大多数学校都会设有创客空间，培养创新思维模式，应用到课程当中，让学生获得一些探索。

创新教育对学生和老师来说都非常重要，首先老师自身也要成为创客，只有自己了解了这个过程，才能更好地实施这个过程，在面对一项自己完全不了解的事物时，明白有哪些工作要做，该从何处着手，包括背景调查、基础知识等。只有老师自己经历了这些过程，他才能更好地帮助学生，建设课程体系。

（二）创新教育在日本

日本创新教育始于 1868 年的明治维新，“二战”后又有了长足进展，20 世纪 70 年代达到世界一流水平。战后日本经济的迅猛发展，也与其密不可分，正如日本前首相吉田茂在《激荡的百年史》一书中所说的那样：“创新教育在现代化中发挥了主要作用，这大概可以说是日本现代化的最大特点。”进入 20 世纪 90 年代后，随着日本经济和社会的进一步国际化，教育出现的种种问题也亟须解决。面对国际化、信息化、高龄化、少子化以及经济结构的调整等社会变化，日本政府抓紧了面向 21 世纪的全面教育改革，创新教育取得了一定成果。

20 世纪 90 年代，强调“创造性”的日本大学，其创新教育发展也堪称日本历史上的全盛时期。日本教育界认为，面对严峻的社会经济形势，大学如果不加速改革，本国在 21 世纪将不可能得到发展。1991 年按照大学审议会提出的“高等教育个性化、教育研究高水平化、经营管理活性化”的方针，日本进行了大学设置基准等改革，引入了自由竞争机制，启动了大学创新教育改革。21 世纪被称为“知识经济社会”。日本把 21 世纪看作是其教育新生的世纪，高教界人士认为，要使日本的科技也走在世界前列，必须提倡从事创造性的科学研究。培养大学生创造思维能力的创新教育成了高等教育变革的着力点。

（三）国外创新的教育观

1. 树立以人为中心和创新精神为核心的主流教育观

创新素质教育、创新能力培养在国外重视较早，起步较快。西方的教育家、经济学家较早地认识到科技创新、知识创新与创新人才培养之间的密切关系，一直把重视人的创新能力培养作为教育的传统。古希腊哲学家亚里士多德主张，最高尚的教育应以发展理性为目标，使人的心理通过教育得到解放和发展，提倡自由教育，这对西方教育产生了深远的影响。美国哈佛大学早在1945年发表的哈佛“红皮书”——《自由社会中的一般教育》中提出了知识和能力协调发展的原则，注重学生创新能力的训练。英国的剑桥和牛津大学一直把“探测、挖掘和开发学生的潜在能力，激励个人的创造精神”作为其办学思想。20世纪70年代，美国教育界就明确提出了培养具有创新精神的人才教育目标。

20世纪末，法国也把改革的重点放在提高国家的创新能力上。1998年5月，法国召开科学与技术创新会议，要求高等学校与科研机构、企业一道为法国的技术创新做出贡献。会后不久，法国又召开大学改革研讨会，并与大学校长签署一份联合声明。声明指出，智慧与创新处于社会发展的中心，大学应鼓励创新、负责与协调精神，一方面通过创新取得研究突破，另一方面在创新和研究活动中培养具有创新精神的人才。1999年7月，法国议会通过《创新与研究法》，将科技创新制度化，力图使法国在21世纪的智力竞争中处于有利地位。

培养创新人才不仅引起各国政府的关注，而且引起联合国教科文组织的关注。联合国教科文组织认为人的开拓新能力是面向未来的“三张教育通行证”之一。1972年，联合国教科文组织国际教育委员会发表了题为《学会生存：教育世界的今天和明天》的研究报告，报告指出：“人们不断要求教育把所有人类意识的一切创造潜能都解放出来”，但“教育既有培养创新精神的力量，也有压制创造力的力量。教育在这个范围内有它复杂的任务”。1996年，联合国教科文组织国际21世纪教育委员会的报告《教育——财富蕴藏其中》也指出“教育的任务是毫不例外地使所有人的创造才能和创造潜力都能结出丰硕的成果”，并认为这一目标比其他所有目标更重要。

2. 注重以人为本，以学生为主体的创新精神培养

当今科学的发展是高度分化又高度综合，学科之间的交叉越来越明显，总的趋势是综合。日本教育家提出要培养综合化人才，他们认为没有综合就不会产生伟大的文化。苏联在20世纪70年代进行的高教改革中，提出要培养具有科学的世界观、综合化的知识、多方面的技能和专门化技能相结合的学识宽广的专家。美国和欧洲许多国家提出了要培养创造性人才和跨学科人才的目标。1983年世界大学校长讨论会上，专家们一致认为，理想的大学毕业生应该具备三条标准，即坚实的学科知识，并掌握攻读学科的方法论，将主修的学科知识同实际以及其他学科相结合的能力，不仅要成为一个训练有素的专家，而且乐于听取别人的意见，能运用其知识进行国际交流。

世界各国在高教改革中，都把培养创新能力和创新精神放在重要位置。美国从20世纪70年代起，在一些大学里设立了创新中心，以指导学生的创造发明活动。在许多大学中开设了一系列专门训练和培养大学生创造能力和方法的课程，如学科研究方法论、创造技能、智力与创造力训练等。苏联则在全国建立了100多所创造发明学院，组织大学生和青年技术工作者学习从事发明创造的基本原理和方法，并进行技术革新实验。欧洲共同体创办了“欧洲高等学校研究生院”，接纳共同体各国富有创造力的大学生学习深造，从事科学研究和科学发现工作。针对世界各国把创新教育列入培养目标的实际，联合国教科文组织指出：“21 世纪是创造教育的世纪”，这也正应了李政道博士所说的“培养人才最重要的是培养创造能力”。

3. 强调改革教学方法，调整授课内容，突出创新精神

以教师为中心、课堂为中心、书本为中心的“三中心”传统教学模式严重束缚了学生创新思维与能力的发展。近 10 年来，随着科学技术和新教育观念的发展，这种旧的模式受到日益强烈的冲击。当前，世界多数教育家都认为学生应是教学过程中的中心或主体。联合国教科文组织在《学会生存》的报告中指出：“科学技术的时代意味着知识在不断地变革，革新在不断地进行。教育应较少地致力于传递和储存知识，而应该更努力追求获得知识的方法，即学会如何学习。”面对这种新的趋势，许多国家的大学都进行了改革实践，努力探索注重个性发展、突出创新精神的教学模式。为此，一些国家相应地调整了课程结构。总的趋势是加强基础课程，开设综合课程，扩大知识面，促进学科交叉，特别是文理渗透、科学与人文的结合。如美国开设“科学、技术与社会”课程，要求学生特别关注科学技术与社会的关系，英国剑桥大学开设建筑和艺术史系、科学史和科学哲学系等。

在教学方法上，国外高校的教师有许多好的经验和做法值得借鉴。第一是活跃课堂教学，教师引导、学生提问、答问结合，运用随机启发式、讨论式教学法，充分调动学生的积极性，使学生成为知识的探索者、创造者，如美国大学采用的“合同教学法”“个性教学法”等，鼓励学生标新立异，强调师生互动，充分调动学生学习的主动性和积极性。第二是引导和组织学生参与科研活动，提高学生科研能力和创造能力。美国教育部门和学校行政当局都设立专项经费，鼓励教授吸收大学生参加科学研究。第三是重视实践教学环节和课外、校外活动。国外不少高校特别重视大学生的实践锻炼，有些要求学生在企业、公司实习时间累计不少于 6 个月。经常提倡和鼓励学生在课外组织科学性、趣味性和创造性的活动，提高其组织能力、实践能力和创造能力。第四是注重实践，在实践中锻炼和提高学生的创新能力。如日本的“第三次教育改革”始终突出“重视个性”原则，将教学过程延伸到科学研究和社会实践中去。德国颁布“大学生科研津贴制度”，鼓励和支持大学生参加科研活动。英国、加拿大等国家则采用“合作教育”，帮助学生从课堂走向社会，从事科研和发明创造。

（四）国外创新教育给我们的启示

1. 更新教育观念，顺应时代要求，突出创新教育，树立知识经济时代的创新人才观

以信息产业迅猛发展为代表的知识经济时代已初见端倪。在知识经济社会，教育的功能、作用及地位都发生了新的变化。过去我们过多强调教育的政治功能、选拔功能，而弱视了教育应有的经济功能和社会功能。在知识经济时代，教育的作用不仅不能克服社会的差异和分化，反而越来越成为全球经济产生差异、非独占性的重要因素，这就决定了知识经济必然是一种全球性经济。在这种时代背景下，综合国力的竞争日益突出，而其基础必然在教育。随着我国加入 WTO 和经济全球化趋势的深入发展，我国的经济已深深融入全球经济一体化之中。适应时代发展的需要，关键在于培养大批知识技术创新人才，高等学校作为高级人才培养的重要基地，必须实施创新教育。

进入知识经济时代，知识和创新成为国家经济发展的最重要内容，创新素质教育起着至关重要的作用。创新教育是以培养人的创新精神和创新能力为基本价值取向的教育，其核心是在全面推进素质教育的过程中，培养学生的创新意识、创新精神和创新能力。实施创新教育，必须树立创新教育思想。高等教育的根本任务是培养具有创新精神和实践能力的高素质人才。高校要实现其根本任务，最重要的是树立创新教育思想，在教育目标、教学内容、教育管理服务等各个方面体现创新教育的内涵。教育部 1998 年 12 月制订的《面向 21 世纪教育振兴行动计划》明确规定："高等学校要跟踪国际学术发展前沿，成为知识创新和高层次创造性人才培养的基地。"在创新教育提出并付诸实践的今天，尽管各高校都出台了一系列有关创新教育的举措，但一个明显的现象是教师的创新意识不强，这种现象的根本原因就是没有树立创新的教育思想，缺乏创新的教育机制与环境。因此，我国的高等教育必须更新观念，改变传统的教育管理体制、教育观念和教育方法，树立知识经济时代的创新人才观，建立新的人才培养机制，不但要求人才的全面性和综合性，更要体现开放性和创新性，使创新意识、创新精神和创新能力成为衡量人才素质高低的重要标志。

2. 适应形势需要，加大培养力度，造就适应创新教育需要的高素质创新型教师队伍

国外教育界认为，人才创新教育的关键在于高素质、高度责任心的教师，他把对学生各方面能力的培养贯穿于教学的各个环节，并在创造性思维、动手实践能力和适应能力、独立性方面进行严格的训练。盛行世界的"问题教学法"，就是通过让学生从事类似于科学家发现真理的学习活动，使学生掌握学习和发现的方法。如美国哈佛大学的案例教学法，要求学生张扬个性，不迷信权威、书本和已有结论。

对我国来讲，实施创新教育的关键也在教师。教师的素质和能力很大程度上决定着教育质量的高低。没有创新型的教师队伍，就难以培养高素质的创新型人才。我们必须努力造就一支具有强烈创新意识，勇于探索，善于培养学生创新意识和创新能力的师资队伍。一方面，对现有的教师进行创新素质和能力培训，提高他们的创新意识和创新能力，使他们尽快适应当前创新教育的需要；另一方面改革师范教育和单纯以师范教育为主培养新教师的状况，使新走向教师岗位的教师胜任当前的创新教育。另外，要提高教师待遇，把一大批具有创新意识和创新能力，适于从事创新教育的优秀人才吸引到教师队伍中来。

培养和造就一支适应创新教育需要的高素质教师队伍，其核心是要提高教师的创新意识和创新能力。创新意识薄弱是高校普遍存在的现象。学生创新意识不强的根源在于教师创新意识不强。教师要培养创新意识，推进创新教学，引导学生创新，营造创新教育的环境，最主要的是教师在教育过程中实施具有创造性的教育行为。要创建真正民主、平等的师生关系，教师对学生，尤其是对于与己不同、与众不同的学生要尊重、宽容、鼓励，而不应强制、苛求和压制。只有这样，才能助燃学生的创新火花，培养赶超前人的优良品质。

3. 勇于实践，不断创新，探索适合我国国情的创新教育

要改革课程体系和教育教学方式与方法、课程体系与教学内容，加强基础与通识课程教育。根据受过高等教育的学生必须具备的素质标准，制定共同的基础课程（又称“核心课程”），在此基础上确定完整的课程体系。课程体系要把通识课程、基础课程、专业课程等细化为若干模块，每个模块又细化为若干课程或教学活动。要求学生必须学到所有模块，但每个模块中的课程允许自由选择。应给学生提供多样的可能性，让学生学会根据自己的情况进行选择。学会选择，是我们教学的重要目标。课程体系要给学生以较大的自由度，不能因课程负担占满学生的所有时间。通过学习，培养学生批判性地接收和选择知识的方法，使学生在将来的学术科研和生产活动中具备基本的表现能力。教学最主要的任务是要学生学会学习知识、运用知识和创造新知识。21 世纪是一个终身教育和终身学习的社会。

对学生来讲最重要的基础就是学会学习，有积极学习的愿望和自主获取知识的能力。在教育教学实践中，要特别注重学生学习能力的培养，注重学生基本知识的掌握。如果学生掌握了宽厚的基础知识，就有很强的适应性，就能“厚积薄发”。

当前我们要特别提倡激发学生学习科学的兴趣、对未知世界的好奇，从而产生进一步追求的强烈欲望与激情，使创新成为在激情驱动下的直觉思维。

英国剑桥大学的专家认为要加强文理结合的课程，用科技人文科学来黏合理科和文科的裂缝。要打破按学科授课的模式，让学生在掌握某一学科系统知识的同时，强调课程的设置要有利于学生有关能力的培养，利于学生合理的知识结构和能力结构的确立。要认识到学科综合化的发展趋势，鼓励和引导学生跨学科选课学习，要求学生必修不少于一定门次的人文、艺术和社会科学科目。要选择同现代社会生活紧密结合的重要课题，指导学生从不同学科角度，对同一门课程进行多方面的探讨，使学生理解不同学科间的关联性，培养学生综合运用多学科知识解决问题的能力和跨学科研究的能力。

随着信息时代的到来，国外许多高校建立了教育信息网和资料库，并将计算机应用能力的培养作为基础教育的重要部分。教学中要尽可能采用多媒体计算机辅助教学、网络教学等现代化的信息手段，实现教学手段现代化和个性化教学，促进学生计算机能力的提高。这对学生掌握先进的信息工具和科研手段，自觉养成运用先进手段进行学习和科研，积极投身学生科技创新活动，激励创新思路，不断培养学生的创新意识和创造能力，将起到积极的作用。

4. 重视实践教学，把教学与研究紧密结合，增强学生科技创新能力

为让学生把所学的理论知识应用于实际生活，提高学生解决实际问题的能力，国外高校在强调课程内容的研究性、理论化和结构化的同时，大大加强实践性教学环节在课程体系中的比重，把“科学研究方法”作为低年级学生必修课开设，为学生将来从事科学研究的实践奠定基础。此外，学校注重“产、学、研”的结合，“学校+企业”的剑桥模式已成为国外未来大学的发展方向。我国高校在教学中偏重理论知识的传授，忽视实践性教学环节，这严重束缚了学生的创新能力和实际运用能力。要加快教学改革的节奏，下大力气加强实践性教学环节，加强实验课、讨论课、生产实习课在课程体系中的地位，更新课程内容，增加学时数，让学生通过这些实践性教学环节动手动脑，锻炼和提高自己的动手实践能力。

在这方面，我国一些高校已有成功经验。如清华大学创立“清华大学——东方意德实验室”，为学生提供了科技创新的优良环境，促进了学生科技创新成果向现实生产力转化。上海农行为上海理工大学金融专业捐资建造国内第一个模拟银行教学实验室，缩短了金融理论教学与实践的距离，提高了学生的金融素质和务实能力。

5. 强化整体意识，优化育人环境，营造有利于创新人才培养的良好氛围

创新意识、创新精神和创新能力的培养有赖于环境的熏陶与潜移默化的感受。有意识培养、营造一个整体优化的环境对学生创新精神的养成具有重要意义。这个环境主要包括学校长期发展积淀而形成的优良传统与校风、学风和高品位的校园文化氛围，一个思想活跃、学术自由、兼容并蓄、百家争鸣、百花齐放的局面。在这方面，国外一流大学普遍重视营造民主、宽松的氛围，营造创新思维的文化氛围和心理氛围，营造一个高品位的、激发灵感的、产生想象力的环境，鼓励学生树立创造的自信。

受中国传统文化守成观念的影响，在现有的社会文化环境中仍存在阻碍创新思维生长的因素，缺乏创新人才成长的环境。改革开放以来，国家提出科教兴国战略，开始了知识创新和技术创新体系的建设。特别是在第三次全国教育会议上，提出了全面推进素质教育的要求，而且将高校实施素质教育的重点定位于创新教育。我们要积极贯彻党中央的战略部署，认真吸取国外高校创新的优秀成果，努力创造适宜于创新人才成长的环境。在培养目标上，要促进全体学生发展，培养有社会责任感和道德心并具有独特个性和丰富创造力的人；在课程设置上，要注重那些能显示自然、社会和人类生活的多样性、可变性和多种可能性的内容，要把各种课程教学中创新教育实践活动作为创新教育的主要途径，使教学具有启发性和引导性；要根据学生不同层次的要求，推行学分制，改同步的班级授课制为异步的班级教学制，实施分级授课，以利于不同层次学生的发展；要从根本上改变以固定、唯一、精确的标准评价所有学生的现行评价体系，建立符合素质教育的科学的学生评价制度。此外，学校应制定完善的创新教育有关制度，如计算机房和实验室开放制度，图书馆管理制度，学生科技活动激励制度，教师、学生创新素质评价制度等，确保创新教育走上科学化、规范化和经常化的道路。

21 世纪是知识经济的时代，是迫切需要创新人才喷涌而出的时代。现代科技以人为本，为国家、民族和社会主义事业培养高质量的创新人才是时代赋予高校责无旁贷的历史使命。我们应适应时代需要，转变培养观念，健全培养机制，完善培养措施，加大培养力度，为现代化建设培养大批具有创新精神的高素质人才。

案例思考题

酒店菜肴的创新

中国的餐饮文化涵盖着深厚的文化底蕴，随着国民整体生活水平的提高，人们的饮食观念也发生了巨大的变化。人们对饮食消费的观念有了一个新的飞跃，在不断满足消费者与日俱增的服务要求的同时，我们的餐饮业也有了长足发展，当今消费者已经由过去的“吃饱求生存”到“吃好求口味”，发展到现在的“吃好求健康”，人们的消费也由“感情消费”变成了“理性消费”。餐饮经营人只有转变以往的观念，迎合人们的消费心理，这样才能突破传统的思维方式，才能打破常规，才能创新，最终实现“以顾客为中心”的根本转变。为了迎合市场发展的需求，酒店经营者就要不断地创新菜肴以满足顾客日益变化的需求。

1. 作为未来的旅游从业人员您是如何看待目前餐饮业的发展的？
2. 产品创新是围着顾客转还是引领顾客的需求，最终引导客人消费？

技能训练

一、任务名称

餐饮菜肴创新大辩论

二、任务目标

1. 通过分组讨论及调查问卷，完成调研活动，使学生深入了解目前中国餐饮市场的发展变化。然后针对现状大辩论。

2. 通过撰写调研报告，培养学生分析问题、解决问题的能力。

三、任务实施

1. 对班级同学进行分组，每组4~6人为宜。

2. 小组内拟定调查的对象，如宾馆、酒店餐饮、社会餐饮等。

3. 小组成员分头进行资料收集。

4. 对调查结果进行分析，形成报告。

5. 选派一名代表发言汇报，要求主题突出，简明扼要，语言表达清晰流畅。

6. 教师适时指导。

7. 时间：2周。

四、成果考核

1. 调查报告，说明宾馆、酒店和餐馆的异同点，1500字左右，并制作PPT。

2. 教师根据学生表现、调研报告及课堂汇报情况计分，纳入平时成绩。

第三章　创新素质

学习目标

通过本章学习，你应该能达到：

［知识目标］1. 了解创新素质的概念和特点；

2. 了解创新素质的结构要素；

3. 了解当代大学生创新素质的现状特征。

［能力目标］能够清晰地描述创新素质的内涵以及当代大学生的创新素质特征。

［实训目标］能够学习创新在实际工作中的作用和启发。

案例导入

美国有一家生产牙膏的公司，产品优良，包装精美，深受广大消费者的喜爱，每年营业额蒸蒸日上。不过，业绩进入第十一年、第十二年及第十三年时，则停滞下来，每个月维持同样的数字。董事部对此三年业绩表现感到不满，便召开全国经理级高层会议，以商讨对策。会议中，有名年轻经理站起来，对董事部说："我手中有张纸，纸里有个建议，若您要使用我的建议，必须另付我 5 万元!" 总裁听了很生气说："我每个月都支付你薪水，另有分红、奖励。现在叫你来开会讨论，你还要另外要求 5 万元。是否过分?""总裁先生，请别误会。若我的建议行不通。您可以将它丢弃，一分钱也不必付。" 总裁接过那张纸后，阅毕，马上签了一张 5 万元支票给那位年轻经理。

那张纸上只写了一句话：将现有的牙膏开口扩大 1mm。

总裁马上下令更换新的包装。试想，每天早上，每个消费者多用 1mm 的牙膏，每天牙膏的消费量将多出多少倍呢? 这个决定，使该公司第十四年的营业额增加了 32%。一个小小的改变，往往会引起意料不到的效果。当我们面对新知识、新事物或新创意时，千万别将脑袋密封，置之于脑后，应该将脑袋打开 1mm，接受新知识、新事物。

一、素质的内涵

（一）心理学的素质内涵

按照心理学的含义，素质是指："人的先天的解剖生理特点，主要是感觉器官和神经系统方面的特点。素质只是人的心理发展的生理条件，不能决定人的心理的内容和发展水平。人的心理来源于社会实践，素质也是在社会实践中逐渐发育和成熟起来的，某些素质上的缺陷可以通过实践和学习获得不同程度的补偿。"①

这个定义有四个要点：

（1）素质首先体现为一种生理学意义上的感官和神经系统的特点；

（2）素质只是心理品质形成和发展的生理条件；

（3）素质不决定心理品质的内容和发展水平，只是一种心理潜在因素；

（4）素质决定于具有一定具体心理基本内容和发展水平的一定社会环境中的人的社会生活和社会实践。

（二）教育学的素质内涵

按照教育学的解释，素质概念为：个体在先天生理基础上，通过后天的教育和环境影响，在认识和社会实践的推动下，形成的较为稳定的身心发展的基本品质。

按照这个定义，其要点为：

（1）素质是以一定生理条件为基础的；

（2）素质的内容是在一定社会环境教育手段下后天形成的；

（3）素质是个体较为稳定的身心发展的基本品质；

（4）素质的形成和发展是受社会实践（含教育因素）所制约的。

（三）素质的综合内涵

不论是心理学的素质定义，还是教育学的素质内涵解释，都从不同角度揭示了素质的本质，我们把它综合起来分析，却有着反映素质本质的三个共同要素：

（1）素质以一定生理条件为基础，即生理因素。一个生理发育和神经系统正常的个体都具有形成某种特定素质的可能性。

（2）素质是环境的产物，但不是环境自发的产物，而是社会实践的产物，是由人们的社会实践决定的，是在人们的社会实践中培养教育的结果。

（3）稳定性素质的形成不是一蹴而就的，而是一个有客观和主观条件交互作用的历史过程，这其中交织着"时势造英雄"的客观决定性和"英雄本无种"的主观努力改造

① 辞海编辑委员会. 辞海（缩印本）[M]. 上海：上海辞书出版社，1980：1222.

过程以及二者的对立统一。

二、创新素质的内涵

以上三个角度的论述，已经清晰、准确地描述出素质的内涵，但还应该补充一点，这就是：在人形成某种特定的素质之后，并不是一成不变的，素质具有一种相对稳定性，是一个动态的过程，是变化、发展的。因此，素质是个体的心理特性、社会特性、相对稳定性等方面综合作用的产物，即个体以先天生理基础为依托，通过后天对客观世界的认识和社会环境的影响，以教育为手段，以社会实践为载体而形成的相对稳定的身心发展的基本品质特征。素质是动态的发展变化的过程。

通过对素质本质的研究可以看出，素质的培养和形成需要一个实践的过程，一个正常的人应该具有多种素质，如认知素质、劳动素质、交往素质等，也就是说人应该具备各种素质交织而成的总体素质。因此，对于我们要研究的创新人才来讲，他们的总体素质应该是非常优秀的，应该是许多优良的素质单元有机结合而形成的单元集合与总和。

三、创新素质的结构要素

创新素质是一种人们在知识能力基础之上内化而来的，直接决定创新活动开展、持续、完成的特殊素质，它由创新意识（动力系统要素）、创新能力（运作系统要素）、创新人格（调节系统要素）整合构成。要培养创新人才，关键是要促进人的创新素质的形成。

（一）创新意识——动力系统要素

创新意识是人们自觉地进行创新活动的动力要素，表现为乐于、崇尚创新的意向，执着、不倦的创新追求。没有创新意识，就不会有创新活动。创新不是轻松随意的活动，而是要耗费大量心血汗水才能成功的辛苦劳动。为此，人首先必须具有发动创新行为的内在动力——创新意识。历史上那些做出巨大创新成就的人都有强烈的创新意识，他们卓著的功勋与其崇尚创新、执着追求的强烈程度成正比。

创新意识由创新意向和创新追求两个要素组成。所谓创新意向，是一种目标不甚清晰、崇尚创新、乐于创新的内在意愿。它来自人的先天本能，又有“后天习得”性，是创新意识的基层元素。心理学认为，人和动物先天都有追求刺激、主动探索环境、与环境相互作用的内在倾向，这种内在倾向的发展就是个体喜欢关注新奇事物、好探索和操弄的好奇动机。同时，人有后天习得的、在自己认为重要的活动中努力“克服障碍、施展才能，力求尽快尽好地解决难题”和“在具有某种优胜标准的竞争中对成功的关注”[①] 的成就动机。人还有为克服恐惧、忧虑、孤独而想与他人建立、保持友好关系的期望——交往动机，它是个人为何发送信息和向谁发送信息的原因。创新意向在好奇动机、成就动机与交往动机的基础上形成，促使人们不满足已知，想探索未知，以发现为乐，以创造为荣。

创新意识的高层元素是创新追求，即有明确的目标，而且理解目标的深刻社会价值，坚信目标正确、可实现，从而对创新倾注全部身心，孜孜不倦、执着不悔。它建立在人与生俱来的幻想心理基础上，包含对已知已存事物的不满态度，与个人成熟的道德理想、社会理想紧密联系着。从器物形状，功能的改革、创造、设计，到推翻旧制度、建立新制度的理想信念的建立与坚守，都体现着创新追求，只不过在不同的实践领域里，人们追求的具体目标不同。科学家的创新追求表现为对突破已知定理、发现新事物新规律的痴迷，政治家的创新追求表现为对抛弃过时无用的政治主张、宣扬新主张的热衷，革命家的创新追求是对推翻腐朽没落的社会制度、建设进步的新制度的狂热。创新追求与理想信念相互联系能激发起人们强大的创新实践动力。

（二）创新能力——运作系统要素

创新能力指产生新思想、新发现和创造新事物的能力。它是人们成功地完成创新任务的必要条件，所以称为创新过程运作系统要素。创新能力包含一定的模仿能力，但不等于模仿能力，创新能力与模仿能力的根本区别在于它的新颖、独创性。创新能力由感知灵敏性、创新思维和操作能力三元素构成。

（1）感知灵敏性是认知过程的基础阶段——知觉观察敏锐、记忆准确敏捷和注意力持久集中等优良特征的集合。表现为在大量信息面前能迅速筛选出有价值的信息，在貌似正常的事物中能觉察到异常之处，能很快发现情景中的问题，对事物整体印象的把握优于枝微末节，对虚幻、复杂或标准不明的事物特别倾注等心理特征。感知灵敏性是创新能力的智力基础，尽管它只反映事物的外部属性而非本质特征，但仍然十分重要。对于创新实践，无论是发现新知还是创造新事物，人们都须在敏锐的观察力、准确的记忆力和稳定的注意力等特征的帮助下迅速正确地区分不同事物、已知未知和寻常新异，为进一步认识事物本质特征奠定基础。

（2）创新思维是认知过程的高级阶段——思维的最高形式，也叫发散思维、辐射思维。美国心理学家吉尔福特认为发散思维就是思维“向不同方向分散”的能力。人们要想获得关于事物本质的新颖独创性发现、对已知的规律定理做出新的理解解释、寻找解决问题的新方法答案，必须运用发散思维。它使人不受给定事实的局限，产生各种不同

---

① 叶奕乾，何存道，梁宁建．普通心理学［M］．上海：华东师范大学出版社，1997.

解决问题的方案思路，独具无规则、无限制、无定向的灵活性、变通性、流畅性、批判性和独立性。当“思维的目的不在于求正确，而在于求有效”① 时，人们就会试着从一个问题的多个角度进行想象与求证，这样就很可能获得创新发明。且“发散思维促使人们改变对生活中种种视而不见的事物的认识，以自我特别的方式加以重新认识”②，给新发现、新发明提供机遇。所以，发散思维是创新能力的核心。发散思维最大特点是不受心理定式的影响，随机应变，触类旁通，故常常能使人获得新的发现发明。强调发散思维的重要性，并非否定其他思维形式的意义。如对人的再造性学习而言，聚合思维既有效又节约，它把事物的各个侧面、部分综合成一个整体来认识，或者一一比较，排除解决问题的多种方案，最后选出一个最佳方案。聚合思维是人们掌握一般原理法则和运用已知的原理法则解决一般问题的惯常方式。但如果想要以自我发现的方式学习世人已知的原理法则（即创新性学习）的话，就须运用发散思维。创新性学习的目的不是为了积累知识、掌握原理，而是为了掌握发现知识原理和创造性地解决问题的方法，核心就是发散思维。发散思维只有通过学习训练才能掌握，创新性学习的意义就在于此。知识经济时代，信息技术发达，部分文字化知识可交给计算机管理和运用，人类自身将主要生产难以文字化的知识、观念、心智、创意。著名经济学家沈建新说过：新时代，人才不再是掌握特定领域资料与技能的人，真正的知识拥有者是能够不断地阐明未被前人所识别的问题、能不断提出创造性解决问题的办法的人③。

（3）操作能力是个体有意识地调动自己的外部动作，用于外界环境的一种实践动手能力，科学实验、生产制造、社会活动中把创新思维外现出来的能力。无论是认识世界的发现式创新，还是改造世界的发明式创新的实践，都需要手脑协调操作，实现思维活动。操作能力强可减少尝试性错误，提高单位工作效率，加快创新过程。因此，操作能力是创新能力必不可少的组成元素。

（三）创新人格——调节系统要素

创新是实践活动，仅有实践是不够的；新的核心是智能，没有非智力因素的支持和保证是难以成功的。恩格斯在总结欧洲文艺复兴时期人才辈出的缘由时曾说道：“这是一次人类从来没有经历过的最伟大、进步的变革，一个需要巨人而且产生了巨人，在思维能力、热情和性格方面，在多才多艺和学识渊博方面的巨人的时代”。④ “热情”和“性格”就是创新品格，它们与创新意识一起组成创新所必备的非智力因素，成为创新的支持和保证。创新品格是创新的调节系统，它是人的性格中利于创新的那些特征，主

① De Bono, E . Lateral ThinKing: Creativity Step by Step. ［M］. New York: Harper and Ros. 1973.

② Pipple, R.. Teaching Creativity. Encyclopedia of Creativity ［J］. New York: Acadeeic Press, 1999.

③ 张家庆. 知识经济与创新教育［J］. 现代远距离教育, 2000.

④ 马克思恩格斯选集（第3卷）［M］. 北京：人民出版社，1972.

要由情感和意志两种元素构成。

创新情感指的是个体在创新过程中强烈的喜怒哀乐体验，以及对创新活动发自内心的激情。爱因斯坦说："真正有价值的东西并非从野心或仅从责任感产生，而是从对客观事物的爱与热诚中产生。"这里"爱与热诚"就是创新情感。拥有创新情感使发现者获得在常人看来毫无意义的发现时倍感欢欣、视乏味的工作为难得的享受甚至于痛苦折磨都能等闲视之。因为有这种常人难以理解的创新情感，一些天才伟人常被人们误认为"让鬼迷了魂"、是"疯子"。如法国著名昆虫学家法布尔从小被人称作"怪人"，他因捉虫子常常受到父母的责骂，却不甚沮丧，仍然兴致勃勃整日整夜地看蚂蚁搬家、观蜈蚣产卵，成年后谢绝拿破仑三世请他当宫廷教师的要求，"宁愿终生和昆虫做伴"。正是这种常人难以理解的创新情感鼓励和支持着他，才有日后的斐然成就——87 岁时出版了他的《昆虫记》第 11 卷。

创新意志指创新者自觉确定活动目的、按照目的调节支配行为、克服困难实现目的的意志过程中表现出的优良品质，包括目标明确、思想解放、勇于冒险、果断自信、坚毅不屈、同情宽容、沉着冷静、怀疑批判、勤奋谦虚、善于合作、正直善良、诚实守信等。创新意志与创新成果之间有着非常明显的因果关系，创新成果是人长期辛劳、与困难斗争的结果，是意志活动的结晶。

创新品格对创新活动的调节尤为重要。首先，创新需智力活动，神经过程需高度紧张注意，但也要一定程度的松弛，过度紧张、在意每一个细节可能产生倦意。沉着忍耐的品格可使神经过程张弛有度，以利创新的持久之战。其次，创新过程可产生各种情绪情感，愉快的心境有利于思维自由联想，忽悲忽喜的情绪起伏不利于思维缜密求证。冷静自制的品格可使情绪情感相对平稳，使创新思维不间断顺利进行。再次，创新过程也是手脑并举不断尝试的过程，每一次肯定否定环节之后，自我都要及时判断正误，调整目标，确定下一个步骤，控制全过程。目标明确、正直善良、善于合作、果断自信、诚实守信等品格有助于人们坚持正道、不入歧途、吸取智慧、修正失误、成功创新。创新品格的调节性还表现为它能弥补知识智能的不足，辅助创新。有怀疑批判品格者有可能在对某一思想观点的反驳过程中获得新思想观点，对某一物体原型的批判中构想出新模型；善于合作者有可能在与人合作过程中思维互补、智力激发，获得顿悟发现。创新品格不能决定人们能否创新成功，但没有创新品格，人们肯定难以成功创新。

创新意向、追求是创新的出发点，没有创新意识，人不会发动思维联想，创新成就无从谈起。创新能力是创新的运作系统，正确的思维与操作方法是走向成功的有效途径。没有正确的思维操作方法，再强烈的创新意识、再优良的创新品格都只能导致盲目行为和浪费精力。创新品格是创新活动的灵魂，引导创新的方向，鼓舞思维突破权威定论的束缚，使人敢于创新、善于创新，促进创新能力的发展，缺少创新品格支持和保证，创新就难以沿着正确方向长久坚持并取得成就。

四、大学生创新素质的现状特征

（一）大学生创新意识的现状特征

高职院校学生的创新意识来自于学生自我内在的需求，它是学生进行创新活动的基础。通过对学生和教师的走访调查，发现有大部分学生创新意识薄弱，部分学生认为创新是本科生和研究生应该做的事情，与高职学生没有关系。我国高职院校学生对创新的本质具有一定的认识，但是较为浅显，学生整体的创新意识还比较薄弱，主要表现为对创新的认识过于狭隘；虽然具有创新意识，但是不善于利用现有条件和创造新条件，也缺少进一步探索的精神；具有创新的动机，但是却缺乏创新的主动性。这都导致高职院校学生在课堂上不敢大胆地发表自己的意见，不敢对老师的授课提出质疑，自主学习能力较差等。

1. 对创新的认识过于狭隘

在对学生的走访调研中，发现相当多的同学认为创新就是搞“发明创造”，就是搞“科学研究”。这是对创新的片面的认识，我们发现事物发展的新规律是创新，运用新的方法解决难题是创新，对同一个问题想到了不同寻常的解决方法是创新，通过努力做出新的东西也是创新等，学习和生活中，创新的内容是相当丰富的。而高职院校学生往往会妄自菲薄，缺少自信，提高了创新的准入门槛，简单地将创新定位为科技创新，认为搞科研不是高职院校学生的强项，这就导致部分学生将自己排除在创新的人群之外了，直觉创新是离自己比较遥远的事情。通过对学生的调研，发现不同性别、不同年级的学生在创新意识水平上存在一定的差异。其中，男生在创新认识和创新意识整体上要高于女生；学生创新意识的水平基本上与学生年级的高低成反比例。与对学生创新意识的培养相比较，高职院校更关注于学生专业知识的学习，这在某种程度上对学生创新素质的培养造成了负面的影响。

2. 具有创新意识，但不善于利用现有条件和创造新条件

高职院校学生对创新具有一定程度的认识，具备一定的创新意识，也希望能够在学习和生活中具有新的思想，产生新的理论，寻找到新的解决问题的方法，但是由于学校提供的学习条件的局限，加上学生也不善于利用已有条件来创造新的条件，以及有些学生缺乏把新的想法付诸实践的勇气，这都限制了高职院校学生创新素质的进一步发展。大部分学生只重视专业课本上和老师课堂上讲的理论知识，采用传统的学习方法，不重视实践成果的积累，不能够充分利用学校的教师资源、信息资源等，也不关注学科的前

沿知识，这些无疑也会影响学生创新素质的提高。

3. 具有创新动机，但是缺乏创新的主动性

创新素质的培养是建立在学生创新意识和创新欲望的基础上的。大部分高职院校学生具有创新动机，对创新有一定程度的认识，但是在日常生活和学习中学习新思想，寻找新的学习和解决问题的方法的主动性和自觉性有所欠缺。在对“你认为21世纪大学生最应具备的素质是什么?”这一问题的调查中，有47.9%的学生选择“创新素质”，排在第一位，这说明高职院校的学生已经充分意识到了创新素质的重要性，他们的创新动机比较强，但是学生又缺乏创新的主动性，把创新付诸实际行动的比较少。在对“你在大学的求知欲和自主性学习程度如何?”这一问题的调查中，仅有11.3%的学生选择了“很强”，32.5%的学生选择了“较好”，36%的学生选择了“一般”；在对“遇到问题时你能否主动思考解决问题的方法?”这一问题的调查中，有13.7%的学生选择了“非常积极主动”寻求解决问题的办法，有22.2%的学生选择了“能够比较积极主动”思考解决问题的办法，有37%的学生选择了能够思考，“有时很被动”①。由对这两个问题的回答可以看出，虽然高职院校学生能够认识到创新素质的重要性，但是大部分学生在遇到问题时，缺乏创新的主动性，没有把创新付诸实际行动，这就限制了学生创新素质的进一步发展，需要学校和教师对学生加强教育和引导。

4. 具有创新意识，但缺少进一步探索的精神

在对“面对一个问题，当自己意见和别人意见不一致时?”这一问题的调查中，选择“放弃自己的看法、力求和大家保持一致”的学生占5.2%，选择“再想想、也许是自己错了”的学生占51.4%，选择“怀疑他人错了、但没提出来”的学生占12%，选择“坚持自己的看法”的学生有31.4%。从这个调查结果可以看出50%以上的高职院校学生自信心不足②。虽然他们有较强的创新意识，强烈的创新欲望，但是缺乏自信心，缺少进一步探索的精神，这也不利于创新活动的开展。

（二）大学生创新人格的现状特征

1. 创新人格的考察因素和基本指标

关于创新人格特征或品质的结构有多种说法，学者麦金农的研究认为包括品质智力、独创性、坦率、直觉性、理论的和美学的兴趣、掌握自己命运的感觉。美国著名心理学家斯腾伯格认为某些特定的人格特征与创新行为似乎存在必然的联系，他列出高创新力个体所可能具有的几种人格特征：能容忍模棱状态、具有克服障碍的意志、具有自

① 数据来源：对南京旅游职业学院学生进行随机抽样问卷调查，对500份有效回收问卷进行数据整理而得。
② 数据来源：对南京旅游职业学院学生进行随机抽样问卷调查，对500份有效回收问卷进行数据整理而得。

我超越的愿望、受内在动机驱动、具有适度的冒险精神、希望得到认可、具有为获得认可而工作的愿望。但以上所列并未穷尽创新性人才的所有人格特征，也不是说高创新力人才必须具备所有这些特征，但两者之间有联系是毫无疑问的。卡特尔曾用传记表和卡氏16种测验量表对各门学科的科学家进行研究，发现他们比较冷静、孤独，具有支配性和内省精神。创新性人才的人格构成比较复杂，不同人才的创新人格特点是不一样的，麦金农着重对动机和独立性进行分析，斯腾伯格着重对意志和创新愿望进行研究，卡特尔的研究更多的是关于创新者的独立性的。其实学界至今也没有一个关于创新人格的最权威的说法，对创新人格的品质种类也无法穷尽列举。但在众多的研究中，我们可以找到创新人格的基本考察因素：创新初期的原始感情或动机，创新过程中的毅力和独立精神以及创新后的自信掌握命运的感觉或自我超越的想法。因此，就个性品质而言，强烈的好奇心、顽强的毅力、勇敢的进取精神是创新性人才的基本人格构成因素。在对大学生进行的调查中，我们把兴趣与好奇心、意志力与进取精神、怀疑精神与独立性、自信心与合作意识作为评价大学生是否具有初步创新人格特征的基本指标。

2. 创新人格的积极方面

一是部分大学生具有创新的兴趣和好奇心。兴趣和好奇心是大学生力求认识自然界、人类社会和人自身，渴望获得科学知识和不断探求真理而带有情绪色彩的意向活动。在他们参与科学探究、技术创新活动的动机中，最现实、最活跃的成分之一就是兴趣和好奇心，或叫作求知欲。在调查中，有的大学生认同“许多别人视为平常的事，我却很有兴趣和好奇心”，大部分大学生的兴趣和好奇心还是比较差的，缺少充足的探索欲望。较可喜的是，虽然大学生的兴趣和好奇心表现得并不是特别明显，可一旦兴趣和好奇心产生了，大学生在对周边事物质疑的基础上，表现出了较强的探索能力，如有的大学生自认能够“在对自然界、身边事物观察或对别人结论质疑的基础上，发现和提出问题”。

二是多数大学生具有意志力。意志力和进取精神是大学生在创新过程中保持的一种精神状态。大学生心理还未达到成人水平，对一些问题的思考还处于“幼稚的深刻性阶段”，这种幼稚的深刻性往往使大学生自身极端地夸大困难或者把挫折的程度放大，缺少克服困难的充足心理准备。

三是部分大学生具有怀疑精神。怀疑精神和独立性是大学生独立思考、自主意识的精神，怀疑精神是创新行为产生的起点，是激发创新力的一个重要动力。大部分大学生在怀疑精神和独立性方面还存在很大的欠缺，尚存在“教师权威”“课本权威”的观念，多数大学生还处于被动接受教师或者课本观点的学习状态上，这无疑在很大程度上会束缚他们创新性人格的健康发展，也会阻碍他们创新行为的充分展现。

四是多数大学生具有自信心。自信心是进取心的支柱，是独立工作能力的心理基础。在对南京旅游职业学院学生调查中，50.3%的学生自信地认为“我有较高的审美感”，也有自信地认为“我具备有益于个人学习、生活的必要操作技能”。但也发现，有小部分大学生对可能有风险的事情缺乏自信，21%的学生承认“我不会去做可能给自己带来风险的事”。不管大学生的自信心是基于对自身知识、素质的认识而产生，还是因存在些许盲目而产生，这种自信的心理必将激发他们更多的潜能去创新。

根据对创新人格的积极特征的分析，可以看出，当代大学生有较强的自信心和合作意识，能够充分肯定自己并能自信地去面对风险和挑战，有一定的意志力和进取精神，面对独立的大学生活，基本都有克服困难、挑战自我的意志力，并保持奋发进取的精神状态。但是，受主客观因素的制约，大学生的兴趣和好奇心、敢于质疑的精神并不容乐观，大学生思想解放、敢于挑战权威的精神还需要认真培养。

3. 大学生创新人格的消极方面

一是缺乏创新的观念和创新欲望。创新能力的发展与创新行为的做出，是建立在创新观念和创新欲望的基础之上的。没有创新观念和创新欲望，一个人就不会去开发自己的创新潜能，也无意进行创新探索。调查中多数学生虽然表现出不满足于现状，但往往只是牢骚满腹、唉声叹气，自己缺乏行动的信心，缺乏强烈的创新精神。

二是创新思维能力不强。大学生创新思维能力总体评价为“较差”，表现在缺乏深层次思考、另辟蹊径的自我总结和学习能力。考虑问题和处理问题的方法常常千篇一律，缺乏新意和突破。最明显的表现为缺乏新意的发言、作业、试卷、论文方面。

三是创新的兴趣不浓。兴趣是人对事物带有积极情绪色彩的认知活动倾向。兴趣是个体行动的巨大动力。笔者通过调查发现①，在兴趣的广度方面，认为自己“兴趣广泛”的学生只有32.8%；而在兴趣的深度方面，52%的学生认为“对兴趣的专注程度不够”；在兴趣的稳定性上，43.9%的学生认为自己的兴趣是随着时间、环境、心情经常变化。

四是缺乏创新的毅力。毅力是人类自觉确定目标，并根据目标来支配、调节自己的行动，克服各种困难，坚持实现自己目标的心理过程，是能动性和个体积极性的集中体现。通过调查发现，虽然大学生都能意识到毅力在创新活动中的重要性，但在实际工作中往往虎头蛇尾、见异思迁、放弃追求。

五是缺乏创新所需的观察力。观察是个体预定目的主动了解事物的感知过程，是感知活动的高级形式，一切创新都是建立在观察基础之上的。有研究者曾对大学生的观察能力做过一系列的实验和调查，结果显示，在观察的速度和广度、观察的整体性和概括

① 数据来源：对南京旅游职业学院学生进行随机抽样问卷调查，对500份有效回收问卷进行数据整理而得。

性、观察的计划性和灵活性等方面，大学生普遍存在不足。

六是存在影响创新的心理障碍。从众心理是形成创新人格的一大障碍，从众心理表现在两个方面：屈从大多数人的意见和过分尊崇权威。曾有研究者在调查中发现，部分大学生不敢质疑多数人的意见，惧怕显得无知，如有的大学生认为“我不愿意提那种显得无知的问题”，还有的大学生承认“我崇尚那些在各个领域有建树的权威人物”。过于严谨指在思考问题时，只习惯于非常严格确定的思路，在创新人格特征上表现出不敢突破习惯、不敢探索的人格特征。当然，讲究严格在已有科学知识成果运用方面显得十分必要，但在未知领域从事创新性的工作时，往往需要不被陈规或者陈旧的步骤安排所限制，突破陈规，进行创新性的思考。

（三）大学生创新能力的现状特征

1. 大学生对培养创新能力的认识

创新素质的形成来源于实践和学习，同时通过创新性实践又促进了创新性人格的形成。已有调查结果显示，过半数大学生能够质疑自然界、身边事物或别人的结论，并运用已有的知识做出自己对问题的假想答案，正如前面分析，大部分大学生有一定的怀疑精神，但很少对怀疑的问题深入研究，大多只是创新动机，而没有创新过程。关于主动培养创新能力的问题，笔者进行了调查，发现当代大学生都意识到创新能力的重要性，也就是具有了主动培养创新能力的行动倾向，但在日常学习和生活中的贯彻实施做得不尽如人意。约半数同学会在课余经常思索人们尚未解决的问题，经常阅读一些与现在所学专业有关的理论期刊，也尝试写一些学术论文，而仅仅有极少部分同学进行过某项发明创造。笔者选取的测量指标还只是培养创新能力的尝试阶段，即只是代表大学生有意识地去做，更不用谈及创新的成果阶段。

综合大学生对创新的看法，可以得出这样的结论：从主观内部情况来看，大学生对科学的崇尚意识和参与行为之间存在很大反差。一方面在认识上追求创新，体现出比较积极主动的精神状态；另一方面又在行动上迟迟不能落实，主动作用发挥不够、缺乏投身实践的勇气和能力。大学生的行为反差极不利于提高创新能力，也将是在一个较长时期内普遍存在的现象，需要进行深入而有效的工作才能得以改善和转变。

2. 中国大学生创新能力与西方国家大学生创新能力的比较

教育部科学技术司、共青团中央学校部和中国科协科普研究所联合发起了三次全国青少年创造能力培养系列社会调查和对策研究。调查对象包含大学生、中学生和小学生。调查显示，自评具有初步创造人格特征的被调查者占被调查者的比例分别为4.7%、11.0%、7.3%，自评具有初步创造力特征的被调查者占被调查者的比例分别为14.9%、

20.0%、21.6%①。青少年创造力的国际比较研究进一步显示，我国大学生创造性人格培养的滞后性。申继亮等人对1000名中国大学生和1000名美国大学生以及1000名英国大学生的调查研究表明，自评具有初步创造性人格特征的大学生，中国有8.2%，美国有15.3%，英国有14.3%，中国大学生对自身创造力的评价也普遍低于美国、英国大学生。陈丽等人对500名美国大学生和600名中国大学生的调查也发现，中美大学生在创造动机、意志品质、自信善学等个性品格上也存在较大的差异，中国大学生的自我评价低于美国大学生。对自身创造力的评价，美国大学生较中国大学生自我评价高②。胡军对加拿大125名青少年包括大学生、中学生进行了“青少年创造能力培养”问卷调查，结果表明，加拿大青少年自评具有初步创造力和创造力的人数明显高于中国的青少年分别近于中国学生人数的2倍和3倍③。

① 教育部科技司，共青团中央学校部，中国科协科研究所. 全国青少年创造能力培养系列社会调查和对策研究［M］. 广州：广东教育出版社，2000；教育部科技司，共青团中央学校部，中国科协科普研究所. 青少年创造力国际比较［M］. 北京：科学出版社，2003.

② 陈丽等. 中美学生创造力培养比较调查报告［A］. 教育部科学技术司，共青团中央学校部，中国科普研究所，青少年创造力国际比较［C］. 北京：科学出版社，2003.

③ 胡军. 加拿大青少年创造力培养研究［A］，教育部科学技术司，共青团中央学校部，中国科普研究所. 青少年创造力国际比较［M］. 北京：科学出版社，2003.

第四章　大学生创新素质培养路径探索

学习目标

通过本章学习，你应该能达到：

［知识目标］1. 了解提高大学生创新素质面临的问题；

2. 了解提高大学生创新素质面临问题的原因；

3. 得到培养大学生创新素质的路径启示。

［能力目标］掌握提高大学生创新素质面临的问题及原因，思考提高大学生创新素质的路径。

［实训目标］大学生能够应用创新素质培养路径训练自己的创新能力。

案例导入

西安宝石轴承厂厂长李照森及其夫人发明的锅巴片，获得了国家专利，其生产技术已在十多个国家和地区获得专利权。太阳牌系列食品已成为风靡全国、跻身国际市场的名牌产品。仅1990年，西安太阳食品集团的食品销售量高达25000多吨，销售收入达15亿元。一次偶然的机会，李照森陪客人到西安饭庄进餐，发现人们对一道用锅巴做原料的菜肴极感兴趣，于是引发了以下联想："锅巴能做菜肴，为什么不能成为一种小食品呢?""美国的土豆片能风靡全球，作为烹饪大国的中国，为什么不能创出锅巴小吃打出国门呢?"接着就是试制、成功、投产、走俏。之后，联想进一步展开，既然搞成了大米锅巴，当然还可以用其他原料、别样风味的锅巴。一时间，小米锅巴、五香锅巴、牛肉锅巴、麻辣锅巴、孜然锅巴、海味锅巴、黑米锅巴、果味锅巴、西式锅巴、乳酸锅巴、咖喱锅巴、玉米锅巴等不一而足、琳琅满目。既然锅巴畅销，那么类似于锅巴特征的食品也相继开发问世，如虾条、奶宝、蓼宝、麦圈、菠萝豆、乳钙杀香酥、营养箕子豆等，这些风味多样的新产品使小食品市场五彩缤纷，也使西安太阳集团腰缠万贯。李照森运用联想思维的相似联想创新思维，从锅巴做原料的菜肴，美国的土豆片风靡全球，联想到锅巴做成小食品，投入市场，不但畅销全国，还打入世界市场。

那么我们不禁要问，怎么才能让学生有如此的创新思维？怎么才能培养学生的创新素质？本章我们将带着这个问题，对学生创新素质的培养路径进行探索。

一、大学生创新素质培养面临的问题

近几年来，我国的高等教育事业得到了长足的发展，从数量上讲，各学校的招生规模都在不断扩大，但同时也出现了部分高校毕业生就业困难的问题。社会对大学生的需求已经饱和了吗？造成这种现象，其中的原因固然是复杂的。从表面上看，这主要是因为大学所培养的人才不能很好地适应社会的变迁和满足社会长远的需要，造成人才相对过剩和就业困难。但是，如果我们深究其根，“从大学教育的角度分析，不难得出，这主要是由于过弱的文化陶冶、过窄的专业教育、过重的功利导向和过强的共性制约所造成的。而创新素质培养的缺乏恰恰是它的突出表现”①。

随着社会知识化进程的加快，生产力水平不断提高，生产技术和工艺不断革新，职业变更和劳动变换频繁，单纯满足于掌握书本知识所培养出来的大学生已很难适应社会的变革。因此，人才质量的高低在很大程度上取决于其创新意识和创新能力的高低，而这正是我们高等教育的薄弱环节。我们常讲的“授人以鱼，不如授人以渔”，就是对培养和锻炼大学生创新意识和创新能力的重要性的最好诠释。随着对大学生创新素质培养活动的开展和探索，我们取得了一定的成效，但存在的问题不容回避。

（一）创新思维不活跃

创新思维方式主要有逻辑型思维、发散型思维和批判型思维，它是创新素质的重要组成部分。目前，在院校的日常教学中大部分学校还没有专门对学生进行创新思维的训练，所以导致我国院校学生的创新思维还不是很活跃，主要表现为院校普遍存在知识面较窄，缺乏自主思维；虽然学生思维敏捷，但是欠缺创新型思维；另外，院校也缺乏对学生创造性思维方法的系统训练。这就导致院校学生想象力一般，缺乏独立思考的能力，对事物的推理判断能力较差，缺乏逆向思维，对课堂上老师所讲的内容一般是被动地接受而很少能够主动地发表自己独到的见解。

1. 知识面较窄，缺乏自主思维

学生普遍存在知识面较窄、知识结构单一的现象，学生不喜欢学习基础课，不关心时事新闻，只看重专业课，缺乏对其他专业和行业的了解，这不利于创新思维的发展。在对“你获取课外知识主要通过什么途径？”这一问题的调查中，有61.5%的学生选择了“互联网”，网络的发达和互联网的发展给学生查询知识带来了便利，但是学生对互联网的严重依赖就阻碍了学生自主思维的培养和锻炼。现有的高职院校学生都是应试教育培养出来的，在中学的传统教育中，老师照本宣科，学生为了得高分只能死记硬背，

① 刘良慧. 教育观念的革命［M］. 重庆：重庆大学出版社，2004：43.

这样培养出来的学生缺乏独立思考的能力，不利于学生的全面发展。

2. 思维敏捷，但是欠缺创新型思维

在对“你对事物的想象能力如何?”这一问题的调查中，有 38.4%的学生选择了“有丰富的想象力”，有 34.2%的学生选择了“有较丰富的想象力”，有 27.4%的学生选择了“想象能力一般”和“想象能力较弱”；在对“你的推理判断能力如何?”这一问题的调查中，有 25.7%的学生选择了“很强”，有 36%的学生选择了“较强”，在这一问题的回答中，理工类的学生的思能能力要强于文史类的学生。由以上数据可以看出，学生的想象力非常丰富，思维比较活跃，尤其是理工类的学生，思维相当敏捷，推理判断能力较强。但是由于高职学生的起点比较低，院校的理论教学以应用为目的，本着“必需、够用”的原则，导致学生的知识面比较窄，学科知识比较片面，因此，他们的思维容易受到局限，缺乏思考问题的灵活性，这在学生的课堂发言、课下作业和试卷中表现明显。在传统的应试教育的大环境下，教师过分对学生进行理论知识的传授，不注意对学生逻辑思维能力的培养，这就容易造成学生的形象思维能力比较强，但是逻辑思维能力较差，尤其是创新型思维。

3. 高职院校缺乏对学生创造性思维方法的系统训练

创新思维方法的专业研究起步比较晚，近些年才传入中国，这方面的专业教师还比较缺乏，院校一般也是开设成选修课。另外，国家、省市教育主管部门对院校的全面的、专业的各种评估也制约了学校教师和学生创新思维能力的发展。我们只有掌握了创新思维的具体方法，在解决一些突发问题或难题的时候，困难才能够被顺利克服。

（二）创新能力较低

创新技能是能够让学生的创新想法顺利转化为有价值的新成果的重要途径。学生目前的创新技能还比较低，主要表现为学生具有创新的灵感，但缺少必备的创新技能；创新能力整体水平不够理想；学生具备较好的专业知识结构，但是缺乏创新能力。这主要是由于学生忽视学校组织的学术讲座，认为学术性的东西离自己很远，不积极参加学校组织的社会实践活动，不愿意参加系部组织的第二课堂活动，学生的社会实践能力较差造成的。

1. 具有创新的灵感，但缺少必备的创新技能

通过对学生的实地调查，发现高职院校学生的思维还是比较敏捷的，一旦具备了特定的环境和诱发因素，学生也会产生创新的灵感。这些创新灵感若要变为现实就需要学生具备较强的创新技能。这里所说的创新技能主要是指高职院校学生作为创新的主体而应具备的对新信息的搜集和加工的能力、实际的动手操作能力、创新思维和创新方法的运用能力等。而高职院校学生在高中时基础知识学得不扎实，高考成绩不甚理想，因此在学习中可能会带有消极的情绪。高职院校为了提高学生的实践操作能力会鼓励学生参加学校的社团活动和学术活动，但是由于高职学生没有良好的学习习惯，对于专业课程比较感兴趣，因此学生对于这些活动参与的积极性不高，这就致使学生的创新技能相对缺乏，这就限制了学生创新能力的进一步发展。

2. 创新能力整体水平不够理想

通过对不同高职院校学生的走访调研发现，高职院校学生的创新能力整体水平不够理想，这主要是因为高职院校目前在教学中仍然是以传授知识为主，以课堂讲授为主，教学方法单一，忽视了对学生创新思维的锻炼。在各系部设置教学内容的时候大都是以专业来对课程进行设计，以所学专业为中心，致使学生的知识面比较窄。另外，在学生的管理上，还没有树立以学生为本的管理理念，辅导员和班主任对学生的管理主要是采取学院制度管理，忽视了对学生创新能力的培养。在调查中，发现男生的创新能力要高于女生，这可能是因为男生参与实践锻炼的积极性高于女生所致。大三的学生创新能力相对较高，这主要是因为大三学生在大一、大二所学专业知识的积累下，积极参加实践锻炼，创新能力有所提高。

3. 具备较好的专业知识结构，但是缺乏创新能力

目前，高职院校在对学生的培养中，能够及时地根据市场需求的变化和行业经济发展的需要，来有针对性地调整专业设置和课程设置，并积极地与相关行业企业来合作开发课程，鼓励学生考取相关的职业资格证书，这就能够保证高职毕业生能够具备较好的专业知识结构。由于高职院校学生对于知识的选择带有一定的功利性的特点，导致部分学生只重视专业课程，而忽视了人文的基础知识，在求学中缺乏科学的学习态度和进一步探索的精神，缺乏学习的积极性、主动性和创新能力。

（三）创新人格不够健全

创新人格是学生在生活和学习中逐步养成的相对稳定的心理行为，它在学生的创新活动中能够强化其创新意识，挖掘其创新潜能，从而促使创新活动的成功。高职院校学生创新人格一般，主要表现为具有创新的兴趣与热情，但是缺乏毅力；求真务实的特点较为突出，但进取张扬的个性不足；少数学生不具备坚强的意志力和良好的进取精神。

1. 具有创新的兴趣与热情，但是缺乏毅力

在对“你对小发明、小创新很感兴趣吗?”这一问题的调查中，有42%的学生选择了“很强”，有30.1%的学生选择了“一般”，有23.3%的学生选择了“偶尔”，仅有4.6%的学生选择了“没有”。这就可以看出高职院校的学生有创新的兴趣和热情。通过和学生的访谈，发现高职学生的兴趣广泛，也乐于做一些小的创意和发明。创新要想获得成功，仅仅有兴趣和爱好是不行的，因为在创新活动中，可能会遇到各种各样的困难和挫折需要克服，这需要学生具有顽强的毅力。现在的高职学生都是“90后”，独生子女所占比重较大，在家中娇生惯养，自我意识较强，缺乏恒心和抗挫折能力，缺乏毅力，遇到困难就容易放弃。

2. 求真务实的特点较为突出，但进取张扬的个性不足

在我国社会经济的快速发展和社会进步的环境下成长起来的这一代高职学生，具备基本的责任意识，求真务实，在日常学生和生活中能够表现出一定的勤奋和严谨的个性特征。但是高职学生的自我表现力不高，其进取张扬的个性还有所欠缺。在这点上，男生要优于女生一些。自信心、进取心、好胜心、个性的张扬等良好的个性品质对于学生创新人格的塑造具有非常重要的意义，要注重对高职院校学生这些方面品质的培养。

3. 少数学生不具备坚强的意志力和顽强的拼搏精神

意志力和进取精神是学生为了达到某种目的而产生的良好的、积极的心理状态。顽强拼搏、坚忍不拔、持之以恒的精神是21世纪的高职院校学生所必须具备的优秀品质。如果不具备坚强的意志力和顽强的拼搏精神，那学生在遇到困难和挫折的时候就不能以正确的态度来对待，也难以让自己的创新活动取得成功。在对“面对挫折和困难时你的态度如何?”这一问题的调查中，有54.3%的学生选择了“意志坚定，不怕挫折，坚决取得最后的胜利”，有26.4%的学生选择“有克服困难的勇气，会寻求他人的帮助”，这反映了学生在困难和挫折面前能够保持积极的态度。

二、大学生创新素质培养面临问题的原因分析

大学生创新素质培养之所以出现以上问题，不仅有外部环境因素影响，还有大学生自身的内部条件因素。

（一）外部环境分析

1. 大学生创新素质的缺乏首先是由于传统的教育教学体制的影响

受经济发展水平所限，人民群众日益增长的需求与教育资源数量供给不足的矛盾依然突出，导致现行教育体制下的学校仍无法根本摆脱升学激励下的应试教育。在高校虽不存在升学压力，但应试教育的影响仍然挥之不去，相当一部分大学生花费大量的时间和精力准备考研，仍然在承受着应试教育的沉重压力。纵观现在的高校，大多数学科均采取闭卷考试，考试内容大多数是一些基础知识、基本理论的记忆和复述，而且建立题库，制定统一甚至唯一的标准答案，忽略了对学生发现问题能力、分析与解决问题能力、研究能力和创新能力的考核。这样必然导致学生的死记硬背，形成趋同思维模式，习惯于按照权威的观念和习惯的思维处理问题，局限于条条框框，缺乏创新意识和创新

能力。大学中不同程度存在的灌输式的教育方式，以记忆为主的学习模式，开放程度很低、接触社会很少的封闭型教育，采用静态应试指标的评价方式等，将相当一部分大学生训练成缺乏创新精神和创新能力的答题机器，忽视了个体的禀赋、兴趣爱好、接受方式的差异性，以及人才发展的多样性，而这种差异性和多样性正是创新素质的根基。有报道称，一个过了英语八级的大学毕业生当不了合格翻译，求职应聘中笑话百出。这说明应试教育模式培养出来的学生不仅缺乏创新能力，而且很难具备服务于社会的真才实学。另外，教学内容陈旧，知识体系较难反映学科发展的最新成果和最新趋势。教师仍以传授知识为主要教学目标，忽视对学生思维能力和专业技能的训练。教学方法单一，传统的以教师讲解为主、“传送带”式、“满堂灌”式的教学方法仍在高校教学中占优势地位。这种传统的教学方法，缺乏教学互动，学生参与性差，调动不了学生思维的积极性，不利于学生良好思维习惯的养成和创新能力的提高，严重阻碍了大学生创新能力的发展。因此，高等学校的教育教学体制面临着一场新的变革。

另外，教育主体也缺乏新颖的教育理念、创新意识和创新能力。从教育管理者到一般教师，由于受传统教育观念的影响，往往囿于传统的惯性思维，不愿或不敢突破因袭前人的思维定式和传统既成模式，这在教学观念方面的表现尤为突出：教学管理决策者也好，专职教师也罢，从根本上均未摆脱陈旧的教育教学观念的束缚。作为教学管理决策者在课程设置方面考虑更多的是教育资源的配置和教育成本，在对学生知识结构的影响、创新能力的培养方面却往往缺少科学的论证和深层次的思考。就教师而言，对待教学往往考虑工作量的完成，以及如何把知识毫不保留地传授给学生，而很少顾及在客体中有意识地开发和培养学生的创新思维和创新能力。这些陈旧的教育教学观念严重影响了高校创新人才的培养。

2. 对人才评价的片面化、表面化和功利化倾向误导着创新人才的培养

高等教育是社会大系统中的一个子系统，它与社会有着内在的互动关系。高等教育培养人才是适应社会发展的需要，社会对人才的评价影响和引导着高等教育对人才的培养。实事求是地说，“我国目前社会对人才的评价和使用存在着极大的片面性，呈现出片面化、表面化和功利化的倾向，一定程度上误导着高校对人才的定位”①。理论上虽然社会也在呼唤着创新人才、渴望着创新人才，但实际上，却又往往因为能力特别是创新能力生成的潜在性和其考核评价的模糊性等原因，而使我们的社会对人才的使用和评价上过于注重表面的符号性的因素：文凭层次、毕业学校、学科成绩、政治面貌、荣誉称号等。从而使接受高等教育的人为这种社会对人才评价的表面化、功利化所误导，拿文凭不管水平，求学历不管能力，把接收高等教育视为换取一些证明自己为“人才”的要

① 邓成超．大学生创新素质的量质化评价［J］．重庆工学院学报，2004（6）：164.

素符号，以迎合社会对人才表面化评价的要求。“社会对人才评价的表面化、功利化必然招致人才自身追求的表面化，那种通过日积月累、精心钻研、耐心培养积淀而成的创新素质也就不复存在”①。

当今高等教育从社会的边缘步入社会发展的核心，走出了以往圣地式的象牙塔而融入火热的社会。这使得高等教育的人才培养更加关注社会对人才的评价。高等教育培养什么样的人才，即具备什么素质的人才为社会所需要和欢迎，直接影响高等教育人才培养的定位和人才培养的价值选择。尽管很多学校的决策者们认识到创新素质对于人才构成价值的意义，但是同时也意识到创新素质培养的艰巨性和为它培养所需要付出的包括经济、时间和精力等若干成本。因此，当社会出现对人才评价片面化、表面化和功利化的时候，许多高校便容易受此影响，把人才培养定位于迎合社会对人才评价的表面化，从教育观念、培养目标到教学计划、课程设置直至培养模式等诸方面，都不同程度地呈现出肤浅化、表面化现象，把对学生的素质特别是创新素质的培养置于次要地位，甚至忽视素质的培养，仅仅把学生考试通过、正常毕业、拿到文凭作为人才培养的目标。这种表面的急功近利的人才培养观念和人才培养模式又怎么能培养出富有创新意识、创新精神和创新能力的高素质的人才呢！

3. 学校缺乏培养大学生创新素质所需要的民主宽松的环境

当今我国高校缺乏的正是创新人才成长的良好氛围。创新包含着否定，包含着批判，也蕴含着超越。追求服从与统一，是对创新的反对。在我国，由于传统和历史的原因，教育受到太多的限制，其结果是既缺乏个性化的教育，也缺乏对学生创新素质的培养。在中国传统观念中，师道尊严一直作为中华美德而深入人心，这种观念在现实的教学中依然也有体现：老师讲的话如同圣旨，学生不仅要遵守服从，而且要从心中接受，从不敢怀疑。在教授知识的过程中，学生只有接受教师传授知识的本分，而没有质疑教师、反驳教师、与教师辩论的权利。长久积淀下来，就成了中国校园的一种常态，深入人心，成了一种牢固观念。而这种观念对学生的创新意识的养成是一种严重束缚；不敢怀疑又何来创新？在这种心态下，许多教师在教学中把自己当作教学中的当然主导，用这种方法达到掌握课堂节奏，安排教学次序，完成课题教学的目的。这不仅在中小学而且在大学也是如此，并且在课堂教学上忽视个性，忽视创作，对学生追求思维一致，排斥多元化的思考问题的方式，压抑科学创新所必备的怀疑和求异精神，所有问题都由教师设计，所有答案都由教师权威提供，学生只有遵循老师提供的思路寻找答案的义务，而没有另辟蹊径、标新立异的权利，在整个教学过程中，学生一直处于被动状态。这样一来，学生学习的主体地位被忽视了，学生的创新素质的培养更是被忽视了。

---

① 杨福章．关于我国高等教育创新人才培养的反思［J］．江苏科技大学学报，2005（3）：45.

在这种奉行师道尊严、教师权威（或被视为真理的权威）神圣不可侵犯的氛围下，我们培养出来的人才多是“积累型”，少“发现型”；多“继承型”，少“创造型”[①]。洪堡指出，教授不是给予之人，学生也非接受之人，两者都是研究之人。但在大学教育实践中，我们只是延续了中学的人才培养模式，教师过多地强化了“给予者”的角色，陈述式的教学充斥课堂，不重视对学生的科学精神和理性思考的培养，致使学生缺乏问题意识和批判精神，面对既成的思想和观点不能超越、不敢超越、更难创新。因此，必须转变教师教学观念，改革教学方式，营造出一种民主宽松的氛围。

4. 促进教育活动协调发展的管理服务意识淡薄

创新素质培养需要能够给学生营造创新氛围，鼓励和支持学生的好奇心和探索精神，目前在我国高校的学生管理中，总的来说，以行政管理手段为主的控制管理多，以教育思想管理手段为主的激励管理少。管理人员与学生建立的不是平等、合作的交往关系，而是控制与反控制的不正常关系，严重影响了学生的创新素质培养。社会上权钱交易的存在，对校内的管理服务人员产生了负面影响，使他们过分看重权利的作用而一味地追求，并在管理服务中充分体现，管理活动权威色彩浓重，服务意识淡化，许多管理服务人员对自己的定位不准确，没有明确自己的职务是为学校的教学科研服务的，是根据师生的需要，特别是适应学生的特点，为教学、科研、学习的正常开展保驾护航的，而是把自己摆在突出位置，高高在上，让学校的师生都敬之畏之，甚至有时利用自己的职务之便，对教师和学生设置种种障碍，严重影响师生的教学、科研、学习及生活，在一定程度上束缚了大学生的个性，抑制了学生的创新素质发展。创新人才往往独立性强，洞察力敏锐，想象力丰富，并不那么循规守矩，而且学生的创新素质培养需要培养学生的独立、勇敢与自信，但是在强制手段管理下成长的学生大多是一些循规蹈矩的守成者，他们只知道从众与服从，而不敢有所创新与突破，为管理而不是为素质培养，对学生实施强制管理无疑钝化了学生的创新思维，扼杀了学生的创新火化。

5. 教材单一、内容滞后、教师缺少创新意识，弱化了创新素质的生成机制

很多门类的课程，随着时间的推移和历史的进步，原有的体系已经过时，这是符合社会发展规律的。反思我国高校中所用的教材，依旧有不少教材特别是文科教材，充斥着早已被社会发展证明过时的结论，却还要一本正经地拿来考学生。大学教育的质量，在一定程度上取决于教材和社会生活的接近性。但是，问题也有另外一面，我们知道，社会生活总是变幻万端，有时甚至是急速变化，无论是人文社会科学还是自然科学，都有许多新学说产生，这些新的东西哪些能够真正成为人类知识宝库的组成部分？哪些仅仅是昙花一现？往往需要时间和实践的检验。最终能够进入教材的，是那些能够经得起

① 赵东海．浅谈知识经济与大学生创新素质培养［J］．内蒙古科技与经济，2005（23）：106.

时间和实践检验的知识。正是因为教材具有滞后性，西方许多著名的大学虽然也高度重视教材的更新，但更重要的是教师观点的更新。在这些大学里，没有哪个教授是按教材授课的，教授讲授的多是他自己的研究方法、心得和一些独到的见解，教材往往是“辅助读物”。在那里，那些基础的、经过实践检验的、可靠的知识教材，主要靠学生自学来掌握。而教授的使命，主要是向学生传授教材上没有的新东西。这种教育方式在知识的“停顿”与“更新”上，保持了一种较好的平衡。我们常常被一些表面的现象遮掩了我们探究高等教育“真问题”的视角。众所周知，我国高等教育仍然是应试教育模式。目前，很多高校课堂教育还是教师“一言堂”，学校统一教学计划，统一教学大纲，教学内容陈旧，任课教师为了避免犯错误不敢也不愿脱离教学大纲。教师的教只是为了传授既定的现有知识或仅仅为了完成教学任务，缺乏明确的教学目标。学生的学是为了考试做准备，目的在于取得学分，拿到文凭，找份工作，考试多是让学生死记硬背教材，并不鼓励甚至还会扼杀学生的独立思考和创造性，如此而已。如果教材的更新只是为了让学生“记住”新的知识而不是为了让他们了解新的知识是如何产生的，那么当他们记住的东西“过时”，而他们又不具备探索新知识的能力时，又将如何？从这个角度说，如果教育目标和教育手段不更新，一切教材都只能是“陈旧”的。西方一个教育家罗斯说过：“凡是别人教给我们的东西，相对都是无用的，对自己的行为极少或根本没有影响。能够影响一个人行为的知识，都是自己发现并化为己有的知识”①。

（二）内部条件分析

1. 大学生的社会责任意识不强，缺乏科学奉献精神

社会责任感作为一种道德情感，主要是指一个享有独立人格的社会成员，对国家、集体以及他人所承担的职责、任务和使命的态度②。它反映的是个体与社会的关系，要求社会中的个体对每一种行为表现都应当首先考虑到自身之外的影响，以积极的态度评价这种影响，选择对社会有利的、舍弃对社会有害的，并始终为有利于社会的事而不懈努力。社会责任感作为一切美德的基础和出发点，是人类理性与良知的集中表现，是社会得以存继的基石。当代大学生大部分是独生子女，生活条件的优越、父母对子女的过分溺爱，使这一代人缺乏生活的磨炼。与以前的大学生相比，他们意志脆弱，克服困难的能力差；他们往往以自我为中心，对父母、他人、社会的要求高而多，对自我的要求低而少，考虑更多的是别人应该为我做些什么，而很少考虑我应该为父母、他人、社会做些什么，权利意识强，而义务感、责任感弱。具体来讲，包括两个方面：第一，社会主人翁意识淡化，重个人前途，轻社会理想。不可否认，当代大学生是有理想的，他们

① 杨健．影响高校教师创新的外部因素及对策分析［J］．建材高教理论与实践，2001（6）：68.

② 贾海宁．强化大学生主体意识培养全面发展的创新型人才［J］．中国科技信息，2005（5）：145.

希望自己成名成家，出人头地，但有的仅仅局限于实现个人理想的梦幻里，而没有将个人理想与社会理想紧密联系起来。这些大学生缺乏对个人理想和社会理想关系的正确认识，缺乏对自己负有历史使命的正确认识和建立在这种认识基础上的对社会应具有的主人翁的严肃态度。第二，以自我为中心，重自我价值，轻社会价值。市场经济的发展，利益主体的多元化，使得个人的独立性、自主性地位逐渐得以确立。在市场经济条件下，从事经济活动的人们必然从自身的利益需求出发选择自己的行为，人们必须学会根据社会、市场的需求和动态进行自我设计、自我发展。个人的个性和地位真正凸显出来了。受市场经济的影响，大多数大学生的学习目的从单纯的一纸文凭转向竞争激烈的实际生活。他们更注重真才实学，更加务实。但对社会的发展、改革的前途、国家的命运、人类的理想却抱一种很不在乎的态度，或者以一种调侃的态度对待一切现象。凡事从“我”出发，以“我”为中心，崇尚追求“自我实现，完善自我价值”。当集体与个人发生冲突时，只强调个体并以“我”为主；当公众利益与个人利益矛盾时，则以个人利益为重；缺乏为社会和集体奉献的精神；在选择职业时主要考虑的因素还是高收入。

大学生创新素质培养主要取决于他们是否具有高度的责任感。在教学实践中，当大学生意识到自己对社会的责任和使命时，就会产生明确的学习动机，努力创新，增强克服困难的信心。创新是创造性地解决问题的过程，是探索的过程，是在没有路的地方探出一条路来，它在很大程度上具有一定的目标、过程和结果的不确定性，因而，创新不可避免地要做大量的无用功，要与困难和失败打交道，要遭受到各种难以想象的折磨和经受无数失败的煎熬。创新的结果虽然给人带来欢乐，带来荣誉，但创新的过程中经受的更多的却是挫折与失败。创新的历程是一条充满荆棘的崎岖山路，有时，甚至是一条没有终点的无极之路。因此，法国作家巴尔扎克说：创新，无论在哪一方面，都是受尽煎熬。马克思也说，在科学的入口处，就像地狱的入口处一样，必须提出这样的要求：这里必须根绝一切忧虑；在这里任何怯懦都无济于事。这绝不是危言耸听，而是对人类创新最好的诠释。一个创新者，要走过如此艰难的创新之路，靠逼迫是逼不出来的，靠一时的冲动也是难以维持的，靠的就是那种为科学而献身、为人类而造福的崇高的社会责任意识。

2. 大学生的问题意识不够强烈，缺乏大胆质疑精神

大学生的创新素质要在创新活动中才能逐步培育起来，而创新活动是在创新意识、创新观念指导下进行的。从创新角度看，创新意识就是问题意识。英国心理学家沃勒斯提出，无论哪一种创新活动，不管其规模大小，创新过程一般都必须经过四个阶段：准备期、酝酿期、明确期、验证期。在依次递进的四个阶段中，准备期是起点，而准备期就是准备和提出问题的阶段。可以说，一切创新都是从提出问题开始的，若没有对旧事物的质疑，就不可能在前人或他人发现或发明的基础上提出新见解、开拓新领域、解决新问题、创造新事物。平常人们所说“提出问题就是解决问题的一半”，就说明了提出问题的重要性。爱因斯坦也认为，形成问题通常比解决问题还重要。因为解决问题不过牵涉到数学或实验上的技能而已。而发现问题，从新的可能性、新的角度去考虑问题，则要求创造性地想象。历史和实践都表明，科学上的突破、技术上的创新、艺术上的创作，无疑不是从发现问题、提出问题开始的。

问题意识是指人们在认知活动中意识到一些难以解决的疑惑的实际问题或理论问题，并产生一种怀疑、焦虑、困惑、探究的心理状态。这种心理状态可以驱使学生积极思维，不断提出问题和解决问题，因而培养学生的问题意识不仅能激发学生的学习兴趣，促使他们积极主动地参与课题教学，而且对培养学生的思维能力，特别是创新思维具有重要的作用。

我国长期以来的“应试教育”模式培养了学生怯于标新立异的从众心理，因此大学生普遍缺乏问题意识和质疑精神，一位外籍教师在谈到中外学生的差异时说：“中国的学生非常聪明，为什么在课堂上不踊跃提问呢?”据报道，在一次国际物理奥赛结束以后，外国科学家举行了一次面向参赛选手的报告会，并接受选手的提问，外国参赛选手纷纷踊跃提问，但中国获金牌的选手却始终没有提出问题。我国学生可以屡次获国际奥赛金牌，但却很难培养出获诺贝尔奖的人才，我们对质疑品质的培养重视不够，原因是多方面的，其中我国的学校教育注重“解答”“学答”，而不教“学问”是重要的原因。

传统教育往往把学生看成是消极被动接受教育的知识容器，在教育实践中，教师不提倡、不鼓励学生质疑问难，不少教师只对那些循规蹈矩、亦步亦趋地跟着教师节拍向前走的学生偏爱有加，而对那些思维活跃、想象丰富、敢于怀疑和探索、敢于否定权威的学生不给予应有的保护和鼓励，对于学生的创造性见解，有意无意地将其纳入自己的思维模式之中加以褒贬，从而挫伤了学生的求异精神，禁锢了学生的创新思维。现代教育不仅要求学生掌握教师传授的知识，更强调培养他们的学习能力，即培养学生的创新和创造能力。

把培养学生的创新精神和实践能力作为素质教育的重点，是我国教育思想观念的一次重大转变。而问题意识、问题能力可以说是创新能力的基础。早在 20 世纪 30 年代，陶行知先生就言简意赅地说过，创新始于问题。有了问题才会思考，有了思考才有解决问题的办法，才能找到独立思考的可能。有问题虽然不一定有创造，但是没有问题一定没有创造。就学生的创新素质而言，问题意识是创新素质的基石，强化学生的问题意识是培养学生创新素质的起点，培养学生发现和提出问题是培养学生创新素质的有效途径。

3. 大学生创新人格不够健全，缺乏顽强的意志

创新人格作为一种整体人格，是社会化品质和个性化品质的统一。创新人格属于非智力因素范畴，意指人的创新精神，它是创新素质的内在自然倾向性①。人的创新活动水平直接依赖于创新人格的发展水平。创新人格的培养是创新素质教育的重点。创新人格健全的学生，具有积极进取的人生观，具有对知识进行分类的能力，具有科学性地探索世界的能力。只有在强烈的创新意识的引导下，才可能产生强烈的创新动机，充分发挥自己的创新潜能，取得创新性的成果。创新人格的培养是形成和发挥创新能力的底蕴，是大学生创新活动的重要的动力系统。

创新人格主要有四个方面的特质内涵：第一，独立生存的自信心。对独立生存的自信，是现代人才对自我生存素质的自我满意，更是对自我开辟生活道路、自主创造人生价值能力的自我判断，这正符合现代“学会生存”的教育理念。“学会生存”更多强调的是独立面对生存环境，独立迎接生活挑战，独立创造人生价值，强调独立思考、独立规划、独立应对的能力。具有独立生存的自信心和人格特征，就能在不同情况、不同人际关系中从容处理和应对各种复杂局面，就善于在总结中创新，在创新中前行。第二，不进则退的进取心。当前，不甘落后已成为低层次的追求，而恪守古训，因循守旧已是社会发展的障碍。没有执着追求，求知若渴，不进则退与时俱进的精神，也就无所谓竞争的优势，更不可能做出创造性的贡献。第三，百折不挠的坚韧心。百折不挠、坚忍不拔是所有创新成功者的共同特征。著名数学家阿贝尔常常这样教育学生：“坚持，先生，要坚持。你所遇到的困难会在你前进的途中自行解决。前进，你就可能看到光明，他将照亮你前进的道路。”坚忍不拔的意志品质是创新人格的基石，自控自律、严谨细致、一丝不苟、百折不挠、持之以恒，方能排除各种干扰，自觉朝着创新目标不断前进。第四，胸怀社会的责任心②。创新的目的是为了促进人与自然、人与人、人与社会的和谐发展，任何创新都不应该违背社会道义和责任。在现代开放社会，更多的发明创造是多人合作的结果，是团队智慧的结晶。兼容并蓄、宽容大度、扬长避短、尊重他人、学会合作、摒弃个人主义、保持健康心境是创新人格养成的重要条件。

痛苦和磨难是人生的宝贵财富，是锻炼人的精神、心理品格的重要条件。今天的大学生多数已是独生子女，从小受家庭的娇生惯养、学校的过度保护，衣、食、住、行全方位包办，使得他们少有吃苦受难的经历，惰性大，依赖性强，贪图享乐，缺乏独立生存的自信心。一方面，思想上把创新看得太容易，无论是对自己的知识还是对动手的能力，都估计过高，超出了自己的水平。另一方面，又不能脚踏实地、从小事做起，一旦触及具体问题，又转化为抱怨环境，无所作为的自卑意识。缺乏不进则退的进取心和百折不挠的坚韧心。不改变这种状态，怎么能够承受将来创新事业的竞争带来的艰难和压力？

---

① 史承军．论非智力因素与创新素质价值与关联［J］．理论观察，2005（6）：124.

② 史承军．论非智力因素与创新素质价值与关联［J］．理论观察，2005（6）：125.

4. 大学生知识结构不尽合理，不能适应社会需要

知识结构指的是一个人的知识构成状态。大学阶段是在人的知识智能结构飞跃发展的基础上，围绕成才打基础、定专业方向以形成相应的知识结构的阶段。因此，大学不是人一生学习的最后冲刺，而是成才学习的起点。对于人才应该具备什么样的知识结构，众说纷纭。对于大学生来说，合理的知识结构主要包括三个方面：第一，要具有宽厚广博的基础知识。基础知识是由科学的、基本的、系统的知识构成，它更新慢，使用的频率和广泛性高。俗语也说，九层之台起于垒土，千里之行始于足下。基础知识对于我们就像蛛网对于蜘蛛一样，没有这张网，我们就没有办法捕捉新知识，拓展新领域。大学基础知识包括自然科学基础知识、社会科学基础知识、人体科学知识。自然科学知识包括物理、化学、天文、地理、动物、植物、数学等学科；社会科学知识包括哲学、逻辑学、政治学、经济学、历史学、文学艺术等学科；人体科学知识包括生理学、心理学、思维科学等学科。第二，要具有专业知识结构。没有专业教育就不能称其为大学。如果我们对自己的专业有比较深入的了解，再去学习其他专业的知识，就会有触类旁通的感觉，也较容易深入学习下去。有了宽厚的基础知识，又在专业上有较深的了解，将来才会使自己的工作有所成就。专业知识结构包括专业基础知识、专业知识、专业前沿知识。第三，要具有动态知识结构。主要指现代科学的新成就和潜科学。动态知识结构中的信息流不断融入其他部分和其他层次，可以起到改善和调节整体知识结构的功能，使之不断趋于完善和合理。这三大部分之间，相互联系、相互渗透，形成一个有层次、有系列的复杂综合体。特别是在当今时代，现代科学技术高度发达，知识以指数速度剧增，就其总量来说浩如烟海，我们不可能把所有的知识都学到手，而应通过勤奋刻苦的努力和有目的的选择，形成自己合理的知识结构。其中，最重要的是应具有广泛而扎实的基础理论知识、精确而娴熟的专业技术知识、先进而超前的前沿科技知识、必要的人文科学知识及与本专业邻近边缘的科学知识等。

当今高校，一直在抓也一直在做把人类文明发展史上最基础的科学文化知识传递给每个学生，使之能够借此科学、客观地认识我们这个世界，成为一个有知识的人。有学者认为现在有些抓过了头做出了格，出现了两种极端的倾向：一是片面理解“全面发展”，内容过分扩张。要求学生这也要学那也要懂，什么都要获得规定的发展和规定目标的实现，以致那些无论是经验理性的、情感价值的，学科的、非学科的，知识的、技能的，分析的、综合的，操作的、记忆的等，都向学生灌输。而全然不顾学生个体的文化背景、生活习惯、能力潜能及情趣爱好等个性差异，把“全面发展”等同于“均衡发展”。社会需求是多种多样的，人的个性也千差万别，正是这两者构成了人类社会的多重性和多样性。如果每个人都“均衡发展”，什么都会什么都懂，一个个像“克隆人”一样，人类社会反倒是太单调甚至是太可怕了。二是片面理解“打好基础”，形式过于死板。表现之一是过分强调“知识点”，人为地割裂知识的系统性和整体性。表现之二是封闭教学，机械训练仍占有很大的市场。两耳不闻窗外事，一心只读圣贤书。围绕教科书学生往往机械、重复地做一些摧残灵性的题目。在这种专业教育过窄，人文教育过于薄弱的情况下，大学生一般都是学技术的不懂管理，学管理的缺乏经济头脑，老师过去的知识讲得多，最新的知识涉及少，这种教育，势必造成大学生知识结构的不合理，也很难适应知识的创新和科技创新的需要。

5. 大学生对实践活动不够重视，缺乏吃苦耐劳的精神

我国传统的学习理念，注重理论知识的掌握，忽视实践能力的锻炼，博览群书、开卷有益、知识越多越好、考分越多越优秀，长期以来已经变为舆论、政策导向，大学生把学习等同于读书、知识积累。学习目的主要是应付课堂的听课、考试，即使是做实验，也往往以结论符合课本、老师的讲授为目的，草草应付了事，不愿意参加社会实践，有些大学生甚至害怕走向社会，缺乏必要的实践锻炼。

其实，“社会实践是一种社会教育，具有许多学校教育不同的特征，只有社会教育与学校教育相结合，才能使学生全面发展，成为社会的人”①。在社会实践或生产劳动中，大学生不仅要锻炼艰苦奋斗的意志，而且要从中体验改善劳动条件，实现技术进步的迫切性，注意自己知识能力的不足，确定今后努力的方向，并把所学知识运用到生产实践中，创造性地改善劳动条件，以实事求是的态度对待创新，这也是具备创新素质的人应有的品质。拥有知识，大学生只能被称为知识型人才；而要转变为创新型人才，还必须实践。在实践中，知识得到应用，再认识、充实和发展，就会慢慢在实践主体中沉积，从而内化为一种能力。

在现在的教学体制下，重知轻行的弊端导致了学生只抓理论知识，而缺乏动手操作能力的训练，因此，学生的实践能力普遍很低，更谈不上有什么创新。现实生活中，一些大学生显得脆弱和娇惯。“知识越多越懒惰”成为这些高校学生戴在头上的“另一顶学位帽”。由于“两眼不看家务事，一心只读圣贤书”，滋生了“养尊处优”的不良习惯，一些大学生缺乏吃苦耐劳、艰苦奋斗的精神，劳动素质差，眼高手低，不愿做具体细致的工作。更有甚者出现了学机械的不愿下车间、学建筑的不愿跑工地、学管理的不愿跑市场之类的现象。上海煤气第一管线工程有限公司曾经招进一名大学生，人到了施工现场，因为怕晒太阳，竟躲在树荫下，远远地看着工人操作。显然，这样培养出来的人很难适应社会的需要。要适应社会的需要，就得使学生积极参加社会实践，由记忆型向能力型的转变。其实，衡量人才的标准，不在于知识的数量，而在于知识的应用、创新，知识的数量在应用特别是创新中不起决定作用，所以，博览群书的传统观念在知识

① 刘素卿．浅论新世纪大学生基本素质的培养［J］．理论界，2005（10）：125.

创新时代已不具有普遍意义，而实践才是创新能力产生的源泉。忽视实践能力训练，一味地追求知识的数量，使学生的创新素质培养有本无实，素质教育很难收到实效。

三、培养大学生创新素质的路径探索

（一）优化大学生创新素质培养的外部环境

1. 优化创新人才培养的校内、外教育环境

创新问题是一个社会问题。创新意识产生于一定的社会条件中，它由意识转化为实践需要社会条件的支持。创新意识的形成、发展和稳定需要一定的社会环境条件的支持。"就社会而言，创新意味着一种氛围，一种价值认同，一种体制，一种文化。为使创新成为整个社会广泛的行为力量，则需要一种适合创新而普遍认同的价值观。其根本在于为创新营造一个人文、精神、制度化的生态环境"。① 我们知道，孩子对世界最新奇，乐于尝试。然而，随着年龄的增长，受教育程度的提高，阅历的丰富，创新意识反而越来越淡漠。为什么？首先，孩子的创新意识往往来自他的无知，心理学的实验证明，人在不知道所做事情的危险性和艰巨性的情况下，往往比知道了要有勇气。其次，由于孩子的特殊身份，家庭、学校、社会对他们所犯的错误普遍能够采取一种宽容的态度，比较容易得到原谅和鼓励，这就保护了他们探索事物的兴趣和锐气，为他们的创新赢得了一个难得的自由空间——人文精神生态环境。创新并不见得准能成功，尤其意味着要冒风险，要付出代价。那么，社会、家庭、学校能够在多大程度上宽容因创新而犯的错误，承受因创新而付出的代价，这就直接决定了能给创新活动以多大的自由空间。空间大些，限制就小，就能为更多的人在更大程度上用更多的精力和时间去从事创新工作提供保证。只有当一种观念变成了传统、风俗、风气、习惯之后，这种观念才会变为一种实实在在的文明。所以，要大力营造激励创新的社会环境。

大学也要营造出宽松的学习环境，浓厚的创新氛围。民主和科学是一对孪生姐妹。大学的性质决定了它不是一般的行政机构，而是一个传播文化知识，提出新观点的学术基地。必须坚持"百花齐放，百家争鸣"的方针，既要继承历史文化又要创新，提出新的观点，开创新的学术领域。进行创新要皓首穷经，耗尽精力，才能想到别人想不到的新观点、新方法、新途径，这就必须是"标新立异"。现代的心理学研究证明，宽松开放的学习环境更有利于学生创造潜力的发挥。世界著名的大学往往是提供一个好的创新环境，如哈佛大学的教授不仅讲述当代的科技成果、科技发展的新动态，更重要的是介绍一些尚不成熟的、正在争论的、有一定缺陷需要补充或拓宽深化的观点，正是这一点

---

① 孟祥发等．高品位的校园文化和大学生的创新能力培养［J］．承德石油高等专科学校学报，2004（6）：61.

对学生的启发更大。北京大学素以学术民主而著称，但是，从总体上看，中国高校的教育氛围与西方发达国家有较大的差距，对学生的要求过重，过于刻板，千篇一律，学生的个性、特长都被抹杀。正如杨振宁说的："中国是完全有能力开发出大批人才的，我想，要开发出人才，关键是不能对青年限制太多，七限制，八限制，把人民的积极性都限制没有了，怎么出人才？"① 大学教师和学生同样都要求宽松的学习环境、柔性的学习环境。大学里多一些自由的学术空气，可以放开教师的手脚，不受或少受点约束。给学生在选课、选科、选时、选师等方面更大的空间，实在是当务之急。我们要培养学生的创新素质，就要使学生个性得到充分发展，为学生营造宽松的学习环境，尊重学生的人格和自主意识，相信每个学生都拥有巨大的智慧潜能和创新能力，倡导自主学习和自由探索。学生可以自己定目标，自己选内容，自己充分表现和相互交流，师生关系民主，鼓励学生多提问题。要积极围绕培育创新人才这个中心，从政治思想、学术科技、文艺体育等方面的校园文化入手，寓思想创新、学术创新于娱乐性、服务性之中，为大学生的实践观、价值观、人生观、审美观的形成创造良好的育人环境，为社会主义现代化建设培养大批高素质的创新人才，高校教育工作要善于在氛围、环境、导向上开展工作。让良好的创新氛围在学生创新意识培养中发挥潜移默化的作用。要加强对培养学生科技教育与人文教育协调发展的认识与探索，要重视人文艺术类学科的活动对科技创新的触动作用，积极营造良好的软硬环境。要大力支持组建不同学科背景的学生团队。尤其应该指出的是，学校、社会在创造条件、鼓励学生从事创新活动的同时，更要注重培养创新文化、创新精神，创造宽松的氛围，营造包容失败的环境。

2. 积极探索教育教学改革的有效途径

首先，要转变传统教育观念，树立现代教育观念。展望新世纪的社会、经济、科技的发展态势，随着知识更新的速度加快，使得衡量人才素质的主要标准，不再仅仅是它占有知识量的多寡，而更重要的是创新素质的强弱。但是，我国现有的高等学校由于以往集中过多的机制影响，常常是共性有余、个性不足，其主要表现为：在人才培养模式上，过分追求统一；在专业设置上，强调专业对口，缺乏文理融合；在教学模式上，以知识传授为中心，对综合素质培养，特别是对创新素质培养重视不足；等等。这种传统的教育观念忽略了学生个性的健康发展，阻碍了学生创新素质的养成。因此，转变传统的教育观念，树立现代教育观是实施大学生创新素质培养的前提。新世纪呼唤着高等教育观念的变革，将以知识继承为基础的旧观念转变为注重培养创新素质的新观念；将以学科为中心的旧观念转变为整体化教育的新观念；将以发展智力为中心的旧观念转变为智力和非智力协调发展的新观念。树立以人为本的现代教育观念是适应现代社会发展的

① 杨振宁．我的治学经验与体会［J］．高等教育研究，1995（5）：80.

必然要求。

其次，要建立开放型教学模式。我们的教育总是建立在一个问题只有一个正确答案的前提下，好像学生就是来接受那唯一正确的答案的。然而，生活不是教育那样，生活中的重大突破都来自全新的答案，他们来自挑战现状，而不是接受现状。有学者认为，构成课堂教学的三要素是教师、学生和教材。这三者的不同组合，构成了不同的教学模式，反映了不同的教育思想：其一，教师带上教材走近学生。在这种教学模式中，学生很被动，教师先钻研了教材，设计了一连串问学生的问题，然后来到课堂，向学生提问：谁能回答？学生像一头瞎了眼的牛，被牵着鼻子走；又像一只被打昏了的犬，瞎碰乱闯。其二，教师带着学生走进教材。在这种教学模式中，教师的主导作用和学生的主体作用和谐统一。教师重在创设学生发问的情境，调动学生的好奇心和求知欲。学生在老师的引导下产生了激情，积极探索，到教材中求解。其三，学生带着教材走近教师。在这种教学模式中，学生的主体作用得到充分的发挥。学生自学了教材发现了问题、产生了疑点，有了理解的障碍和自己的想法，于是，带着教材去向教师请教，与教师交流探讨①。问题是学生提出的而不是教师提出的。发现问题，提出问题，比分析问题、解决问题更重要。提出问题是智慧的体现，人们已知的是圆圈内的东西，知道得越多，圆圈就越大；圆圈越大，触及的未知领域也就越多，提出的问题就越深刻。提问也是积极的思维状态。解答问题需要聚集已有的知识经验进行分析综合，提出问题也需要调动已有的知识经验，问题是已有的知识经验撞击未知领域形成的暂时的障碍，解答问题就是疏通障碍。二者都处于积极的思维状态。同时，提问还是思考的结果。答案是思考的成果，问题也是思考的结晶。不思便不会有问。在这种开放型的教学模式中，学生的智慧得到充分的展现。

我们常常以“教师像蜡烛”的比喻来讴歌教师的无私奉献，“燃烧自己，照亮别人”。“教师像蜡烛”作为一种教育精神值得提倡；作为一种教育思想，却不值得称道。教师应该是火源，主要职能不是自己燃烧，而是点燃学生的希望之火、智慧之火，激发学生的热情，引导学生进入积极的思维状态。学生不是一个需要填满的容器，而是一个需要点燃的火把。一个优秀的教师应致力于“点燃”，最起码要引导学生和自己一起“燃烧”。否则，纵然教师“蜡炬成灰泪始干”，也培养不出创新人才，也只是无价值的牺牲。

我们的教师应进行创意性的课堂教学，激发学生的创新热情。也就是要采用第三种模式——学生带上教材走近教师。教师在培养大学生素质教育中作为引导启发的角色，必须要有强烈的求知欲和广泛的兴趣，树立起敢于创新的意识，敢于挑战自我而又充分接纳自我，敢于挑战经验而又充分继承经验，以乐于创新的积极态度对待教学，应具有

① 刘良慧．教育观念的革命［M］．重庆：重庆大学出版社，2004：96.

想象与联想、直觉思维、发散思维、灵感思维等，只有具备这些素质，才能带领出一批又一批的创新人才。为此，我们就要打破过去那种以教师、课堂、书本为中心，以讲授为主线的教学套路，构建以学生主动参与，探究为主线的教学模式，使学生成为学习的主体，由被动接受知识变为主动获取知识，由学生带上教材走近教师。给学生留有思维的空间，激励学生提出问题、思考问题、解决问题，以培养学生的创新意识，激发学生的创新欲望，培养学生的创新素质。教师要充分发挥主导作用，为学生创造主动参与的条件，为学生学习服务，使课堂教学成为师生间、学生间的双向交流和多项交流形式，使课堂气氛热烈，学生思维活跃，以有利于创新素质培养。

最后，要建立有利于创新人才培养的评价体系。现代教育是一种“以人为本”的主体性、个性化教育，要求改变传统教育格式化的人才培养和整齐划一的评价机制，改变传统评价由于评价目的偏重功利性而产生的以他评为主的静态总结性评价。为求得教育的改进和发展，必须突出评价主体的多元化和评价过程的动态性，真正让学生全程参与评价过程，促进学生按照创新人才的规格和要求自主进行内省和衡量，即确立评价对象在评价活动中的主导作用。教育评价最主要的意图不是为了证明，而是为了改进；不是为了确定等级，而是为了促进发展，以发展的需要为其价值趋向。传统的教育评价大都只注重教育及评价的结果，极少考虑其过程。而对学生创新素质的培养不单纯依赖课堂教学，它有赖于学校开展的一切创新教育教学活动，并且学生的创新素质通常在日常的创新学习活动中表现出来而被教师所及时发现和评价，所以对大学生的创新素质进行评价更重视创新素质的培养、形成过程。为了充分发挥评价的功能和作用，必须合理地解释和利用评价的结果，不能像传统评价那样仅仅注重群体选拔，对于个体而言，其功过是非、经验教训都得不到相应的解释和反馈。

在设计大学生创新素质评价体系时，“必须依据马克思主义关于人的全面发展学说和教育学理论所揭示的教育规律和管理规律，结合大学生的身心发展特点和未来社会对人才素质的要求等，着重围绕创新人才的培养目标，研究和建立具有操作性的价值目标系统，逐个筛选涉及学校教育教学工作和学生素质的所有因素，排除那些违反高等教育规律、违背国家教育方针的因素，精选出符合创新人才培养目标的、反映大学生素质特质的要素，尽量做到指标要素与目标一致，不脱离目标去订立指标”①。根据现代教育评价的思想，对大学生进行创新素质评价应突出个人本体价值评鉴与社会价值评鉴相结合，并以个人本体价值评鉴为主的民主性原则。从指标体系与框架的提出，到指标体系的筛选、指标权重系数的确定、指标内涵的揭示，以及评价实施程序的安排，都应提倡评价主体与客体共同探讨、交流和研究，在双向交流的过程中产生和发展科学合理的评价指标体系。由于指标体系的设计过程实际上也是被评对象进行自主构建教育价值形

---

① 邓成超．大学生创新素质的量质化评价［J］．重庆工学院学报，2004（6）：166.

象、追求创新教育目标的过程，因此，让被评对象参与整个评价过程，对于促进其自我构建、自我发展、自我实现具有重要的作用。当然，我们也不能因此否定评价者的主导地位，只有在评价者的指导、帮助、整理、概括中，评价过程才能顺利进行。

3. 建设一支具有创新素质的教师队伍

建设具有创新素质的教师队伍，是推动创新素质教育的根本保证。教师是大学生创新素质培养的直接组织者和实践者，师资队伍的素质水平直接关系到教学效果和教学质量，直接关系到创新素质的高低。车尔尼雪夫斯基说："把学生造就成一种什么样的人，自己就应该是这种人。"因此，要最大限度地开发学生的创新潜能，塑造一代具有创新素质的大学生，教师必须首先具有创新素质。也就是说，教师必须具有较强的创新意识和创新能力，能主动及时地了解学科发展的新信息、新成果、新趋势，并从中吸收营养，不断加以创新，从而创造出与众不同的教育教学新模式、新方法、新手段；必须具有别具一格的思维和组织能力，思想灵活高效；必须具有敏锐的观察力和丰富的想象力，能及时捕捉并明察学生的兴奋点，从而因材施教，促进学生的个性发展。为此，当前要把提高教师的创新素质作为教师培训提高的主要内容，在大学教师培训中，要单科知识加强和多科知识拓宽并重，使教师知识结构达到"博"与"专"的结合；要知识更新与素质能力提高并重，切实提高教师创造性思维和创新能力；要教法研讨与学法研讨结合，既要提高教学能力与水平，又要提高教师指导学生学习、辅导、管理学生的能力。这样，培养一批高素质创新型教师，才能培养出高素质的创新人才。

首先，要优化教师资源配置。充分发挥每一个在职优秀教师的示范、辐射作用，同时要改革师范院校的招生和分配机制，确保高素质的师范毕业生充实到教师队伍中。创新是一种潜能，人人生而有之，只是因事、因时、因人而异，因环境好坏而多寡。严格地讲，创新潜能是无法传授也无法培养的，只是有待于激发或开发。"就学生来说，其创新潜能能否被充分开发，更多地与教师的思想观念、思维方式、教学方式、师德修养、个性特征、兴趣爱好等有关。从这些方面入手来提高教师的素质，进而实施'创新素质教育'，要比'以创新培养创新'的思路现实得多，也容易操作"①。在目前的教师队伍中，这些方面的佼佼者还是有的，只是分布不均，存在着地区之间、学校之间的差异。要改变这种状态，从短期看，必须加强不同地区、不同学校之间的教师交流，选派一些师德修养高、业务水平好的教师到落后地区、落后学校进行"教育扶贫"。也可以从这些地区和学校选派教师到发达地区、优秀学校任教，取得"真经"后，再回原地区、原学校任教。从长远看，要把好教师的"进口"和"出口"关。就进口而言，省属院校要打破地域界线，扩大招生地域范围，要允许跨省、跨地域招生。世界上一些著名

① 刘道玉．创新教育新论［M］．武汉：武汉大学出版社，2003：247.

的大学，他们的学生几乎来自世界各地，有的学校教师也来自不同的国家，学生能够经常接触来自不同地区和国家的教师和学生，切实感受到不同国家和地区的文化差异。不同地域文化的交流、观念的碰撞、思想的交锋，必然会给学生带来新的思想、新的观念、新的视野，从而激发新的活力，对培养他们的创新意识、创新精神和创新能力很有好处。就“出口”来说，要充分利用“双向选择”的机制，打破“从哪里来，到哪里去”的老框框，鼓励师范毕业生异地就业；或者制定一系列优惠政策，吸引师范毕业生到外地特别是落后地区锻炼，限定期限，期满仍然可以“双向选择”，愿意留下的享受优惠政策，不愿留下的任其飞翔。不论是“进口”，还是“出口”，眼光不能只盯在“师范”上，要想方设法吸引“非师范”学生加入教师队伍中。这样做主要是为了取长补短，优化教师“基因”，避免“近亲繁殖”带来的一系列弊病，确保教师素质有一个优良的基础。

其次，要改革教师培训形式和内容，变“学历”培训为“学力”培训，让教师通过培训，在思想观念、师德修养、专业知识、教学水平等方面实实在在都有所收益。教师在职培训，作为提高教师的一种手段，确实有其积极作用。但也不可否认，目前的教师培训重“学历”轻“学力”现象比较严重。教师接受培训大多为提高“学历”，因为这与自己的切身利益关系重大，谁也不敢忽视，培训院校为了生存也投其所好、想方设法开办“学历”班，因为这有比较可观的经济收入。双方各有所图也各有所得。这种培训如果有利于提高教师各方面素质，倒也无可非议，可问题偏偏出在这里。有人说现在有些教师，培训后“文凭”是有了，“学历”也提高了，“学力”（尤其是指教育教学能力）却没有大长进，还是培训前那个样。这话或许有些偏颇，却并非全无道理，所以，教师培训工作第一不能“学历”化，要讲究真才实学；第二要改革班级授课为主、知识传授为中心、考张卷子写篇论文的传统模式，力求形式多样、注重教师参与，而且要和具体的教育教学实际相结合。让教师培训后说能说得头头是道，做能做得富有成效，各个方面都有所收益，各项素质都有所提高。

最后，要优化教学管理，给学生“减负”的同时勿忘给教师“松绑”，给教师更多的自主教学的时间、空间和权利，最大限度地发挥教师教书育人的积极性、主动性和创造性。教学是一项十分复杂的工作，涉及教师与教材、教师与学生、学生与教材、学生与学生等不同的关系，不同的关系构成了不同的教学情景。一个具体的行动或选择在某一情景中可能是成功的，而换到另一情景中可能就不一定能成功。所以管理者应正确地评价每种情景的特定要求，并由此确定合适的行动。教师走进课堂上课，他就是这堂课的管理者，他有权根据特定的教学情景，在教学中发挥自己的主见，做出自己的决定，表现自己的个性，形成自己的风格。教学管理人员（部门）无权干涉教学过程，更不能将自己的教学意图强加给教师，应当善于用现代教育理念对课堂教学进行诊断，为教师改进教学方法开处方，善于发现教师在实践中总结出的新经验、新方法并及时总结推广，尤其要鼓励教师根据自己的特点，发挥自身优势，追求教学艺术的个性化。通过个性化的教学，培养个性化的学生，进而才谈得上培养学生的创新素质。教学有个性，应该成为高素质教师的一个重要特征。教学是一项最具创造性的工作，需要有先进的理念、澎湃的激情、飞扬的灵气等，所有这些，都需要有一个民主、宽松、和谐的教学环境作保证。减负，人们关注更多的是学生负担是否减轻，其实，教师也同样需要减负。教师是一个特殊的队伍，有着强烈的自尊心和进取心，对他们的管理，除了必要的规章制度，更需要充分的理解、尊重和信任，给他们自由驰骋的一片蓝天。

4. 进一步加强校园文化建设

校园文化，从广义上说，是校园主体在实践活动中所创造的物质财富和精神财富的综合。具体讲，高校校园文化就是大学生、教师、行政管理人员及后勤服务人员通过学习、教学、科研、管理和服务活动所创造的体现校园主体价值取向、生活方式、活动过程及活动结果的各种文化形态的整合。主要包括观念文化、制度文化、管理文化和物质文化。

一方面，校园文化通过其环境、氛围、设施、活动等影响和教育学生，使学生从理智上受到启发，从情感上引起共鸣，帮助学生形成优良的个性品质和积极的健康向上的心理状态，树立科学的世界观、崇高的审美理想、正确的审美观念和健康的审美情趣，从而塑造学生完美的人格。另一方面，校园文化以其跨学科的综合性、全校范围内的联合性，以立体、开放、多方位、多渠道的特点，成为学生个性自由发展的天地①。通过丰富的校园文化建设，可以拓宽学生的知识面，调整学生的知识结构，让学生充分发挥想象力、创造力，在筛选各种信息和进行相应的选择中，使各自的组织管理能力、社交能力、自主能力、创新能力及各种情感因素在不同程度上得以发挥，从而最大限度地发掘出个体的创新潜能。总之，高校校园文化作为社会主义先进文化的重要组成部分，对大学生创新素质培养起着举足轻重的作用，成为大学生创新素质培养的重要载体。

当前，高校校园文化建设中存在着种种不利于创新的问题，必须及时地加以调整和优化。只有在抓住校园文化建设实质的基础上，创新性地开展校园文化建设活动，才能使大学生创新素质培养的目标得以实现。

首先，将以人为本的教育观念渗透到教育的全过程。树立终身教育观、创新教育观和科学发展教育观。高等教育作为终身教育一个重要阶段，高校必须明确在这个阶段学校给予学生的不是为某一具体职业而进行的狭隘的训练，而是为学生提供一系列最佳选择的课程和进入与离开高等教育系统的灵活措施，为学生受教育的连续性创造条件和深

① 张祥云．大学教育——回归人文之蕴［M］．广州：中山大学出版社，2004：38.

化基础，以促进终身教育的实现，保证学生终身创造性发展。

校园文化涉及的内容、范围比较广泛，各学校的校园文化建设的差别也很大，但从培养创新意识、创新能力的角度来说，校园文化的内容至少应该包括：崇尚真理，尊重科学，推崇民主，积极进取几个方面。在教学过程中，应该使每一个学生感到自己的个性受到尊重，都能感受到教师本人对他的关怀。任何一名学生都不会因被怀疑没有才能而受到侮辱，在各自学校里，在各自班级里都能够受到保护。创新教学应以发展健康的师生关系为重要任务，在教学中，尊重人的本性与价值，师生间互相尊重，教师不以权威自居，学生也不唯命是从；既保持了师道尊严，又使学生充分发挥自己的主观能动性。

其次，建立促进个性发展的教学观。教师要采取有效措施，创设能够吸引学生热情参与的教学情景和气氛，使学生产生一种内在的学习要求，自觉地投入到学习活动中，成为学习的主人。这种教学观的确立将改变传统课堂教学的学生横成行、竖成列、统统面向老师的空间结构，减少教师单独讲授的时间，增加教师与学生的对话以及小组讨论、组间交流的时间，使师生间的交流成为教的活动和学的活动的互动，使整个课堂的师生群体在教学活动中形成双边多向、多种形式交互作用的网络，在平等和谐的交往氛围中，培养学生的个性人格。教师不是把现成的结论提供给学习者，而是从学生好学、好问、好动的心理特点出发，让学习者自己去发现、分析和解决问题，主动地进行学习，使学生成为知识的积极发现者，而不是消极的知识接受者，其目的在于发展学生的创新思维，培养学生的创新素质。这样就能营造出研究问题的情景，产生学习的内在动因，并在学生的意识中引起类似的科学研究的任务和问题，促使他们努力去探索和掌握科学结论，从而提高学生的创新素质，发挥学生的创新潜能。只有这样，教师才不会在课堂上对学生进行大量的知识灌输，而是想方设法把学生的眼光引向校园外那个无边无际的知识海洋；他们不会让学生去死记硬背大量的公式和定理，而是煞费苦心地告诉学生怎么样去面对陌生领域去思考问题、寻找答案；他们会竭尽全力保护学生的探索精神和创新欲望，为学生的创新素质培养搭桥铺路。

最后，确立和谐发展的管理服务观。管理的根本任务之一，就是为被管理者提供优质的服务条件，而要做到这点，必须确立和谐发展的管理服务观。即在管理事务中，要体现灵活、系统、动态、生命等原则，应最大限度地满足广大师生的需求，从而提高管理服务质量，为大学全体教职工提供最优质的环境条件。在大学的管理中要体现出公平、公正、公开的精神和科学的品质，创造一个具有共生、多样等特征的优良环境，为大学师生创新性工作和创新性学习提供自由的空间，使师生的个性和聪明才智得到充分的展现，以实现他们的价值。通过生态管理可以使大学中的科研、科技成果的转化和知识服务建立起良好的与社会生态系统的交流与合作关系，为大学与其他生态系统经常进行能量、信息交换提供最优质的服务条件，促进大学科技创新的发展。管理服务观的建立，将能激发校园主体的事业心，鼓舞他们的意志，从而使校园主体团结一心建设好校园，促进大学创新人才培养事业健康而稳步地发展。要注重学生在受教育中的权益，要求学校选择一流的教师、设备及管理服务人员为学生的学习、生活提供一流的服务，使学生接受最现代化的教育，充分发展个体创新潜能。要求管理服务人员将学生看作有独立、平等人格的主体，尊重学生，在工作中以合理的方法态度为学生的学习、生活提供条件，而不是以权利、地位限制约束学生，阻碍学生个性健康发展。也只有做到这点，大学才能经常进行自我更新，改善各种环境条件，培养出“适销对路”的产品——社会需要的、全面发展的、具有创新素质的大学生。

（二）创造有利于大学生创新素质培养的内部条件

1. 加强思想政治教育，增强大学生的社会责任感

大学生是一个承载社会和家庭高期望值的特殊群体，自我定位比较高，成才欲望非常强，但是由于社会阅历比较浅，思想发展尚不成熟稳定。高校思想政治教育在培养大学生创新素质过程中的导向作用主要表现在价值导向、目标导向和行为导向等方面。培养大学生创新素质的目的是什么？大学生创新的价值取向是什么？什么样的创新才是有意义的创新？这是价值导向上高校思想政治教育解决的问题。高校思想政治教育能够引导学生认识到培养创新素质的重要性和紧迫性、责任感和使命感，认识到只有创新才能进步，唯有创新才能取胜；能够帮助大学生正确理解创新，科学评价创新，认识到具有社会价值，符合“三个代表”重要思想和“三个有利于”标准的创新才是真正的创新；能够帮助大学生培养马克思主义的科学世界观和与时俱进的思维方式和创新精神，树立为国家、为民族、为人民而不断创新的思想，增强创新的内驱力。创新是指有利于人类进步和社会发展的实践活动，而不是一般的标新立异，但实际上，无论是理论创新技术创新还是制度创新本身，还是他们的创新成果转化，都存在着方向性问题。高校思想政治教育就是通过各种活动，培养大学生形成正确的价值观和社会态度，从而影响与指导创新行为及其成果的作用力方向。高校思想政治教育能够引导大学生创新，不断形成创新人格，引导大学生见贤思齐，身体力行，培养成服务人民、奉献社会、追求真理的创新人才。科学的理论指导、合理的目标定位、正确的舆论导向、恰当的创新评价在发挥思想政治教育的导向作用时是必不可少的。而思想政治教育正是通过培养大学生正确的人生观、世界观和价值观来指引其创新素质培养的方向。调查表明，大部分的大学生认为高校思想政治教育中的世界观、人生观、价值观教育对培养创新素质教育具有明显的导向作用，认为只有树立正确的世界观、人生观和价值观才能更好地把自己的志向、意志和勇气转向有利于国家振兴的学习和研究上来。有了正确的世界观、人生观和价值观的指导，就能正确地认识和了解社会、人生和世界，就能正确地体察和分析客观事物，

养成和保持健康的心理，塑造良好的个性心理品质。思想政治教育有关与时俱进、适应环境、以平常心对待各种挫折的要求与创新素质的培养不谋而合。提倡积极进取，反对安守本分、随波逐流，这无疑是培养创新素质的基本精神和前提条件。

增强大学生的社会责任感，首先要加强理想信念教育。责任感淡化的实质是缺乏理想。所以，要强化大学生的责任感，首先必须帮助大学生树立远大的理想，把个人理想融入社会发展、民族复兴的社会理想中去。在新的历史条件下，我们应该根据时代的发展要求，采取有效的措施和形式，大力宣传共产主义的理想和信念，帮助大学生树立科学的世界观和人生观。特别是在大学生入学教育和低年级的教育中，要注重进行理想和人生观教育，帮助他们尽快完成人生目标的转变，让他们明确意识到自己所肩负的重大的历史责任，并不断强化和继续巩固教育成果，以引起学生的醒悟和重视，造成持续的教育气氛，这样才能把教育内容内化为信念，逐步增强其社会责任感。

其次，要改进教育方法，增强教育效果，充分发挥教育过程中的主体作用。作为教育者，本身要明白一点，权利和责任从来都是统一的，脱离权利的责任是不存在的。因此，培养大学生的社会责任感必须从赋予一定的权利入手。具体来说，教育方式变灌输式为启发教育式，调动学生的主动参与意识，想他们之所想，解他们之所需，注意挖掘他们思想中的闪光点，鼓励他们积极思考，对不正确的观点进行帮助时也要注意方法，不能打击学生的积极性。在管理中，各级管理人员应该具有平等意识，不要动辄训斥，要把尽可能多的参与机会提供给学生，帮助学生培养自我管理能力和自主意识。总之，在高校我们应该从各个方面努力创造出一种与大学生社会地位相符合的环境机制，重视培养和锻炼学生的社会责任感，使他们能够真正主动地承担起历史使命，培养自己的创新素质，这样我们的国家就一定大有希望，我们的民族就一定大有希望。

坚持用人文精神育人，牢固树立“成才先成人，教书先育人”的教育观念。在我国高等教育中，必须纠正当前大学生中“重智育，轻德育”的错误的价值取向，始终用人文精神进行育人。一是继承和发扬中华民族优秀文化传统中的人格理论的精华，努力培养和造就当代大学生的创新人格，尤其是面对当前市场经济的一些负面影响，要做到“不降其志，不辱其身”，甚至将独立的人格和尊严看得比自己的生命还重要。进而，正确引导大学生树立“以天下为己任”“天下兴亡，匹夫有责”的宽广胸怀和历史责任感。紧密地把个人创新与国家的创新与民族的伟大复兴联系起来，最终使他们成为我国社会主义小康社会的建设者和接班人。二是不断优化大学生的人格模式，培养和造就具有创新素质的全面发展的我国社会主义需要的人才。从内在的因素来说，就是要健全大学生的自我意识和主体意识。因为，只有这样才能挖掘大学生内在的各种潜能，进行创造性的活动，规范主体自觉地向创新素质培养的方向发展。从外在的要素来说，就是在大学生中要树立学有榜样。在某种意义上说，教师的人格是学生的一面镜子，他应该成为大学生的榜样，这对大学生创新人格的完善起着潜移默化的作用。

最后，注重对大学生进行情感教育。道德情感是一个人根据社会的道德规范，去处理各种关系和评价他人和自己的行为时所体验到的一种情感，它是道德行为产生的重要助动或激发力量，也是推动人们自觉行为的重要力量，同时还是使社会别的道德要求转化为个体内心道德需要的必要条件。实践证明，学生的情感调控直接影响他们的包括责任感在内的各种心理品质和能力的培养。责任感反映个体的内在倾向，正是个体的情感与责任感的倾向大致相同，才能使得情感同样具有一定的社会意义。一般而言，良好的、丰富的、健康向上的情感会有与之相适应的积极的责任感。反之，社会责任感水平会大打折扣。教师要善于利用需要原则、期望理论、价值目标和激励手段，通过情感教育，帮助学生塑造创新人格，引导和启发学生发现和完善自我。同时，学校应加强心理健康教育、咨询与辅导，以利于学生良好心理品质的养成。

作为中国特色社会主义建设新时期的大学生，应该以加快我国社会主义建设为出发点，以推进人类进步事业为目的，以为国家、为人民多做贡献为己任，才能充分体现当代大学生强烈的事业心和责任感，这些都离不开创新。创新，特别是科技创新活动，其道路崎岖而漫长，需要付出辛勤的劳动和艰苦的努力，甚至献出宝贵的生命，才能通向金碧辉煌的科学宫殿。正如萨谬尔森所说："科学是通过一次又一次的葬礼而前进的。"命运从来不偏袒任何人，每一个人都可能找到自己的生活道路，在这个意义上，每一个人都可能成为天才，每一个人都有自己的"金苹果"。然而，这一切都取决于奋斗，奋斗是人生最肥沃的土壤。因此，要求大学生必须具备创新素质，具备顽强的意志和献身精神，要在自己的思想中构建起这种强大的精神支柱，促使自己走上奋斗、创新、再创新之路，时刻鼓励自己朝着最有价值的人生目标迈进。

2. 强化问题意识，鼓励大胆质疑，激发进取精神

首先，要建立新型的师生关系，鼓励学生大胆质疑。良好积极的师生关系不仅对学生学习能力的提高、个性的发展有直接的促进作用，而且对创新素质培养具有间接的促进作用。心理学研究表明，学生的生活环境及其经验对其认知、情绪及其一生的发展都具有重要的影响，良好的师生关系是减轻学生的心理负担的重要保证。师生关系应该是和谐民主平等的师生关系，把学生视为与自己同等的人，尊重学生的独立人格，让学生真正感觉到心理安全、心理自主，使他们的学习动机得到充分的鼓励。只有这样，学生才能表现出寻根问底、大胆询问的倾向，才能乐于把自己发现的问题告诉他人，才能敢于对不同的意见哪怕是权威的观点提出挑战。在当前的大学教育中，师生关系仍然是事实上的不平等。学生总是感觉到教师在上、自己在下，平等交流无法实现。在美国的课堂上，凡是属于见解类型的题目，老师是不能判定谁是谁非的，绝对不允许老师把自己的观点强加给学生，要承认学生潜伏着极大的由已知转化为未知的原动力，让他们养成主动探索的习惯。教师要能够民主、平等地对待学生，鼓励学生大胆质疑，鼓励学生求新求异，正确对待学生的提问，挖掘其可贵之处，保护学生的积极性，建立融洽的师生关系，这就为问题意识这颗种子提供了充足的阳光、水分和适宜的土壤，使其生根发芽，开花结果。因此，在教学过程中，要鼓励学生大胆质疑、提问，鼓励学生求新求异形成一种自由探索的气氛。教师在课堂上，不要把自己认为重要的问题都告诉学生，启发他们逐步提出有水平的问题。在新型的师生关系中，教师应该以“亦师亦友”的形象出发，以积极鼓励、平等宽容的态度，抱着“教学相长”的目的教学。教师对学生讨论的问题学会“推迟判断”，对结论迟下定论，鼓励学生相互交流个人的看法，共同讨论学生提出的问题，在讨论过程中，每一个学生既可以发表个人意见，又可以虚心听取别人的意见，这样，课堂讨论就成为一个多项信息交流的活动，较之老师讲授的单向信息有较大的优越性。如果在讨论中出现了截然不同的对立的观点，就会出现激烈的争论，为了说服对方各自都会为自己的观点找证据，找理由，而且还会积极果断地找对方的漏洞，谁找的理由充分，证据充足，谁就能驳倒对方，谁的观点就能站得住脚。真理愈辩愈明，一切谬误都将被推翻，新的发现则不断出现。在科学研究中，在教师指导下，鼓励学生积极参与，使师生关系成为共同探索真理的伙伴关系，解决难题的合作关系等。总之，要把爱心、信心、诚心带进课堂，学会赏识与宽容，让每一个学生在积极向上、愉悦、轻松、和睦、融洽的课堂气氛中，和教师站在同一个方向，共同去发现问题、思考问题，通过心灵的撞击，激发处于先天与后天边缘的“人的潜力”，不断新生和成长。

其次，要培养对问题的敏感性。发现问题就是从外界众多的信息源中发现自己所需要的、有价值的问题。面对同样的事物，同样的信息源，有的人能够发现问题，有的人则熟视无睹。这种差异与人们对问题的感受性不同有关。感受性强的比较容易发现问题，感受性弱的则不容易发现问题。要在以创新为核心的知识经济时代更好地生存与发展，就必须学会发现问题，提高自己对问题的感受性。一是要培养良好的问题意识。问题意识是一种强烈而明显的解决问题的意念，是相对持续和稳定的心境。这种心境能够保持心理活动的持续，最后实现突破，完成创新。一般说来，在事业上有所创新的人，并非都是脑子特别灵的人，绝大多数都是因为他们有良好的问题意识，能够发现问题并解决问题。二是要培养思考问题的灵活性。就是要善于从多角度去认识问题，去认识事物。如果一个人的思想陈旧，思路单一，观点呆板，而思考问题时又常常带有成见，条条框框甚多，是不可能有所创新的。三是要培养科学用脑，勤于思考的习惯。常言道“流水不腐，户枢不蠹”，科学用脑，勤于思考和强化创新动机是相辅相成的，肯动脑筋，善于观察事物，勤于思考问题的人，大脑经常处于活跃的状态，其创新动机就能不断地在自觉活动中得到增强。在平时知识和经验积累的基础上，产生一个新颖的观念，又会激发人们进一步探究问题的积极性。可见，对问题敏锐的感受性是可以促进创新精神的培养的。

最后，要发扬勇敢质疑的精神。勇敢质疑就是要敢于提出疑问，并设想解决问题的新思路。这是创新者事业成功的突破口。要想创新就要不迷信，不畏惧权威、名人，敢于怀疑旧观点、旧学说，敢于对公认的东西表示怀疑，善于横向思维和逆向思维，这是创新者必须具有的素质。大学生具有知识层次高、喜欢动脑筋、爱提问题、好奇心强的优点，如果能够发扬勇敢质疑的精神，在学习和探索中避免轻信，就能使大学生的创新思维能力不断加强。当然，提出的问题、产生的疑问、发出的质疑、找出的疑点，并不一定都是正确的。但是，质疑的越多，迸发出来的闪光思想也就越多。因为，提出新问题，从新的角度去看旧的问题，不是任何人都能够做到的，它需要人的创造性的想象力。大学生应该注意在这方面锻炼自己，培养这种大胆尝试、勇敢质疑的精神，潜心寻找创新突破口。

3. 塑造健全人格，培养敢于面对成功与失败的精神

首先，培养坚强的意志。大学生创新活动是一种冒险行为，是做前人或他人未做的事，是对现状的革新和否定。任何冒险行为都需要有坚强的意志做后盾。大学生的创新性学习是艰苦的智力劳动，经常会遇到各种各样的困难，要战胜这些困难，意志起着异常重要的作用，大学生坚韧不拔的意志能够激发创新，取得创造性成果。顽强的毅力还能够制止精神涣散和半途而废的现象，能够调解大学生自身的行为和心理状态，使得创新过程得以坚持并取得成功。我们要教育帮助大学生在任何情况下、在各种活动中磨炼自己的意志，在各种干扰和困境中坚持学习和创新。帮助大学生养成善于控制自己的言行和习惯，人只有善于自制，才能摆脱与自己无关的欲念干扰和外界刺激，保证使自己的精力和才智指向目标。自信心和意志力是创新活动的重要心理基础。自信心、意志力强，创新精神就强，反之亦然。自信心缺乏和意志力薄弱，是创新的大敌。

其次，破除创新畏惧感。学生为什么对创新产生畏惧感呢？原因之一就是把创新坐标摆在了很高的位置，他们认为只有科学家才能创新，而能当科学家的人只是少数，自己当不了科学家，所以也谈不上创新。其实创新有不同的形式，重大的科研成果是创新，知识的重新组合、从不同的角度提出新的问题和观点、小制作、小发明等也是创新。引导学生正确理解创新的内涵是破除畏惧感、增强自信心的方法之一。原因之二是部分学生对自己的创新能力的怀疑。可以肯定地说，正常人身上都蕴藏着创新的潜力，只不过有大有小而已。可见，引导学生正确认识自己的能力，是破除畏惧感和增强自信心的又一重要方法。

再次，正确引导大学生的好奇心，培养良好的兴趣爱好。兴趣是起点，反映着个体的某种需求，是从事创新活动的驱动力。兴趣可以使人集中注意于所从事的创新活动，甚至可以使人持之以恒地专注于某项工作，为之付出毕生的精力。好奇心可以激发人的求知欲，强烈的好奇心和求知欲能够启发大学生进行独立思考、细致观察，并从常见的现象中发现新的问题，进而促使突破传统观念的束缚，引导他们别出心裁、标新立异地进行创新。充满兴趣和好奇心的人，面对任何未知的问题和领域都不会无动于衷，而总是保持着强烈的尝试冲动。牛顿看到成熟的苹果落到地上，而不是飘到空中，对此产生了浓厚的兴趣和好奇，从而提出了著名的万有引力学说。创新精神和兴趣爱好是密不可分的，创新过程产生无穷的兴趣，兴趣又激发人的创新精神。通常情况下，大学生都有着很广泛的兴趣和爱好，要使大学生的兴趣爱好成为创新素质的内容之一，就必须做到以下几点：一是引导学生对创新活动的过程本身感兴趣，通过认识、学习、探索，使他们对创新过程中所发现的奥秘产生浓厚的兴趣，并通过客观存在取得创新成果后所产生的满足感，来激发其新的创新欲望，形成一个不断探索、不断创新的良性循环。二是应该引导大学生的兴趣爱好，在专业发展的基础上，增强广阔性。广泛的兴趣可以使大学生接触多方面的事物，通过观察、学习、思考获得广博的知识，在这个过程中开阔思路，丰富想象，使智力得到多方面的发展。这对于创新活动的成功和多方面创新成果的取得是非常必要的。三是引导大学生对自己感兴趣的东西形成相对稳定的情绪，激发长时间的集中注意，最后形成他们的事业心和对远大理想的执着追求上，使之对创新活动的兴趣转化为积极的行动，乐于从事与此有关的各项活动，增加克服困难的勇气和力量。

最后，培养拼搏和坚韧精神，引导学生正确对待困难和挫折。人生之路上遇到困难和挫折是正常现象，创新之路上遇到的困难和挫折可能会更多一些。关键在于如何正确看待它。有人在它面前畏惧退缩，有人采取“逃跑主义”，有人被它压倒，但也有人把压力变为动力，把困难、挫折，甚至失败作为成功的起点，想办法克服它、战胜它。创新需要勇气，需要拼搏和坚韧精神。屈服于困难的人是弱者，想办法克服困难的人是强者。搞创新不仅需要有实干精神，更要有勇于战胜困难和挫折的勇气和坚韧精神。“明知山有虎，偏向虎山行”是有魄力、有勇气、有自信、有冒险精神的表现。引导学生正确对待困难和挫折，是增强自信心和意志力的重要方法。探索、创新作为人类总的活动来说，其结果大多是辉煌的；但对于探索者来说，它要付出极大的努力，战胜诸多的困难和挫折，同时还要等待社会的理解，寻求社会的支持。而在现实中，大多数支持往往带有功利目的，人们往往只会支持那些与自己价值观一致的、自己能够理解的并认为是重要的事。在创新和探索时，创新者和探索者往往不可能及时得到社会的认同、理解和支持。所以，一个有志于创新的人要有坚韧不拔的精神，要等待社会的理解和支持，要宽容地对待社会的误解和冷遇，只有将博大的人文精神和高尚的道德情操、创新精神和科学基础结合在一起，才能创造出这个时代的杰出人才。

4. 优化知识结构，培养社会适应型人才

首先，注重基础知识的传授和基本技能的培养。创新不是凭空臆造，它是建立在知识的传授、转化和应用基础上的。高等教育要给学生提供一个宽厚的基础知识，培养学生学习新知识的能力。大学生的知识越丰富，形成广阔思路的可能性就越大。这就要求我们在教学中，既要传授学生专业知识，又要传授学生相关知识，努力扩大学生的基础知识，引导学生在对比中思维，在思维中拓展，在拓展中创新。同时，要在课堂教学中注意理论联系实际，教给学生分析问题、解决问题的方法和思路。对大学生来讲，大量的知识要靠自学来解决，不掌握科学的学习方法，不加强能力的培养与提高，不但今后很难成为具有创新素质的有用人才，也不能完成大学阶段的学习任务。

其次，拓宽专业，构建创新的知识结构。当今世界，不仅知识总量空前增长，而且知识的递增速度越来越快，知识的陈旧周期也越来越短，学生在大学毕业的时候，所学的知识也许已经过时了。物理学家杨振宁、李政道多次指出，知识面狭窄是我国青年的一大缺陷。万丈高楼起于基石，树木根深方能叶茂。要真正培养具有创新素质的人才，一定要让学生具有宽基础、宽专业的知识。同时，还要广泛涉猎各方面的知识。所以，学生在年轻的时候，“杂七杂八”的书多看一些，头脑就比较活跃。拓宽专业，优化课程结构，加大选修课的比例，增加学生自主学习的空间，使学生在大学学习既能获得宽泛的专业基础知识和深厚的科学文化知识，又能具有某一方面的专业知识，形成合理的博专知识结构。这就有利于开阔学生的眼界和思路，为培养创新素质打下坚实的基础。

再次，更新学习内容。对于当代大学生而言，其面临着知识增长的无限性与在校学习时间的有限性之间的矛盾。要使大学生在有限的时间内掌握那些发展创新才能的科学文化知识，学会猎取新知识的科学方法，就必须进行教学内容的精选，对陈旧、僵化、与当代科学文化发展不相适应的课程内容，及时更新。在充实和加强基础理论知识的基础上，拓宽专业设置，加强学科之间的联系，文理交叉，相互渗透，扩大学生的知识视野。为此，一是要处理好大学与中学的衔接。随着科学技术和生产力的发展，中学教学内容在不断深化，质量不断提高，学生能力不断加强。高等教育的内容应该在此基础上提高起点，取消和中学教育重复的内容，选择与大学生智能发展相适应的教学内容，突出高等教育的特点，重视和加强对大学生素质特别是创新素质的培养。二是要改革课程之间各自封闭的状况，精选教学内容，抛弃那些陈旧的、庞杂的、重复的部分，增加反映当代科学技术的新成就、新思想、新发展的学科前沿内容，使学生及时掌握最新的科学文化知识，为大学生的创造性学习开拓新思路。三是要调整教学计划，减少必修课，增加选修课，鼓励学生发挥他们的创造才能。开设跨学科、边缘学科、综合性课程，以适应目前各个学科互相交叉、互相渗透的要求，为学生构建合理的知识结构，为以后创造性的学习和创造性的工作奠定良好的基础。四是重视知识的重新组合。知识的重新组合是把原来的几科知识联系起来，合成一种综合知识，或者把一种知识拆分成几个部分，然后以新的形式将这几个部分重新联系起来，成为具有新特征、新功能、新内容的知识，知识重组即综合能力，组合的独特和新颖标志着创新。

最后，改革课程结构。一是实行学科结构的综合化。在学科结构上，各个高校应该从培养人才的层次、类型等实际情况出发，有特点地向综合性方向发展，以实现理工结合、文理结合，但是也不能把每一所大学都办成文、理、工、管相结合的综合性大学。面对现实，只能走改革之路，即：学校之间合作办学，实现资源共享，优势互补，共同发展；几所学校在自觉互利的基础上，进行合并等。二是拓宽专业口径，开阔科学视野。在大学科、大工程、大生产的时代，开阔科学视野和广博扎实的基础训练对创新型人才的培养具有特别重要的意义。随着我国高等教育大众化时代的到来，大学本科成为高等教育的“通材”教育成分将逐渐增加。我国自院校调整之后，高等教育的专业口径一般都太窄，近几年经过多次调整，情况虽然有所好转，但仍应继续拓宽。三是实行课程的综合化。实行这一改革的实质，是把知识分割过细、缺乏联系，转变为调整知识的整体性和培养学生的综合素质，改革的方向是淡化学科界线，淡化细节了解，强调学科的相互联系，而不是简单增加点学科课程，扩大学生的知识面。实现课程综合化，主要是进行三个方面的改革：加强基础课程，加强文理有机融合的课程，开设综合课程。课程体系的改革是深层次的改革，立足于教育教学全过程，着力改革各门课程教学上独自追求系统性、完整性的特点，改变过去那种整体课程体系无序，缺乏有机联系，脱离时代与社会的发展以及学生实际的状况。紧紧围绕培养目标，明确每一门课程在教学计划中的地位、作用与范围，进行德智体美，基础与专业，主干与相关学科，理论与实际，知识能力与素质等多维度上的整合，体现课程相互之间的主次关系，层次关系以及内在联系和相互配合，实现较高水平的整体优化。基础教学已经不仅仅是为专业教学和专业课程服务，重要的在于使基础课程、知识、技能内化为学生的科学文化素养，塑造学生全面发展、不断探寻新知识、开创新领域、开创新的品格和个性，更加符合创新教育的要求。创新教育人才培养中，应该更加重视文化素质教育，提高学生的文化品位和修养，融传播知识、培养能力、提高素质、增强创新为一体。在教学体系上，有专业占绝对主导的单一体系，向兼容、文化、道德、经济、环境与发展诸方面体现人才全面发展的体系方向发展；在教学内容上，增加人文与艺术、市场与经济、环境与发展课程；在教学组织形式上，第一课堂与第二课堂相互结合，必修与选修相互结合，校内教育与社会实践相互结合，课堂教学与高品位的校园文化熏陶相互结合，加强对学生的文化素质教育。调整教学计划，应该注重共性与个性、统一与灵活的结合。在全面发展的基础上，为学生提供个性发展的条件。个性的核心内容是主体性和创造性，没有主体性就谈不上自我选择，有了选择还要有追求和探索，这是创造的动力。离开了创造力的培养，就谈不上培养个性，也谈不上时代需要的人才。

5. 开展创新实践，培养学生的动手操作能力

实践活动，特别是创新实践活动，是培养学生创新思维、创新技能及实现创新目标的手段与桥梁，是培养学生的创新能力，提高创新素质的重要环节。

首先，让学生参与科研，加强实践教学环节。大学生思想最活跃，最富想象力，最敢创造，学校要尽可能创造条件，鼓励学生积极参加科学研究活动。让大学生参与科研，不仅能深化他们已有的理论知识，提高专业知识水平，还能激发大学生的创新精神，培养其创新能力，对创新素质的培养具有重大的意义。高校教师担负着教学与科研的双重任务，科研的经验较为丰富，对与本专业相关的新知识、新信息比较敏锐，感受深刻。这就决定了教师在学生科研活动中的主导地位，教师要在教学科研中主动培养学生发现问题的敏锐性和深刻性，积累资料和检索运用资料的能力，选择课题的能力，试验研究的能力，论文撰写能力和团结协作精神及相应的能力，大学生科研能力的初步形成，将为他们终身学习和自我发展奠定良好的基础。在实践活动中，学生通过参与教师的某些科研课题，或接受自己感兴趣的某一研究任务，迫使自己去思考、去探索、去解决一些具体问题，搜集有关的研究资料，参与研究讨论，进而迸发创新思维的火花，得到“真枪实弹”的磨炼；通过接触社会，了解社会，深入生活实际，开阔视野，启迪智慧，丰富知识，提高能力。同时，实践能力是学生将第一课堂所学的知识和实践有机结合起来，及时发现自己的不足，并主动地去补充和拓展，从而激发学生研究问题的兴趣和创新欲望，增强学生创新的信心和勇气，促进和提高学生的观察能力、运用基本知识和基本原理的能力，以及应变能力和开拓创新的能力，使自身能够适应瞬息万变的市场，适应日新月异的技术革命，始终走在时代的前列。另外，要加强第二课堂和其他教学实践环节的学习与研究，培养学生广泛的兴趣和爱好。为培养学生的创新素质创造条件。

其次，大力开展社会实践活动。学生在学校内的创新实践活动多种多样，在教学的各个过程中都可以进行。同时更要鼓励和支持大学生接触和走向社会，投入社会实践。社会实践则侧重于为学生提供接触社会的窗口，培养学生的社会服务意识。根据学生的学习特点，开展以系、班级为单位，利用业余时间走向社会的短期实践活动，培养学生的实践能力。另外，为使学生在实践中得到教育和锻炼，学校着力支持学生的暑期社会实践活动，投入大量的人力、物力、财力，组织学生到省内各试验地进行锻炼。通过开展各种丰富多彩的实践活动，激发学生的创新欲望，发挥他们的创新能力，培养他们的创新素质。

实践出真知，只有通过实践，才能将学生的创新潜能转化为创新能力，通过实践学生能达到“所惑、所思、所悟”。第一，要为学生的创新创造条件。学生的创新实践需要有制度保障，即学校要制定相关的制度鼓励、支持学生的创新实践。对在科技方面有突出表现的学生可以优先评优评奖，制定学生科技成果奖评比办法，设立学生科技创新基金，制定关于学生科技基金申请的相关政策，为学生提供创新的“种子”基金。学生的创新实践需要老师的指导，学校要鼓励老师指导学生的课外科技活动，并作为教师评奖评优、晋级的重要指标。要选派能力强、水平高、经验丰富的老师担任学生科技实践的指导老师。学生的创新实践还需要相关的图书资料、实验设备等，学校实验室要尽可能对学生开放，要在查阅图书资料、上网等方面给学生提供方便。第二，要为学生的创新实践搭建平台。学生的创新实践活动是学生将理论知识创造性地应用于实际，因此需要有适当的载体和形式。要定期举办科技文化节，特别要突出校园文化活动的科技创新的内涵；要成立创造发明协会和学生科技协会，并充分发挥这些科技社团的作用，多开展科技创新活动；建立校内外学生创新基地，可以依托校外企业或校内实验室建立创新基地，并组织学生利用基地进行创新创业实践，以这些活动为平台，推动学生创新实践活动的开展。

最后，大学生本人要树立实践成才观。树立实践学习观，争取在实践中更多的接触社会，了解国情，培养为社会服务、为人民服务的意识，增强社会责任感和使命感，树立正确的世界观、人生观和价值观；争取在实践中将社会工作与校园学习生活结合起来，把所学知识应用到实际中去，在实践中提高解决实际问题的能力，提高全面素质；争取在实践中了解生产经营中的实际情况，了解改革开放和经济全球化发展中社会需求的人才标准，从而进行自觉学习，创新学习，使自身成长为思想道德素质、科学文化素质、健康素质协调发展的社会主义和谐社会的合格建设者。

纵观本章分析，高校要注重培养大学生的创新素质。推动大学生创新素质培养，要从不同的视角和环境来探讨其途径。外部环境——优化教育环境、探索教育教学改革的有效途径、建设具有创新素质的教师队伍、加强校园文化建设；内部条件——加强思想政治教育、强化问题意识、塑造健全人格、优化知识结构、开展创新实践。

当代大学生肩负着把我国建设成为富强、民主、文明的社会主义现代化国家的历史使命，这个使命光荣而艰巨。它的实现既取决于大学生自身的努力，更取决于我们的高校能否用创新的教育思想、内容、方法和途径，培养出具有创新素质的新型人才。

世界局势风云变幻，国际竞争日趋激烈。而竞争的实质是经济实力的竞争，关键是科学技术的竞争，归根结底是具有创新素质的人才的竞争。高等学校在向学生传授知识和技能、教他们怎样做人的同时，更应注重培养具有创新素质的新型人才，这是时代赋予高等学校的历史使命。

培养大学生创新素质是一项系统工程，不仅涉及教育教学观念、创新评价机制、民主宽松的环境、管理服务意识和教师的创新素质情况，还和大学生自身的社会责任意识、问题意识、创新人格、知识结构、实践能力等密切相关。

培养大学生创新素质，要求我们改善有利于当代大学生创新素质培养的外部环境：营造有利于创新人才成长的社会和学校环境；积极探索教育教学改革的有效途径；建设一支有创新素质的教师队伍；进一步加强校园文化建设。同时还要营造有利于当代大学生创新素质培养的内部条件：进一步加强大学生思想政治教育，增强大学生的社会责任感；强化大学生的问题意识，鼓励大胆质疑，激发进取精神；塑造大学生健全的创新人格，培养敢于面对成功与失败的精神；优化大学生的知识结构，培养社会适应性人才；大力开展创新实践活动，培养大学生动手操作能力。只有做到了这些，才能为创新人才培养提供成长的舞台。

第五章 大学生创新技法

学习目标

通过本章学习，你应该能达到：

［知识目标］1. 了解大学生创新技法的种类；

2. 了解大学生创新技法的适用情况；

3. 了解大学生创新技法的步骤；

4. 了解大学生创新技法的应用要求。

［能力目标］掌握大学生创新技法的应用流程。

［实训目标］把大学生创新技法应用于日常学习、生活中去创新。

一、头脑风暴法

案例导入

上海兰生大酒店是一家1991年开业的四星级酒店，曾经在开业头12年以平均年创利润24%以上的盈利能力为同行所羡慕，1996年，该酒店全年营收1亿多元，经营毛利达4000多万元，创下当时上海酒店业的历史最高纪录。今天，兰生虽不再是上海东北角最高、最豪华的酒店，但业绩依然让人欣慰：2010年创收8000多万元，2011年还在高星级酒店餐饮外卖服务上独占鳌头。

饭店服务质量是什么？在加拿大西安大略大学著名服务管理学教授海伍德·法默和简·诺来特的眼中，饭店的服务质量就是住店客的感觉。对此，上海兰生大酒店总经理方志军非常赞同。方志军说："饭店服务的最高境界，就是让客人产生美好的感觉。"

"兰生曾经开展过一个内部的大讨论，探讨像我们这样的老饭店是否存在竞争优势？若将服务做到极致，是否应该讲求服务文化？"方志军说，在这场讨论中，兰生大酒店的全体员工积极参与，热烈讨论，大家都认识到，上海的酒店越来越多，比硬件，兰生肯定比不过，比价格无优势，只有比服务、比创新，兰生才有出路。

经过大讨论：

酒店管理层决定，要让服务创新成为集体意志。

1. 公布酒店入住率来牵引大家的视线。

我们把每天的入住率通报都贴在员工食堂门口，让全饭店人都关注饭店的营收。

2. “无 No”服务成为准则。

那场大讨论后，兰生提出了“无 No”服务文化，并进行全员培训，让每位员工用心擦亮品牌。

2011 年 11 月 18 日，兰生大酒店店庆 20 周年，方志军回顾了酒店 20 年的坎坷与辉煌，深情感谢这支爱店如家的员工队伍，号召大家用创新的思路，寻找企业新的盈利增长点。

思考：兰生集团的内部大讨论是一种创新技法吗？

很多时候，我们把事情想成当然，总以一种模式去思考，但很多事情往往会有更好的解决方案或处理办法，这就需要我们要多想办法了。

创新技法是创新者在发明创造过程中分析、解决问题，形成新设想，产生新方案的规律、途径、手段和方法，目的在于拓展创造性思维的深度和广度，提高创造活动的成效，缩短创造过程。创新技法应用领域十分广阔，掌握创新技法对提高我们的创造力及创新成功的概率具有重要的作用及普遍的借鉴意义。

英国大文豪萧伯纳崇尚思想交流，他说：“倘若你有一个苹果，我也有一个苹果，而我们彼此交换这些苹果，那么，你和我仍然是只有一个苹果。但是，倘若你有一种思想，我也有一种思想，而我们彼此交流这种思想，那么，我们每个人将有两种思想。”

爱因斯坦与他的同事一直坚持自由地聚会和谈话，交流关于现代物理学的各种想法，他们的讨论没有改变别人观念的意图，也没有激烈的争论，他们自由地提出脑中想到的东西，总是注意倾听他人的观点。这种讨论导致了物理学的突破。

“三个臭皮匠，胜过一个诸葛亮”“众人拾柴火焰高”，由此可见，如果我们在工作生活中能够集中发挥群体智慧的力量，势必将大大提高我们应对困难和解决实际问题的能力。

那么，有没有什么好的方法可以集思广益，发挥群体或团队的智慧与力量呢？答案是肯定的。创造学中的头脑激励法就能做到这一点，它是一种能发挥每个人才能的群体创造方法。

（一）头脑风暴法的起源

头脑风暴法最早是精神病理学的用语，指精神病患者的精神错乱状态。经过发展演变，在现代创造学中，头脑风暴是指一种无限制地自由联想和讨论的创新方法，运用头脑风暴的目的在于产生新观念、解决问题的新方法，激发创新设想。

头脑风暴法又称奥斯本智力激励法、BS法、自由思考法，是由美国创造学家A. F. 奥斯本于1939年首次提出、1953年正式发表的一种继发性思维方法。此方法经各国创造学研究者的实践和发展，至今已经形成了一个智力激发群，如奥斯本智力激励法、默写式智力激励法、卡片式智力激励法。

在群体创新活动中，由于群成员心理相互作用影响，容易屈服于权威或大多数人的意见，形成所谓的“群体思维”。群体思维削弱了群体的批判精神和创造力，损害了创新活动的质量。为了保证群体创新活动的创造性，提高质量，管理学上发展了一系列改善群体创新活动的方法，头脑风暴法是其中比较典型的一个。

（二）头脑风暴法的技法原理

头脑风暴何以能激发创新思维？根据A. F. 奥斯本本人及其他研究者的看法，主要有以下几点：

1. 联想反应

联想是产生新观念的基本过程。在集体讨论问题的过程中，每提出一个新的观念，都能引发他人的联想。相继产生一连串新的观念，产生连锁反应，再形成新观念，为创造性解决问题提供了更多的可能性。

2. 热情感染

在不受任何限制的情况下，集体讨论能激发人的热情。自由发言相互影响、相互感染，能形成热潮，突破固有观念的束缚，最大限度地发挥创造性思维能力。

3. 竞争意识

在有竞争意识情况下，人人争先恐后，竞相发言，不断地开动头脑，力求有独到见解、新奇观念。心理学原理告诉我们，人类有求胜心理，在良性竞争环境下，人的心理活动效率可提高50%，甚至更多。

4. 个人表现欲

在集体讨论解决问题过程中，个人的表现欲不受任何干扰和控制，是非常重要的。头脑风暴法有一条原则，不得批评仓促的发言，甚至不许有任何怀疑的表情、动作、神色。这就使每个人畅所欲言，提出大量的新观念。

（三）头脑风暴法实施步骤

（1）准备阶段：确定要讨论的问题；组建小组；通知会议内容、时间、地点。

（2）准备会场：为使会议活跃，会前准备一些智力游戏道具、准备一些简单的发散思维练习布置等。

（3）组织人员：10~15人。

（4）宣布主题。向与会者宣布讨论主题。

（5）Brain Storming：坚持头脑风暴法的原则。

（6）会后收集：整理设想、提案。

（7）评价选出最佳设想、方案。

（四）头脑风暴法实施原则

一次成功的头脑风暴除了在程序上的要求外，更为关键的是探讨方式、心态上的转变。概言之，即充分、非评价性、无偏见地交流。具体而言，可归纳为以下几个实施原则：

（1）延迟评判原则。使与会者思想放松、气氛活跃，这是智力激励法的关键。这样做一方面是为了防止评判约束与会者的积极思维，破坏自然畅谈的有利气氛；另一方面是为了集中精力先开发设想，避免把应该在后阶段做的工作提前进行，影响创造性设想的大量产生。

（2）以量求质原则。这是获得高质量创造性设想的条件。参加会议的每个人都要抓紧时间多思考，多提设想，在某种意义上，设想质量和数量密切相关，产生的设想越多，其中的创新设想就可能越多。

（3）自由畅想原则。突出求异创新，这是智力激励法的宗旨。参加者不应该受任何条条框框限制，放松思想，让思维自由驰骋。从不同角度、不同层次、不同方位大胆地展开想象，尽可能地标新立异、与众不同，提出独创性的想法。

（4）限时限人原则。小组规模以10~15人为宜，会议时间一般为20~60分钟效果最佳。

（5）综合改善原则。强调相互启发、相互补充和相互完善，这是智力激励法能否成功的标准。

（五）头脑风暴法的要求

为使与会者畅所欲言，互相启发和激励，达到较高效率，必须注意以下几点要求：

（1）防止出现一些“扼杀性语句”和“自我扼杀语句”。诸如“这根本行不通”“你这想法太陈旧了”“这是不可能的”“这不符合某某定律”以及“我提一个不成熟的看法”“我有一个不一定行得通的想法”等语句，禁止在会议上出现。

（2）与会人员一律平等，各种设想全部记录下来。与会人员，不论是该方面的专家、员工，还是其他领域的学者，以及该领域的外行，一律平等，要认真将其设想完整地记录下来。

（3）鼓励巧妙地利用和改善他人的设想。这是激励的关键所在。

（4）独立思考，不允许私下交谈，以免干扰别人的思维。爱因斯坦说：“学会独立思考和独立判断比获得知识更重要。不下决心培养思考习惯的人，便失去了生活的最大乐趣。”发展独立思考和独立判断的一种能力，应当始终放在首位，而不应当把获得专业知识放在首位。

（5）会议提倡自由奔放、随便思考、任意想象、尽量发挥，主意越新、越怪越好，因为它能启发人推导出好的观点。

（6）不强调个人的成绩，应以小组的整体利益为重，注意和理解别人的贡献。

（六）对头脑风暴法的评价

实践经验表明，头脑风暴法可以排除折中方案，对所讨论的问题通过客观、连续的分析，找到一组切实可行的方案，因而头脑风暴法在许多领域中都得到了较广泛的应用。

案例连接

有一年，美国北方格外严寒，大雪纷飞，电线上积满冰雪，大跨度的电线常被积雪压断，严重影响通信。过去，许多人试图解决这一问题，但都未能如愿以偿。后来，电信公司经理应用奥斯本发明的头脑风暴法，尝试解决这一难题。他召开了一种能让头脑卷起风暴的座谈会，参加会议的是不同专业的技术人员，要求他们必须遵守以下原则：第一，自由思考。即要求与会者尽可能解放思想，无拘无束地思考问题并畅所欲言，不必顾虑自己的想法或说法是否“离经叛道”或“荒唐可笑”。第二，延迟评判。即要求与会者在会上不要对他人的设想评头论足，不要发表“这主意好极了！”“这种想法太离谱了！”之类的“捧杀句”或“扼杀句”。至于对设想的评判，留在会后组织专人考虑。第三，以量求质。即鼓励与会者尽可能多而广地提出设想，以大量的设想来保证质量较高的设想的存在。第四，结合改善。即鼓励与会者积极进行智力互补，在增加自己提出设想的同时，注意思考如何把两个或更多的设想结合成另一个更完善的设想。按照这种会议规则，大家七嘴八舌地议论开来。有人提出设计一种专用的电线清雪机；有人想到用电热来化解冰雪；也有人建议用振荡技术来清除积雪；还有人提出能否带上几把大扫帚，乘坐直升机去扫电线上的积雪。对于这种“坐飞机扫雪”的设想，大家心里尽管觉得滑稽可笑，但在会上也无人提出批评。相反，有一工程师在百思不得其解时，听到用飞机扫雪的想法后，大脑突然受到冲击，一种简单可行且高效率的清雪方法冒了出来。他想，每当大雪过后，出动直升机沿积雪严重的电线飞行，依靠高速旋转的螺旋桨即可将电线上的积雪迅速扇落。他马上提出“用直升机扇雪”的新设想，顿时又引起其他与会者的联想，有关用飞机除雪的主意一下子又多了七八条。不到一小时，与会的10名技术人员共提出90多条新设想。

会后，公司组织专家对设想进行分类论证。专家们认为设计专用清雪机，采用电热或电磁振荡等方法清除电线上的积雪，在技术上虽然可行，但研制费用大，周期长，一时难以见效。那种因“坐飞机扫雪”激发出来的几种设想，倒是一种大胆的新方案，如果可行，将是一种既简单又高效的好办法。经过现场试验，发现用直升机扇雪真能奏效，一个久悬未决的难题，终于在头脑风暴会中得到了巧妙的解决。

随着发明创造活动的复杂化和课题涉及技术的多元化，单枪匹马式的冥思苦想将变得软弱无力，而“群起而攻之”的发明创造战术则显示出攻无不克的威力。

案例分析：

从上例可见，所谓头脑风暴会，实际上是一种智力激励法。人们的创造潜力是巨大的，一个优秀的领导者，应该懂得如何发掘和运用这一潜力。

此案例带给我们的启示：

智力激励法适合于解决那些比较简单、严格确定的问题，比如研究产品名称、广告口号、销售方法、产品的多样化研究等，以及需要大量的构思、创意的行业，如广告业。

在企业，领导是最主要的决策者，但对领导来说，一个人的智慧和力量，经历和观察问题的视觉都是有限的。因此，领导常常会出现一些困惑。如企业在开展某项活动时，因为思维上形成了一定的定式，在制订方案时始终跳不出固有的模式，这就给员工以厌烦之感，调动不起激情来，活动也因此而显得一般化；再如领导在管理工作中，往往遇到一些棘手的事情，常常是冥思苦想也没有好的办法。这时，就可以听听广大员工的意见，试着使用头脑风暴法来帮助解决一些问题，因为这既可集思广益，充分体现民主，又很好地调动起全体员工管理的积极性，且能从一定程度上减少决策的失误。领导在具体操作时，可以给员工们营造一个机会，在有意无意间提出需要讨论的话题，鼓励大家放开胆子尽情地说，让讨论者的思维大门洞开，让一些新的想法在讨论中迸发出来。我们常常有这样的体验，一个人在一个热烈的环境中，当看到别人发表新奇的意见时，思维受到刺激，情绪受到感染，潜意识被自然地唤醒，巨大的创造智慧自然地迸发了出来，大量的信息不断地充斥着人的大脑，奇思妙想就会喷涌而出；在这时，在场的人就会压抑不住自己内心的激动，争着抢着想把自己要说的话说出来。场面越是热烈，争着发言的人就会越多；发言的人越多，形成的点子就会越多，于是，一个个好的方案就这样形成了。

这种议事形式可以在正式场合中进行，也可在较为自由的非正式场合中进行。非正式场合因为环境宽松，可以少生顾忌，便于畅所欲言，大胆说话。无意识中，一些创意或方案的雏形形成，再经过正式研究或论证，就逐步地形成了一系列经得起检验的成果。

实践证明，在企业管理中，灵活而巧妙地使用“头脑风暴法”，能使领导和员工关系更加融洽，最大限度地使大家智慧的火花得以迸发，进而最终形成了一个个好的创意或方案，制定出一些切实可行的工作措施，寻找到一些解决疑难问题的办法，值得认真探索。

头脑风暴法要解决的议题应从大家关注的问题着手，如是平日悬而未决的，参与者们一直期待解决的问题为最佳。这种议事方法特点是：参加者提出的方案说得越离奇越好，以此激发与会者创意及灵感，使要解决的问题思路逐渐明晰起来。在议事中采用头脑风暴法要遵循五大原则及六大要求，不断重复五大原则进行智力激励法的培训，就可以使参加者渐渐养成弹性思维方式，涌现出更多全新的创意。在众多创意出来后，管理者再进行综合和筛选，最后形成可供实践的最佳方案。

二、头脑风暴法衍生的方法

（一）“635 法”

（1）什么是“635 法”

“635 法”又称默写式智力激励法、默写式头脑风暴法，是德国人荷力根据德意志民族习惯于沉思的性格提出来的，该法避免了数人争着发言易使点子遗漏的缺点，对奥斯本智力激励法经过改造而创立。

“635 法”与头脑风暴法原则上相同，其不同点是把设想记在卡上。头脑风暴法虽规定严禁评判，自由提出设想，但有的人对于当众说出见解犹豫不决，有的人不善于口述，有的人见别人已经发表与自己设想相同的意见就不发言了。而“635 法”可弥补这种缺点。

（2）具体做法如下：

每次会议 6 人参加，坐成一圈，要求每人 5 分钟内在各自的卡片上写出 3 个设想（故名 635 法），然后由左向右传递给相邻的人。每个人接到卡片后，在第二个 5 分钟内再写 3 个设想，然后再传递出去。如此传递 6 次，半小时即可进行完毕，可产生 108 个设想。

（3）635 法的优缺点

优点：能弥补与会者因地位、性格的差别而造成的压抑。

缺点：仅是自己看和自己想，思想无法产生碰撞，激励不够充分。

（4）635 法的注意事项：

①不能说话，思维活动可自由奔放。

②由 6 个人同时进行作业，可产生更高密度的设想。

③可以参考他人写在传送到自己面前的卡片上的设想，也可改进或加以利用。

④不因参加者地位上的差异，以及懦弱的性格而影响意见的提出。

⑤卡片的尺寸相当于 A4 纸张，上面画有横线，每个方案有 3 行，分别加上 1~3 的序号。

（二）移植法

1. 什么是移植法

移植法是指把某一事物的原理、结构、方法、材料转到当前研究对象中，从而产生新成果的方法。

移植法是各种理论和技术之间的转移。一般是把已成熟的成果转移到新的领域，用来解决新问题，因此，它是现有成果在新情景下的延伸、拓展和再创造。

2. 移植法的类型

移植法的类型分为四类：原理移植、结构移植、方法移植、材料移植。

（1）原理移植

原理移植就是将某种科学技术原理转用到新的研究领域。如语音合成技术，根据其原理进行移植，就有不同的应用。

语音合成（text-to-speech，TTS）技术，解决的主要问题就是如何将文本状态的文字信息转化为可听的声音信息。通俗地说，就是让你的电脑“会说话”，或者说，给计算机安装一个“人工嘴巴”。这样，有些只能用眼睛看的文字信息，现在也可以用耳朵来听。语音合成技术是各种政府热线系统的核心技术，相对于传统的语音压缩、录音回放方式来实现的系统，一直受到各国科学界的广泛关注。

知识拓展

语音合成技术

利用语音合成技术，有人发明了会发声的贺卡；我国台湾一位业余的发明家受到贺卡发声原理的启发，将电子语音合成技术移植到汽车上，发明了会说话的倒车提示器，倒车时发出“倒车请注意”的声音。

现在，语音合成技术已经广泛使用在贺年卡、汽车倒车提示器、玩具、婴儿尿布上。

（2）结构移植

结构移植就是将某事物的结构形式特征转用到另一事物上，以产生新的事物。

知识拓展

神奇的拉链

拉链，是日常生活中非常平常的用品，在我们的衣服、鞋帽上随处可见。但是这种简单的生活用品却在医学领域发挥了神奇的功效。

美国人将这种拉链移植到外科手术的伤口缝合中去。这种拉链只要“拉一下”便可缝合伤口完全取代用线缝合的传统技术，“手术拉链”比针线缝合快10倍，且不需要拆线，大大减轻了病人的痛苦。

这种手术拉链由两片多层辅助胶布和一条拉链组成，医生只要在手术完成后在手术切口的两边皮肤上贴上这种多层辅助胶布，再轻轻一拉，伤口就会合在一起。根据拉链的长度，47厘米以下的伤口都能够适用。

据了解，这种手术拉链两分钟即可合上伤口，而传统的缝合法则约需要半小时。

（摘自《上海译报》）

（3）方法移植

方法移植就是将新的方法转用到新的情景中，以产生新的成果。即把某一学科领域中的方法应用于解决其他学科、领域中的问题。

案例导入

香港中旅集团有限公司总经理马志民赴欧洲考察，参观了融入荷兰全国景点的“小人国”，回来后就把荷兰的“小人国”的微缩处理方法移植到深圳，熔华夏的自然风光、人文景观于一炉，集千种风物、万般锦绣于一园，建成了具有中国特色和现代意味的崭新名胜“锦绣中华”，开业以来游人如织，十分红火。

思考：请你用方法移植法提出一件新产品的设想。

（4）材料移植

材料移植就是将材料转用到新的载体上，以产生新的成果。用纸造房屋，经济耐用；用塑料和玻璃纤维取代钢来制造坦克的外壳，不但减轻了坦克的重量，而且具有避开雷达的隐形功能。

（三）设问类技法

知识拓展

设计新颖编席该从何处着手呢

日本京都有家生产编席的小厂，由于地毯盛行，编席订货逐年减少，正面临着关门的危险。工厂经理人员经过反复思考，认为只要设计出一种新颖的编席，订货还是会接踵而来的。那么，设计新颖编席该从何处着手呢？

有一个经理人员提出：用塑料纤维编席子如何？另一个经理人员则提出：把黑席边换成颜色席边如何？后者比较简单。他们就找来各种彩色布包边，果然十分漂亮，但是感到还不够新颖。有人就提出，如果把闪闪发亮的金丝编织入席边，会不会更好看？大家对这一方案兴趣极大，结果一种带金丝席边的编席问世了。这种新颖的席子不仅十分畅销，而且还取得了专利。

质疑思维的方法反映在创新技法上就是设问类技法。设问类技法有很多，我们主要介绍两种，即5W1H法、和田十二法。

1. 5W1H 法

案例导入

据说美国华盛顿广场有名的杰弗逊纪念大厦，因年深日久，墙面出现裂纹。为能保护好这幢大厦，有关专家进行了专门研讨。

最初大家认为损害建筑物表面的元凶是侵蚀的酸雨。专家们进一步研究，却发现对墙体侵蚀最直接的原因，是每天冲洗墙壁所含的清洁剂对建筑物有酸蚀作用。

问题1：为什么每天要冲洗墙壁呢？

答案1：因为墙壁上每天都有大量的鸟粪。

问题2：为什么会有那么多鸟粪呢？

答案2：因为大厦周围有很多燕子。

问题3：为什么会有那么多燕子呢？

答案3：因为墙上有很多燕子爱吃的蜘蛛。

问题4：为什么会有那么多蜘蛛呢？

答案4：因为大厦四周有蜘蛛喜欢吃的飞虫。

问题5：为什么有这么多飞虫？

答案5：因为飞虫在这里繁殖特别快。

问题6：飞虫在这里繁殖特别快的原因呢?

答案6：这里的尘埃最适宜飞虫繁殖，因为开着窗阳光充足，大量飞虫生活在此，超常繁殖……

由此发现解决的办法很简单，只要关上整幢大厦的窗帘。此前专家们设计的一套套复杂而又详尽的维护方案也就成了一纸空文。

我们处理问题，若能透过重重迷雾，系统思考，追本溯源，总揽整体，抓住事物的根源，往往能够收到四两拨千斤的功效。就如杰弗逊大厦出现的裂纹，只要关上窗帘就能解决几百万美元的维修费用，这是那些专家始料不及的。在遇到重重问题迷雾的时候，你真的能关上你的窗帘吗?

（1）什么是5W1H法

5W1H法是由美国陆军首创的一种创造技法，通过规定的设问来发现问题，从而找出解决问题的方法，是通往创新成功的桥梁。5W1H是由六个提问形成：为什么（Why）、做什么（What）、何人（Who）、何时（When）、何地（Where）和如何（How）。六个问题形成了解决问题的三部曲：从六个角度对创新对象进行提问，检查其合理性→列出发现的难点疑问→讨论分析，找到改进措施。如果现行的方法或产品通过了六个问题的审核，并且已无懈可击，那么此方法或产品判为可取；如果六个问题中有一项不能令人满意，那么此方法或产品还需进一步改善；如果哪方面的答复具有独到的优点，应该巧妙地加以灵活运用，将此优点能够发挥到极致。

针对欲解决的目标不同，这6个方面发问的具体内容也不相同。例如：

为什么（Why）——为什么需要？为实现什么目标？为达到什么功能？为取得什么样的经济效益？为达到什么样的工作指标？为达到什么样的质量标准？为什么不用机械代替人力？为什么非做不可？为什么制造这种产品要经过这么多环节？为什么做成这个样子（形状、大小、颜色）？为什么要这样生产？

是什么（What）——是什么发现？是什么产品？是什么方法？是什么材料？是什么样的生产方法？是什么样的商标？目的是什么？重点是什么？与什么有关系？功能是什么？规范是什么？

谁（Who）——谁是设计者？谁是生产者？谁是消费者？谁是销售者？谁来办事方便？谁赞成？谁反对？谁来承担？谁被忽视了？

何时（When）——何时研究？何时实施？何时完成？何时安装？何时销售？何时付款？何时交货？何时是期限？何时最佳？何时产量最高？何时最切时宜？

何地（Where）——何地研究？何地试验？何地生产？何地安装？何部门采用？何

地有资源？何处推广？何处改进？何处最适宜？何处最优越？何处最节省？何处最昂贵？

怎样（How）——怎样省力？怎样速度快？怎样做最好？怎样做效率最高？怎样改进？怎样实施？怎样最方便？怎样更美观？怎样避免失败？怎样增加销路？

有些时候我们还听说5W2H法和6W2H法、5W2H法，其实就是在原有的5W1H基础上加上一个新问题“how many”或“how much”，进一步对问题的规模、程度、速度、范围等从量上做进一步的追问，把问题搞得更清楚、更精确。

我国的教育学家陶行知先生提出的就是6W2H法，他把这种提问模式叫作教人聪明的“八大贤人”。为此他写了一首小诗：“我有几位好朋友，曾把万事指导我，你若想问真姓名，名字不同都姓何：何事、何故、何人、何如、何时、何地、何去，还有一个西洋名，姓名颠倒叫几何。若向八贤常请教，虽是笨人不会错。”翻译过来，在5W1H基础上，加上一个“which”（几何）和“how many”或“how much”。

不管是5W2H还是6W2H法，其基本原理都是根据5W1H法而来。我们主要介绍的是5W1H法。

（2）5W1H法的应用

如何用5W1H法来帮助我们解决问题呢？下面，我们通过解决学院小吃窗口生意冷淡的问题来做探讨：

某学校食堂二楼开设了很多小吃窗口，但门庭冷落，生意惨淡，但有很多学生到校外小摊买小吃。

①分析问题

Why——为什么开小吃窗口？为什么食堂供应小吃的窗口生意冷淡？赚钱（服务于顾客）。因为小卖部的顾客少所以生意清淡。

What——小吃窗口提供些什么？经营些什么品种？还可以经营些什么？目前主要供应小吃，如油炸类、麻辣烫等。

Who——谁来买小吃？是否还有潜在的顾客？学生买小吃的占多数；零星地有教职工来，但很少。

When——食堂供应小吃的窗口什么时候开始营业？早、中、晚以学生一日三餐为主。

Where——食堂供应小吃的窗口在哪儿？在学校食堂二楼。

How——食堂供应小吃的窗口是如何经营的？先把一些常见的食物做好，学生来了卖给学生。

②提出改善、解决问题的方案

Why——想办法吸引更多的顾客，才能赚更多的钱，也能真正体现服务顾客的目的。

What——供应的小吃品种太少，没有新颖性。解决办法：增加小吃的品种、翻新小吃的花样，提供丰富多样的食品，满足不同消费者的需要。如学生来自全国各地，可增加地方特色的小吃。

Who——教师们很多中午不回家，如果能吸引过来也是不小的顾客群。偶尔发现有周围的居民来吃。考虑扩大顾客的范围，把老师和周围的居民也吸引过来。

When——营业时间不太人性化，准备延长营业时间。改为全天24小时营业。冬天早餐营业时间延长；因为有的顾客有睡懒觉的习惯。夏天晚上营业的时间延长，因为有的顾客有吃夜宵的习惯。这样顾客来了都有的可吃。而且在一些特别的节日，提供有特色的小吃，如端午的粽子、生日面等。

Where——供应小吃的窗口的地理位置不是很理想。在食堂二楼，有的顾客不知道，或者不愿意爬到二楼来用餐。如何吸引顾客上二楼就餐，把服务场所与顾客距离拉近，在不能改变客观位置的情况下，改善心理位置。具体做法是在食堂一楼做个广告牌，粘贴到醒目的位置，告知顾客二楼有小吃。广告牌颜色清新，上面有各种特色小吃的图片，使人一看就有食欲。

How——可以供应特色小吃，不同地域的小吃。供应的小吃要做到色香味美、干净卫生，小吃的品种要多，样式要新，满足不同人的审美要求。为了吸引、方便顾客还为顾客提供电话点餐服务，然后送货上门。当然，更重要的是做出一手好吃不贵、有特色的饭菜。

5W1H法在现实生活中的运用也很广泛，如果能很好地掌握这种方法，不但能培养爱提问的习惯，而且认识能力、解决问题的能力都会得到切实的提高。一旦能圆满地找到六个问题的答案，所有疑难问题都会不攻自破，真所谓“踏破铁鞋无觅处，得来全不费功夫”。

2. 和田十二法

我国的创造学者许立言、张福奎等通过研究，并在上海和田路小学试验，提出了创造发明的“和田十二法”，具体内容如下：

（1）加一加。将一件东西加高一点、加厚一些又会怎样呢？增添一些零部件会有什么变化？把这件东西与其他东西组合在一起会有什么结果？

（2）减一减。将一件东西降低一点、减薄一些又会怎样呢？取消一些零部件会有什么变化呢？

（3）扩一扩。将这件东西的尺寸放大一些会怎样呢？它的功能及应用范围能否扩展呢？

（4）缩一缩。将这件东西的尺寸缩小一些会怎样呢？它能否压缩呢？压缩以后会有什么结果呢？

（5）变一变。改变一下这件东西的结构、形状、颜色、声音、味道会怎样呢？改变一下部件的安装位置又会怎样呢？

（6）改一改。这件物品还存在什么缺点？还有什么不足之处需要加以改进？使用时还有什么不方便及麻烦？有解决这些问题的方法吗？

（7）联一联。这一事物与其他事物有何联系？事物的起因与结果有什么联系？把其他事物联系起来考虑，能帮助我们达到目的吗？

（8）学一学。有什么事物可以模仿？模仿它的形状、结构，会有什么结果？有什么知识或技术可以学习吗？掌握了它的原理、技术，又会有什么结果？

（9）代一代。这种物品能被其他物品替代吗？所用材料能为其他材料待用吗？解决问题的方法能够替换吗？

（10）搬一搬。把这件东西搬到别的地方，还能有别的用处吗？这个想法、道理、技术搬到别的地方，也能用得上吗？

（11）反一反。把事物或者产品前后、左右、上下、正反、横竖、里外，颠倒过来，会有什么结果？

（12）定一定。为了保证产品质量或者达到预期的目标，需要制定相应的标准、规范或者管理制度吗？

表 5-1　运用和田十二法的具体实例

一件东西	缩小了什么	变成新东西	有了新功能
一般饼干	体积	压缩饼干	携带方便
风景区	景区	微缩风景	世界著名景区集于一处
传统电池	体积	纽扣电池	可以使用在很小的用品内
热水瓶	体积	保温瓶	携带方便
大量书籍	信息占用空间	光盘、U 盘、硬盘	节省空间、携带方便

例如，用和田十二法改进现有电风扇的新设想：

（1）加一加：加个电脑，成为带电脑的电扇。

（2）减一减：减去杠杆，成为吸顶电风扇。

（3）扩一扩：扩大送风角度，成为全方位电风扇。

（4）缩一缩：缩小尺寸，成为微型电风扇。

（5）变一变：改变结构，成为球式电风扇。

（6）改一改：改进使人着凉的不足，成为保健电风扇。

（7）联一联：与催眠联系，成为催眠电风扇。

（8）学一学：学会用新技术，成为太阳能风扇。

（9）代一代：用其他材料代替，成为木叶片电风扇。

（10）搬一搬：搬到电视机上，成为电视机用电风扇。

（11）反一反：冬天也用电风扇，成为热风扇。

（12）定一定：规定节能标准，成为节能电风扇。

（四）缺点列举法

1. 什么是缺点列举法

“金无足赤，人无完人。”从哲学上说看待任何事物都要一分为二，任何事物都有各自的优缺点，很多发明创造都是首先从寻找事物的缺点开始的，实现更新换代、优化升级。缺点列举法就是一种通过寻找事物的缺点，将其具体缺点一一列举出来，对缺点进行分析定性，或对缺点加以适当有效利用，或对缺点提出改革方案，进行创新的方法。可以说缺点列举法是一种行之有效的发明创造方法。

在寻找和列举事物缺点的时候，可以运用前面我们学习过的智力激励法，集思广益，尽可能多地使思维的触角向四面八方扩散，然后再利用收敛思维对各种创新方案的可行性进行论证，从而选出最优。

2. 缺点列举法的类型

事物的缺点有的是必须克服的，而有的缺点在一定情况和条件下，反而会成为可以利用的优点。因此，列举缺点搞发明可以有两条途径：其一，睁开双眼找缺点，然后想办法克服缺点，用改进设计去获得性能更优的新事物；其二，反其道而行之，睁开创造性思维这“第三只眼睛”，看看事物的缺点能否在其他的场合变成优点，进而思考能否开发出满足人们某种需求的新事物。前者为缺点改进去；后者是缺点逆用法，它的思维基础是逆向思维。

（1）缺点改进法

缺点改进法是指通过发现事物的缺点，将其缺点列举出来并加以克服和改进的创新方法。这种方法被广泛地应用于革新某些具体产品，解决属于“物”一类的硬技术问题，而且还可以应用到企业管理中，解决属于“事”一类的软技术问题。

知识拓展

美津浓公司的成功启示

日本美津浓有限公司原是生产休育用品的一家小厂，为了使公司产品畅销世界各国，厂里的开发人员到市场上去调查。在调查中，他们发现，初学网球者在打球时不是打不到球，就是打一个“触框球”，把球碰偏了，十分头疼。很多人都想，要是球拍大一点，也许不会出现上述问题。国际网联规定，球拍面积必须在710平方厘米以下。美津浓有限公司就专门做了一些比标准球拍大30%的初学者球拍。这种球拍一上市果然畅销极了。后来他们又了解到初学者打网球时，手腕容易患一种皮炎，这种病被人们称为“网球腕”，患病的原因是腕力弱的人，在打球时发生腕震而造成的。于是，该公司又开始致力于研究减震球拍。他们用发泡聚氨酯作为材料，但是经过试验，发现用这种材料制成的球拍打起球来软塌塌的，耗费体力。于是，又重新进行了试验，终于制成了著名的“减震球拍”，产品打进了欧美各国市场。

在上述案例中，美津浓公司在开发新产品的过程中运用的技法就叫作缺点改进法。缺点改进法就是通过发现、发掘事物的缺陷，然后针对这些缺点，设想各种改革方案，进行创造发明的方法，运用此种方法可以促进事物的不断完善与向前发展。

（2）缺点逆用法

缺点逆用即缺点巧用，是指利用事物的缺点进行创新思考的一种科学方法。事物都具有一定的性质和特征，由于条件不同，既可被认为是缺点，也可以被认为是优点。因此，缺点和优点不是绝对的，而主要取决于人们如何利用。例如，震动会产生噪声，当噪声超过一分贝时会使人失眠、血压上升、精神烦躁等。但是，发明家利用振动原理制造振动按摩器，对身体进行按摩，能使肌肉放松，血管舒张，疲劳消除，有利于人体健康。合成化学纤维中的涤纶优点很多，缺点是不亲水、不吸水，不适宜做内衣。而当今国内外广泛使用的一次性尿布，却利用了涤纶的这一缺点，用在尿布上作为疏导层。有人说“垃圾是放错了位置的财富”，所以应学会化弊为利、变废为宝。

缺点改进法与缺点逆用法的区别在于它们对待缺点的差别性，前者是设法改进与克服缺点，而后者是尽可能地使缺点为我所用，使其成为优点。但是，二者在实际运用操作中所遵循的基本步骤是一致的，在这里可以一并说明。运用缺点列举法时，可遵循以下步骤进行：

①运用发散思维找事物或产品存在的缺点，将缺点一一列举出来；

②对列举出的缺点进行分析，将缺点分为两类：一类是可以加以适当利用的缺点，一类是必须改进和克服的缺点；

③设想和探讨利用或改进缺点的方案；

④选出最优方案。

用缺点列举法进行创造发明的具体做法是：召开一次缺点列举会，会议由5~10人参加，会前先由主管部门针对某项事物，选举一个需要改革的主题，在会上发动与会者围绕这一主题尽量列举各种缺点，并围绕这些缺点制定出切实可行的革新方案，最后在众多方案中可以以投票的方式选出最优方案。一次会议的时间控制在一两个小时之内，会议讨论的主题宜小不宜大，即使是大的主题，也要分为若干小题，分次解决，这样，原有的缺点就不致被遗漏。

在具体实践中应用缺点列举法时，应注意以下几点：

①召开缺点列举会时应科学确定与会人员，做到优势互补、互相启发。

②列举缺点时应敢于质疑，体现思维的变通性，注意打破定势，将思路打开。

③对缺点进行分析后，提改进方案时，应改进调查研究，适当考虑方案的可行性。

④做好记录，随时备查。发现缺点，并不能搞出发明，有时要等很久，联想或灵感可能使你想出一个发明。因此，做好记录随时备查是很重要的。再者，发明者对物品所列举的缺点不可能全都是成熟的观点、都能演绎成发明命题。只有平时注意积累，多做记录，才能提高发明选题的灵活性及设计方案的成熟性。

一般来说，发现事物的缺点并不太困难，而找到可以利用的缺点却不容易。因为缺点多是要遭排斥的，人们习惯于思考如何去排斥缺点而很少去运用它。在发现可利用的缺点后，紧接着是分析缺点，认清其本质，即抽象出某种被认定为缺点的现象背后所隐藏着的原理或特性。当找不到缺点的原理或本质时，则要跳出缺点本身，思考与此相关的东西，依靠创造性想象使缺点成为灵感的激发素。

（五）希望点列举法

案例导入

客人进入酒店首先是到酒店的前台办理入住手续，那时手里都会拿着行李，这样取身份证、银行卡、钱币时都不方便，就急需找一个放包的地方。原始的前台就光秃秃的一条长柜台，不方便放东西。为了方便客人，有些酒店就在前台放一些小凳子让客人放行李，后来慢慢发展到酒店在建前台时就在柜台中间突出一块，专门让客人放行李，这是通过希望点列举法创新的案例。

图一

图二

图三

思考：上面三幅图说明了什么问题？

1. 什么是希望点列举法

希望点列举法是一种不断提出“希望”“怎么样才会更好”等的理想和愿望，进而探求解决问题和改善对策的技法。此法是通过提出对该问题及事物的希望或理想，使问题和事物的本来目的聚合成焦点，再加以考虑的技法。希望人人皆有，“希望点”就是指创造性强且又科学、可行的希望。列举法，是指通过列举希望新的事物具有的属性，以寻找新的发明目标的一种创造方法。如果说缺点逆用法是一种“被动创新”的方法，而希望点列举法则是一种“主动创新”的方法。在具体的应用中，可以将缺点列举法及希望点列举法综合起来加以应用，在列举事物及产品缺点的基础上，提出希望点。

2. 希望点列举法的实施步骤

希望点列举法的实施主要有三个步骤，即：

①激发和收集人们的希望；

②仔细研究人们的希望，以形成“希望点”；

③以“希望点”为依据，创造新产品以满足人们的希望。

用希望点列举法进行创造发明的具体做法是：召开希望点列举会议，每次可有5~10人参加。

会前由会议主持人选择一件需要革新的事情或者事物作为主题，随后发动与会者围绕这一主题列举出各种改革的希望点。为了激发与会者产生更多的改革希望，可将每人提出的希望用小卡片写出，公布在小黑板上，并在与会者之间传阅，这样可以在与会者中产生连锁反应。会议一般举行1~2小时。产生50~100个希望点，即可结束。

会后再将提出的各种希望进行整理，从中选出目前可能实现的若干项进行研究，制定出具体的革新方案。

例如，有一家制笔公司用希望点列举发明法提出了一系列改革钢笔的希望：希望钢笔出水顺利；希望绝对不漏水；希望一支笔可以写出两种以上的颜色；希望不玷污纸面；希望书写流利；希望能粗能细；希望小型化；希望笔尖不开裂；希望不用打墨水；希望省去笔套；希望落地时不损坏笔尖等。这家制笔公司从中选出“希望省去笔帽”这一条，研制出一种像圆珠笔一样可以伸缩的钢笔，从而省去了笔帽。

在具体实践中应用希望点列举法时，应注意以下几点：

①由列举希望点获得的发明目标与人们的需要相符，更能适应市场。

②希望是由想象而产生的，思维的主动性强，自由度大。所以，列举希望点所得到的发明目标含有较多的创造成分。

③列举希望点时一定要注意打破思维定式。

③对于用希望点列举法得到的一些“荒唐”意见，应用创造学的观点进行评价，不要轻易放弃。

知识拓展

“民媛荟”主题设计

宴会名称：“民媛荟”民国怀旧宴

宴会背景：

美丽睿智的女子自古是中华的传奇，无论是“关关雎鸠，在河之洲”的淑女，还是“一顾倾人城，再顾倾人国”的佳人，抑或是“回眸一笑百媚生，六宫粉黛无颜色”的美人，于姿容上都流露出近乎极致的美感。然而女性之美既美在风韵，也美在才德，民国名媛之美不仅在于乌云叠鬓，浅淡青山的美貌，更因其才情而催人落泪。张爱玲的小说，张充和的诗词，周璇的金嗓子，潘玉良的画魂，无不彰显出她们的惊才绝艳。这些名媛集古典与现代美于一身，传递出中华女性美的妙谛。

该宴会设计灵感来源于闺蜜好友，相约民国故地，游玩之余，小酌浅吟，互诉衷肠。

宴会文化：

古旧的留声机，乐曲悠扬，唱出一派斯文雅致的民国气度。游走在其间的女子或风情万千，或率真坦然。她们贤淑坚忍、蕙质兰心如张幼仪；系出名门、才貌双全如林徽因；风华绝代、妩媚多情如阮玲玉，无不精致优雅，才情出众。现代名媛既是高品位生活的追求者，也是引领都市时尚的精灵，她们与同样既经典又时尚的“民媛荟”这一主题高度契合。通过对宴会中民国时期名媛风范的欣赏与借鉴，催生新生代的名媛们成长为美丽健康、快乐自信、高贵知性、内外兼修的新女性。

设计亮点：

宴会设计通盘考虑宴请嘉宾对民国文化的喜爱，细枝末节均使用到民国经典元素，如怀旧留声机、优雅旗袍、婀娜女子……展现出“你是人间的四月天，笑声点亮了四面风”温润柔美的风格。

以深蓝、银灰、绛红勾勒出复古、浪漫民国韵味，犹如衣着朴雅、谈吐自如的新时代女子，知性优雅。深蓝色的台布，神秘中散发着浪漫气息，以女性旗袍作为椅套造型，与主题相互呼应，也彰显宾客身份及优雅气质。服务员的印染旗袍体现出江南女子的娟秀，与主题契合无痕。

宴会餐具均呼应主题。餐碟选用骨瓷材质，蓝色纹路，银色饰边，优雅大方；考虑到酒店内物品的综合利用，并未在餐具上印制任何徽章。口汤碗、味碟与餐碟配套，着力凸显浪漫内敛的民国风格。筷架选用天鹅造型，柔美自然，提升宴会档次；选用旗袍纽扣造型作为筷套，画龙点睛。宴会三套杯运用水晶高脚杯，线条流畅，宛如女性婀娜的身姿，在点题的基础上，又符合现代人的审美及使用需求。

席间复古的留声机凸显时代风情，飘逸的花朵衬托浪漫情怀，端坐的名媛在这悠扬的琴声中低眉浅笑，尽显女性柔美，整个场景简洁不失韵味，清爽不失涵养，复古而怀旧，优雅而浪漫。

菜单：

（1）菜单内容

“民媛荟”民国怀旧宴

金陵共和八味碟；金汤野米鲍鱼羹；锦绣腊香雪花虾；迷你民都佛跳墙；少帅美颜红烧肉；雪山玉米海螺松；小米杂粮狮子头；酒家回味泡腰花；慰亭蹄芋焖野鸭；健康野蔬小炒皇；民国美点双辉映（雨花石汤团、经国菜泡饭）；金陵时令水果拼。

（2）成本分析

“民媛荟”为主题宴会，宴席使用的物品和食品原料多选料严谨、制作精细、工艺精湛，成本明显高于普通宴会，因此主题宴会的销售毛利率为65%。

（其中冷菜占20%，热菜占58%，汤占10%，点心、水果占12%）

宴会人均成本=销售价格×（1-销售毛利率）=880元/人×（1-65%）=308元/人

（其中：冷菜：308×20%=61.6元/人；热菜：308×55%=169.4元/人；汤：308×10%=30.8元/人；点心、水果：308×12%=36.96元/人）

（3）营养分析

中国饮食传承数千年，饮食养生理念全球闻名。本桌宴会设计正是从满足人们崇尚自然、返古怀旧、追求养生的心理角度精心设计的。宴席菜点紧紧围绕民国主题，选用六朝古都金陵的天然食材，利用食材中的营养成分来促进人体健康。如宴席中安排了张学良最爱的“少帅美颜红烧肉”、袁世凯喜爱的“蹄芋焖野鸭”、蒋经国钟爱的“菜泡饭”等，让人们在享受美食的同时，重新回味古人的精彩人生。从整桌宴席的菜点搭配来看，多种禽畜水产、山珍野蔬均衡搭配、营养健康，充分展示着大自然给予人类的恩赐。

技能训练

一、任务名称

运用头脑风暴法对知识拓展“民媛荟”主题设计进行进一步完善。

二、任务目标

1. 通过技法在实践中的运用，培养学生分析问题、解决问题的能力。

2. 通过PPT展示、撰写总结研究报告，分析讨论方案，培养学生实践创新的能力。（针对酒店管理专业的学生，可以以摆台形式展现成果）

三、任务实施

1. 确定要讨论的问题，安排讨论地点。

2. 根据班级人数进行分组，每组以10~15人为宜。

3. 教师做好引导，激发学生讨论热情。

4. 整理讨论方案。

5. 小组评出最佳方案。

6. 对讨论结果进行分析，形成总结报告和汇报PPT。

7. 时间：1周。

四、成果考核

1. PPT汇报，20分钟。（酒店管理专业学生形成总结报告，并通过摆台形式展现成果）。

2. 组成评审小组，对每组汇报进行评比，然后计分，纳入课程成绩。

第六章 大学生自主创新的障碍超越

学习目标

通过本章学习，你应该能够达到：

［知识目标］1. 了解大学生自主创新的主要障碍及其表现；

2. 了解各种障碍因素对大学生自主创新产生哪些危害；

3. 了解大学生自主创新障碍成因分析。

［能力目标］大学生能够克服与超越自主创新的障碍。

［实训目标］在实践中加强对创新障碍的克服。

案例导入

小王、小陈两个大学生，在大学是同班同学，毕业后同期分配到一家公司做办公室工作，两年过后，公司老总提拔了大学生小王做办公室副主任，大学生小陈心理不平衡了，我们两个不是一块儿来的吗，我们工作都非常努力，怎么提拔了小王，不提拔我啊，找到老总说："老总你今天给我说清楚，你交给我的任何工作，我都踏踏实实地完成了，怎么提拔小王不提拔我，你给我解释一下，我心里有点不平衡。"老总非常有耐心地说："小陈你帮我干一件事吧，今天是中秋节，下午四点半呢，你到街上隔壁的自由市场上去，你看有什么东西卖没有，回来跟我说一声。"小陈说："那好，我去看一下。"小陈噔噔噔噔下楼去了，一会儿回来了，"老总，市场上有个农民推了个手推车，在卖苹果。"老总说："好，这一车苹果大概有多少斤呢？""那我没问，我去问一下。"噔噔噔噔下楼去了，一会儿回来了，"老总，一车苹果300多斤。"老总说："大概多少钱一斤呢？""噢，这个问题我没问，那我再去问一下。"噔噔噔噔下楼去了，一会儿回来了。"老总，八毛钱一斤。"老总说："要是我把300多斤都买了，他能优惠吗？""噢，这个问题我要再去问一下，老总你再等一会儿。"噔噔噔噔又下楼去了，一会儿又回来了。"老总，300斤呢，他六毛钱一斤就卖的。"老总看他跑了四趟，汗水出来了，端一杯热茶过去说："小陈，你坐下休息一会儿。"老总把提了副科长的小王叫过来说："小王，你到隔壁市场上去看一下有什么东西没有，回来跟我说一声。"小王噔噔噔噔去了，一会儿回来了。小王说："老总，有个农民推着一车苹果在卖。"老总问："大约有多少斤啊?""我顺便问了一句，300 斤多一点。"老总接着问："多少钱一斤呢?""老总，我也顺便问了一下，八毛钱一斤。"老总又问："那如果全部买下，他能不能便宜?""老总，我顺便问了问，六毛钱一斤他就卖。"老总说："叫他来，我们都买了。""已经叫到门口了，只等你一声令下就进来。"小陈看到这个全过程，沉默了。事后，他找到老总说："老总，我继续干，我会好好干的。"

建设创新型国家是我国长远的战略目标，作为未来的创新型国家的主要建设者，当代大学生的自主创新意识以及自主创新能力的强弱，直接关系到建设创新型国家战略的成败，关系到民族的振兴和国家的盛衰。而反观我国的当代大学生的自主创新意识与自主创新能力的现状，与这一时代要求有很大差距。我国大学生数量连续大幅度增加。已经使大学生由精英化教育阶段进入大众化教育阶段。但是，大众化教育并不等于低水平教育。而事实上，我国一些高校扩招后存在水平下滑现象，表现在：一方面大学生人数不断飙升，另一方面我国社会对高水平创新型人才的需求得不到满足；一方面大学生就业困难，另一方面大量需要创新型人才的职位却虚位以待。这说明目前我国高校培养出来的大学生不能很好地适应我国经济社会对创新型人才的需求。造成这一状况的缘由，无疑是多方面的。从不利于大学生自主创新的主观障碍因素这个角度进行剖析，进而反观教育，有针对性地克服这些障碍，提高大学生自主创新能力，无疑具有现实意义。

创新是一个民族进步的灵魂，是国家兴旺发达的不竭动力。平庸性目标取向障碍、应试性学习障碍、虚假性学风障碍和浮躁性意志障碍是目前大学生自主创新所遭遇到的主要障碍。从根本上有针对性地克服目前大学生自主创新所遭遇到的主要障碍将成为我国高等教育继续深化改革的主要方向之一。

一、大学生自主创新的主要障碍及其表现

（一）平庸性目标取向障碍

目标是人们以自身活动为目的的预定设想和安排，通常指人们在社会活动过程中做出努力力求达到的预期，是人们在各种活动中所追求的客观标准在主观上的超前反映。目标作为主观映象是人们对外界（或环境）能满足主观需要的诱因或刺激的反映，一旦形成便成为一种动因并引起人们的行动。目标有高尚平庸之别，在《现代汉语词典》中，"高尚"意为"道德水平高"或"有意义的，不是低级趣味的"；"平庸"则指"寻常而不突出，没有作为"，寻常而不高明。从整体上看，大学生的目标系统是一个由多种目标群集而成的复杂体系，我们把其中的自私性目标、片面性目标、功利性目标、模

糊性目标归为平庸性目标。国内外的学习实践证明，目标在大学生学习中有重要作用，它能引导、启动、激励、凝聚、调控、制约大学生的学习生活。明确而又合适的目标是学习的强大动力，有高尚目标的学生，能自觉地、积极主动地、努力地学习，并不断地朝着自己的目标奋进。相反，目标平庸者，其学习则不能达到应有的水准，甚至使他们的发展道路受到阻碍。

1. 自私性目标取向

自私性目标取向的主要表现，是极少数大学生缺乏社会责任感和事业心，不讲理想，认为“理想，理想，有利就想；前途，前途，有钱就图”；“政治是虚的，理想是远的，权力是硬的，票子是实的。（要）去掉虚的，扔掉远的，抓住硬的，捞到实的”；甚至认为当今社会是一个“告别革命、告别理想、告别崇高”的时代。这些大学生在思想上奉行自私自利，在行为上表现为重利轻义，重个人轻集体，重索取轻奉献，重现实轻理想倾向。有的为了保全个人利益，眼看别人的利益受到侵犯而无动于衷；或为了达到自己的目的，置国家、社会、他人利益于度外，甚至不惜一切手段，损人利己。

2. 片面性目标取向

片面性目标取向的主要表现，是一些学生把努力目标主要定位在业务、物质生活上，将掌握专业知识、追求物质享受作为唯一目标，学习内容单一，忽视全面发展，“有的重视专业知识的学习，忽视道德品质的培养；有的重视科技知识的学习，忽视人文知识的学习；有的重视英语学习，忽视专业学习等”。掌握专业知识既不是学习的唯一目标，更不是学习的最终目的。在高校，学习、生活的内容是丰富多彩的，途径是多样化的，各种学习、生活是实现自我价值的途径，是不断丰富人的情感、陶冶品性、提高能力、促进全面发展的过程。学习、生活的内容与方式单一，不可能实现全面发展的目标。

3. 自发性目标取向

自发性目标取向，包括实用、功利目标取向。有些大学生在学习内容、为人处世的选择上有明显的实用性特点，其表现是以是否对自身现实“有用”为尺度，只做那些对眼前利益“有用”的事，只学那些对现实“有用”的内容，把主要精力只放在自认为将来在工作中用得着的课程上，而对基础理论课程和思想政治理论课程则在时间与精力上投入不足。有的大学生虽然愿意承担一些公益事务，但其目的不是为了锻炼自己，培养为他人服务的精神与能力，而是为评优、入党、找工作增添砝码，甚至斤斤计较得失。对大学生的自发性目标取向状况，有学者在数千名大学生中做过调查，其结果表明，虽然没有思考过自身学习目标的人不多，只占 6.27%，但不少学生的目标定位低，有的学生将“为脱离农村”“为含辛茹苦的父母”“为享受高档次的生活”“为争取奖学金，受人称赞”等作为学习目标；有超过一半以上的学生将目标定位在“为就业打基础”“为考试过关获得文凭”“考研究生”。不少学生的目标定位是从眼前、具体利益出发的，缺乏长远、全局的考量，具有明显自发性。因此，他们时常变更自己的学习和生活目标，使目标本身失去了高度理性的牵引和特有的稳定性而流于形式。

4. 模糊性目标取向

大学新生中一些人有目标模糊现象，具体表现为学习没有计划和系统性。有调查显示，有终身学习计划的学生仅占24.91%，连短期学习计划都没有的占18.2%；71.07%的大学生使用电脑主要在娱乐方面（游戏、电影、聊天、音乐等），只有23.82%的学生用于学习（英语、写论文等）上。有些新生自认为考上大学是“船到码头车到站”，成为“休闲”一族，有的睡懒觉、逃课上网；有的课堂不认真听讲、课后不看书、作业抄袭；有的考试前临时抱佛脚，考试中伺机作弊。有调查表明，在学习上没有目标的人数占被调查者的32.4%，这些学生认为什么事情都是无关紧要的，“把学习当作任务去完成”“无上进心，只满足于考试及格”“满足现状，不求高深”，以至于蹉跎宝贵的青春岁月而徒叹奈何。也有调查表明，46.63%的大学生“虽然有明确的人生目标，大学四年也有详细的计划，但未能很好地落实”，36.45%的大学生“人生目标和大学四年的计划曾经想过，但不是很明确，未能很好地落实过”，这说明目标对于这些学生来说，具有模糊性与不稳定性而容易流于形式。还有现象表明，有的学生虽然认为目标重要，也试图形成目标，但他们把目标只定位在具体事情上，踌躇满志，样样都想成为强者，学英语、玩电脑、参加各种社团、应聘学生干部等忙得不亦乐乎。当在某项活动中不顺或不如自己意愿时，往往放弃努力而转向另外的追求，这就是“无志之人常立志”现象，也是目标模糊的表现。

（二）应试性学习障碍

应试即应对、应付考试，或称应考。应试教育是指在教学过程中，以考试为主要杠杆，以考分为衡量标准，以把少数学生从多数学生中选拔出来为唯一任务，把学生的考试成绩及学校的升学率作为衡量和评价学校工作和学校教育质量的根本标准的教育观。应试性学习是指学生将考试成绩视为学习的目的，死记硬背，不求甚解，一切以考试为转移的学习方式。由于种种原因，存在于我国各高校，特别是非重点的一般本专科院校大学生的应试性学习现象，已呈不容忽视的普遍蔓延之势，它引发了报刊、网络等媒体及各方人士的关注。应试性学习已成为大学生自主创新的一大障碍。

1. 应试性学习的目的是为了应对考试并取得自己所期待的分数

对于学校开设的各门课程，有些学生往往以课程考试方式、评价方式，来决定对其重视程度和分配时间与精力的多寡。多数大学生，无论其学什么专业，他们在学习英语和计算机两门课程上付出的时间和精力远远高出其他课程的学习，这表明学生对工具性、应用性知识的重视。相比之下，一些学生对基础性理论知识课程往往不够重视。

2. 视学习为钻研课本、接受知识和消化教材

一些学生看课本做习题，要求老师明确复习重点，向老师套考题、猜考题，对与课本知识相关的实际问题和相关知识缺乏兴趣。其学习方式是死记硬背，应对方式是"听讲—练习—复制"，养成了以教师为中心、被动接受、追寻考题标准答案的思维模式。

3. 把拥有"一张文凭、多种证书"作为重要目标

"一切为了考试"已从校内的各种课程考试延伸到社会。据了解，目前，70%以上的大学生在学习本专业专业知识的同时，忙于各种社会应试，诸如各种英语级别、计算机等级、会计资格、教师资格等考证，既付出了金钱、时间、精力，也影响了专业理论的学习与专业技能的培训。

4. 既分数唯上，又分数为限

所谓分数唯上，就是把追求高分作为学习的唯一目标，把高分作为获取奖学金、推荐免试研究生出国深造的根本条件。因此，在有些学生中有"考分考分，学生的命根"的说法，有的学生甚至为了考高分，不惜作弊和造假。所谓分数为限，其实质也是分数唯上的另一种表达，只不过持分数为限想法的人不想以高分获取荣誉与资源，而只求考试过关，于是有些学生则有"59分倒霉，60分万岁，61分浪费"的说法，只是不愿付出更多努力，把考分过关作为学习目标。

（三）虚假性学分障碍

从目前看，大学生学风总体是好的，大部分学生有强烈的历史责任感，立志为建设中国特色社会主义，为实现中华民族的伟大复兴做出应有的贡献。同时，在少数学生中也不同程度地存在着虚假性学分现象。

1. 学习不实在，求职不刻苦

少数学生学习不实在的主要表现，是在学习上应当投入的时间、精力不到位，上课迟到、早退、不注意听讲，甚至"逃课"，把时间与精力用在上网、睡觉与其他事情上。其中，逃课在一些高校成为屡禁不止的现象，"选修课必逃，必修课选逃"是一些学生的"行为准则"，逃课情况随年级递增，不仅学习成绩差的学生逃课，一些成绩好的学生也逃课。有的学生兴趣广泛且容易转移，专业学习不刻苦、不深入；有的学生受时尚价值观影响，不能正确认识和对待所学专业，这山望着那山高，学习不踏实；有的学生片面理解"锻炼能力"，花很多时间与精力热衷于各种社会活动，影响正常学习。

2. 作业抄袭、考试作弊，诚信意识淡薄

大学校园里，作业抄袭、考试作弊等违纪现象屡见不鲜。部分学生或借助网络信息，复制加粘贴应付了事。或数人共做一课题，由一人动手，其他人只略加改动甚至照抄上交。此外，考试舞弊，“钱”“学”交易的“枪手现象”时有发生。尽管各高校三令五申，采取各种措施严肃考风考纪，加强考试管理，但考试作弊之风屡禁不止。

（四）浮躁性意志障碍

我国当代大学生大部分具有勤奋刻苦、孜孜以求、奋发向上的良好意志品质，体现出自觉性、果断性、坚韧性、自治性等特征。但与此共存的也有一些大学生不同程度地表现出浮躁现象。

1. 盲目从众，难以自主

随着社会环境日益复杂并且影响逐步加大，有些学生易受环境的暗示与误导，追逐风潮，随波逐流。在学习上，表现为学习的兴奋点常随外界的影响而变化，如时而觉得学好外语最重要，时而又觉得学习计算机更实用。有的学生追求社会时尚、衣着打扮、兴趣爱好甚至恋爱对象的选择等，往往与新潮攀比，盲目跟从。在职业选择上，以眼前社会流行的职业时尚和价值取向为标准，以外在的社会地位、经济收入等作为职业选择的依据，不顾自己的主客观条件而盲目追求。

2. 摇摆不定，浅尝辄止

摇摆性与意志的坚忍性特征相反，是指做事犹豫不决，浅尝辄止。表现为遇到困难放弃对预定目标的追求；偶遇挫折便望而却步。这种缺乏意志的行为，在有些大学生中的表现就是遇事想走捷径，做事虎头蛇尾；缺乏学习毅力，不能持之以恒；学习目标不明，不愿深入钻研。

二、障碍因素对大学生自主创新的危害

（一）平庸性目标取向障碍的危害

平庸性目标取向对自主创新的危害主要有：

1. 自私性目标取向将导致自主创新背离为人类造福的价值原则

在人类迄今为止的科技发展史上，可以看出，大多数自主创新成果都是瞄准当时社会的生产或生活需要应运而生的，但也不乏出于战争、掠夺、压迫、荒淫等自私目的而创新的科技成果。比如，欧洲人将传入的原本中国用于祭祀、喜庆的火药，经过创新发展为近现代用于扩张和争夺殖民地的屠杀工具；战争贩子将原本为人类造福的核能，经

过创新发展为用于征服其他国家与民族的核武器；毒品制造者为了赢利，运用化学知识制造冰毒，等等。这些创新的目标异化现象正是人类自身用错误的自私目标取代了正确的为人类造福目标所导致的。在这里，自主创新活动坚持了科学原则，却背离了价值原则，割裂了科学与价值相统一的自主创新所应遵循的基本原则，从而将自主创新活动引向了歧路。

2. 片面性目标取向将使自主创新缺乏主观条件保证而难以实现

高校一些学生的片面性目标取向，实际上是重视智育忽视德育的价值取向。有这样取向的学生，能够把自己的主要时间和精力用在学业上，并力求有所作为，这是值得肯定的。但是，应当看到，学习是一项艰苦的活动，创新更是一项艰难的过程，它既需要丰富的知识、实际能力，更需要强大的精神动力、顽强的意志。因为学习的道路，特别是创新的道路，是一条荆棘丛生、艰难困苦的道路，遇到困难、挫折、失败在所难免，专业知识、能力往往不能直接解决这些非业务性的难题，需要有强大的动力、顽强的意志来应对学习、创新过程中的风险与挑战。而强大的动力、顽强的意志只能通过正确的学习、创新的价值目标才能提供。因而学习、创新需要德育孕育良好的主观条件，才能保证学习、创新活动的顺利进行。只顾业务，忽略精神；只顾眼前，不及长远；只顾个人，脱离社会，必然直接影响到自主创新的选题、价值、过程与效益，也必然会导致因主观条件缺乏使学习、创新活动陷于困境。

3. 自发目标取向将使自主创新活动在黑暗中长期徘徊，缺乏自觉目标的指引

自发目标一般指现实的、具体的、眼前的目标；自觉目标是指超越现实的、可以实现的长远目标。自主创新活动所追求的目标，不是已经存在的现实的、具体的、眼前的事物，而是需要努力创造的新事物。要实现创造新事物的目标，绝不能就事论事，除了要掌握创造新事物的规律之外，还要确立明确、坚定的价值目标，具有克服创新过程中各种困难的顽强意志，为创新活动提供导向与动力保证。因此，创新活动是人的一种高度自觉活动，是一种在理性主导下、感性极其丰富的认识与实践活动。自发目标取向是一种满足现状的目标，它不可能激发创新动机与动力，也难以确立超越现在的创新目标。在科学创新日益走向综合化、复杂化协作性的今天，那种在科学发展幼年的个体创新方式无疑是远远过时了。现代的科学创新课题的选择，是经过专家们反复论证，并得到权威科研部门认可后方可实施的。当代大学生应该顺应这一自主创新范式的时代转换，自觉超越自发目标取向，确立自觉创新价值取向，争做自主创新的排头兵。

4. 模糊目标取向将会导致自主创新活动事倍功半，甚至无功而返

模糊目标从本质上讲就是认不清目标所在的准确方位，这在一些大学生自主创新活动开展初期，可能会出现。自主创新取向的萌发最初也往往只是一个朦胧的视域，而不是一个视点。但准确的创新视点要在不断探索的过程中逐步锁定。如果创新视点不锁定，或者说目标不明确、不坚定、不具体，就难以将自己的时间、精力定向投放，要么毫无目标地瞎碰撞，浪费时间和精力，要么遇到困难就更换目标，无功而返，同样浪费时间和精力。所以，自主创新的前提是自主选定创新目标，也就是根据社会的需要与自己的实际，量力而行地选定研究方向和研究问题，设定预期成果，然后顽强坚持研究，才有可能实现目标。当代大学生肩负着时代发展的重任，确立远大目标不能含糊，自主创新也不能停留在模糊的目标取向上；否则，自主创新活动就失去了应有的精神动力和准确定位，最终会导致自主创新活动流产。

（二）应试性学习障碍的危害

应试性学习阻碍着大学生的创新意识、创新能力、创新精神与创新思维的培养和提高。

1. 应试性学习不利于创新意识的形成

创新意识是一个人根据社会和个体发展的新需要，引起创造某种前所未有的事物或观念的动机，并在创造活动中表现出的意向、愿望和设想。它是人们进行创造新活动的出发点和内在动因。创新意识的形成，是创新动机、创新兴趣、创新情感和创新意志的统一。而应试性学习是为考试、分数而学，激发的是对考试与分数的追求的热情；应试性学习把现有知识作为考试的手段，不可能对现有知识提出质疑，也难以关注与知识相关的实际问题。在科学研究上有一个命题：“提出一个问题往往比解决一个问题更重要。”在学习中问题意识淡薄，缺乏探究意识，不可能萌发创新动机、创新兴趣、创新情感和创新意志。

2. 应试性学习不利于自主创新能力的锻炼

创新能力是人们革旧布新和创造新事物的能力，包括发现与分析问题、提出与论证假设、解决问题以及在解决问题过程中能够进一步发现新问题从而不断推动事物发展变化的本领。创新能力形成的条件包括：丰富广博的基础知识和扎实的专业知识、合理的知识结构；敏锐的思维能力；全面的智力发展；良好的人格品质；强烈的研究动机。而应试性学习是机械性学习，学习者片面追求的是与考试有关的书本知识，存在专业知识和专业技能薄弱、知识面狭窄、思维不活跃等缺陷。贝弗里奇认为：“有重要的独创性贡献的科学家，常常是兴趣广泛或者研究过他们专修学科之外科目的人。”知识面狭窄，创新能力是难以形成的。因为，掌握广博的基础知识和扎实的专业知识与发展、培养创新能力是相互联系、相互依存的，掌握的基础知识和专业知识越丰富，就越有利于其创新能力的培养与发展。离开掌握知识的基础去空谈创新能力的发展，无疑就成了无源之水、无本之木。同时，应试性学习总是片面追求书本知识，忽视向实践学习、向他人学习，以学习竞争压力大为由，远离体力劳动和社会实践，缺乏将所学知识运用到实践中去观察、解决实际问题的机会。实践是人丰富思维的源泉，是人锻炼能力的场所，应试学习者学得越多，思维能力将越贫乏，实践能力不强，最终可能成为像过去应对科举考试的文儒书生一样不敢思考，无能创新。

知识拓展

自主创新能力的构成要素

自主创新能力是贯穿于整个创新过程多种能力复合作用的结果，它既包括创新主体对资源的掌握和运用能力，也包括使创新主体资源能力得以实现的载体和对外部环境所做的贡献；既包括科技成果的创造能力即产出能力，也包括新产品及市场品牌的培育能力。将自主创新能力的主要构成划分成4大类别或称4个子系统，分别是：①创新资源的投入能力。②创新载体的建设能力。③创新环境的保障能力。④创新成果的产出能力。这四个主要构成要素的核心是创新成果的产出能力子系统。它是自主创新能力系统的直接产出部分，是看得见、摸得着的。其他三个起到条件、基础和保障作用。

3. 应试性学习不利于创新思维的培养

我国基础教育阶段不同程度地存在着“片面追求升学率”的应试教育，致使一些大学生独立思维的习惯与创新思维能力“先天不足”，进入高等学校后，考研究生也成为一些高校的指挥棒，传统的应试教育还没有彻底改变，教学、考试、评价方式仍然主要以分数为准，一些学生继续中学的学习习惯与方式，注重知识背记，缺乏独立思考；按照标准化、模式化答案，应对考试，回答问题，习惯于模仿与求同。而创新需要做到想前人之未想，思他人所未思，其本质则是求异，即标新立异。正是在这个意义上，熊彼特把创新理解为创造性破坏，爱因斯坦说自己创建相对论主要来自“批判性思维”，波普尔认为：“如果对科学史上所有观点都不加怀疑，那科学将成为垃圾场。”在当今信息爆炸、知识更新极快的时代，“被放在首要位置的永远是独立思考和判断的总体能力的培养，而不是获取特定的知识。如果一个人掌握了学科的基本原理，并学会了如何独立思考和工作，他将肯定会找到属于他的道路。除此之外，与那些接受的训练主要只包括获取细节知识的人相比，他更加能够使自己适应社会的进步和变化。”

4. 应试性学习不利于创新精神的塑造

创新精神，就是邓小平所讲的“敢说前人没有说过的话，敢走前人没有走过的路，敢创前人没有开创的新事业”的大无畏的胆略和气魄，也是贝弗里奇所概括的创造者应有的开拓品格，包括事业心和进取心，随时准备以自己的才智迎战并克服困难的精神状态和冒险精神，对现有知识和流行的观念不满足，以及急于试验自己判断力的迫切心情。因此，创新精神是一种勇于抛弃旧思想旧事物、创立新思想新事物的精神。如果说如前所述的创新能力是技术与操作的支持系统的话，创新精神则属于文化资源和精神价值支持系统。在未来世界发展越来越快、竞争日益激烈的情况下，“一个具有创造精神的人，一定是敢想、敢干，有勇气独辟蹊径，有能力开拓新的领域，敢于创新，想前人所未想、做前人所未做之事”。而应试性学习注重的是学习知识、获得分数，遵循的是书本和老师的教授。在应试性学习长期潜移默化的影响下，学生会逐渐养成一种不爱问、不想问“为什么”、也不知道要问“为什么”的学习习惯，致使学生只重视对知识条条框框的识记，甚至成为分数的奴隶，缺乏创新的欲望、动力和勇气，创新精神受到传统习惯的抑制。

（三）虚假性学风障碍的危害

虚假性学风对自主创新精神的戕害主要有：

1. 弄虚作假、投机取巧的心态与尊重事实、追求真理的自主创新精神相背离

从本体论意义上说，科学的研究对象是不以人的主观意志为转移的客观实在，科学研究活动要求人们在探究客观规律的过程中必须尊重事实，遵循“实事求是”原则。科学研究是自主创新的主要方式，既要求真，即探索事物的本质与规律；又要向善，即符合为人类社会造福的价值取向。学习上投机，考试中舞弊，求职时作假，既不符合客观事实，违背了求真；也不符合诚信原则，违反了向善。有这种虚假学风、品质的人，想到的是如何通过不正当、不合理的手段获取自己的利益，而不是去通过自己的努力创造财富。因而，虚假性学风是自主创新的大敌。它不仅阻碍学生获得真才实学，而且为学生走向社会留下更大的隐患。

2. 因循守旧、迷信盲从的思维定式与提倡批判、怀疑的自主创新要求相背离

进行自主创新，其应有之意就是不能因循守旧、满足现状、迷信盲从，既要尊重事实，又要对客观现象具有探索的好奇心；既要学习已有的知识，又不囿于现有知识框架而敢于质疑；能够充分发挥人的思维能力和创造力，积极大胆地提出新概念、新假说、新思想，勇于突破，志在创新，这既是自主创新的基本要求，也是高校的应有学风。只有这种学风，才能保证高校始终处于知识创新前沿，才能培养创新人才。否则，高校就会落后，就会误人子弟。但是，我们应当看到，高校有些教师与学生，唯书而不唯实，迷信权威不同程度地存在，把书本知识视为“金科玉律”而不敢提出疑问，对学术权威盲目崇拜而不敢与之争鸣，批判、怀疑精神缺乏，探索求新之风淡薄，直接影响创新精神与创新能力的培养。笛卡儿说：“要想追求真理，我们必须在一生中尽可能地把所有事物都来怀疑一次。”因循守旧、迷信盲从，实际上是对新事物、新知识的忽视和无视，也是对自己的忽视和无视。这样的人想问题办事情习惯于趋向于别人的模式，习惯于遵循传统的规则，习惯于运用已有的知识，而不能自主地根据客观实际的发展，丰富、发展已有的规则和知识。因而因循守旧、迷信盲从，导致人们混淆是非，抑制个人判断力，湮灭个性特点，对自主创新有害。实践证明，但凡盲目从上、从众、从师、从书者，他们的一生只能是庸庸碌碌而无任何建树。因此，可以说，自主创新离不开个体的独立思考。科学发展史表明，合理的怀疑是科学创造活动的真正出发点。没有对“物种不变论”的怀疑和否定，就不可能有达尔文进化论的建立；没有对牛顿经典物理学的绝对时空观的怀疑和超越，就不可能有爱因斯坦狭义相对论的出现。科学发展史就是通过怀疑、探索而不断提出并解答问题的历史。

（四）浮躁性意志障碍的危害

大学生浮躁型意志对其自主创新的危害，主要是使自主创新活动或难以持久，中途夭折；或难以自主、限于旁骛。

1. 摇摆不定，浅尝辄止阻抗自主创新活动

有人对大学生的学习曾做了这样的描述：大学生差别最小的是智力，差别最大的是毅力。毅力即顽强的意志力，耐性耐力，也就是意志的坚忍性。自主创新的道路往往坎坷不平，布满荆棘，同时还会有许多艰难险阻，因此，需要顽强的毅力加以克服。在科学上是没有平坦的大路可走的，只有那在崎岖小路的攀登上不畏劳苦的人，有希望到达光辉的顶点。有些学生虽然懂得“业精于勤而荒于嬉”的道理，但在行动上怕吃苦，缺乏躬行践履、锲而不舍的探求。时而勤奋刻苦，时而懒惰散漫；时而注重钻研，时而浅尝辄止。在学习研究上这种摇摆不定、犹豫不决的现象，正是意志缺乏的表现。大学生不论是知识学习还是研究创新，不以一种孜孜不倦、锲而不舍的精神和顽强拼搏、不达目的决不罢休的毅力去对待，是难以成才和有所成就的。美国发明家托马斯·爱迪生，被称为镭的“母亲”的居里夫人等科学家的事迹都证明了这一点。爱迪生发明电灯历时10年先后用了6000多种不同的物质做灯丝试验；于1977年荣获诺贝尔化学奖的美国科学家吉耶曼和沙利，为研究下丘脑激素，历时21年的磨难，在解剖了27万只羊脑后，终于取得成功。他们在回答旁人问及成功的秘诀时说：“靠的是坚忍的意志。”所以，贝弗里奇指出：“几乎所有有成就的科学家都具有一种百折不回的精神，因为大凡有价值的成就，在面临反复挫折的时候，都需要毅力和勇气。”巴斯德说：“告诉你使我达到目标的奥秘吧。我唯一的力量就是我的坚持精神。”这一切表明，顽强的毅力是他们成为自主创新巨人的一个必备的重要条件。相反，摇摆不定、浅尝辄止无疑是自主创新活动的阻碍。

2. 意气用事、难以自主创新

意气用事，实际上是感情用事，理智控制不住自己的行为，难以自主。自主创新需要创新主体具有高度的自制力，综合把握创新活动的各种要素，按照创新目标定位，严格要求自己一丝不苟、坚决果断地突进，并尽量克服来自内部和外部、主观和客观方面的种种困难和障碍，勇敢地面对挫折，顽强经受各种艰难困苦的折磨，正确地对待失败并能冷静地分析导致失败、挫折的原因，坚持下去，才能成功。这种自主创新所需要的顽强意志就是一种独立的理性精神，它要求人们想问题、办事情，不能“跟着感觉走”，反对轻信和盲从，而要以科学理性指导言行，防止感情用事和意气用事，切实确立追求真理的价值观，崇尚科学的价值观，提倡实事求是的价值观，倡导法制精神的价值观。在自主创新过程中，如不能对自己的情绪状态进行调节，不能约束自己的行动，当遇到与既定目标不符合，具有诱惑力事物的干扰、引诱时，不能控制自己的感情，做不到心无旁骛，而是放任自己，缺乏自控，就会冲击自主创新活动的进程。人的时间与精力、天赋与能力都是有限的，要开展自主创新就必须要对有限的自我资源进行严格管理。一个人只有合理配置自我资源，将自己所有的智慧、精力、时间集中在其所确定的某个目标上，才能发挥自我资源的最大效益。而集中就需要自制力，集中意味着需要当事人克制或激发自己某些方面的欲望与天性，需要有计划地履行甚至重塑自己，意味着必须根据自主创新的需要，有所为有所不为。人不可能同时完成好若干工作，在一段时间内，最佳的工作方法是集中时间、精力，完成一个目标。花匠们剪去大部分花蕾而使养分集中到少数花蕾上，培育出罕见的奇葩就是这个道理。自制力弱的人不能控制和协调自己的欲望或情绪，以保持充沛精力去克服困难，有的甚至不敢面对困难、挫折和失败，而采取逃避的态度，同样有碍于自主创新的成功。

三、大学生自主创新障碍成因分析

社会存在决定社会意识。人的主观因素无论看上去有多大差异甚至离奇，都不过是“观念的东西不外是移入人的头脑并在人的头脑中改造过的物质的东西而已。”意识在任何时候都只能是被意识到了的存在，而人们的存在就是他们的现实生活过程。当代大学生自主创新障碍，产生的原因是多方面的，既有社会客观原因，也与大学生自身特点有关；既有传统教育影响，更与高校教育体制有关。在这些复杂的影响因素中，社会的现实影响是主要的。

（一）多元文化影响

我国实行对外开放之后，特别是我国加入世贸组织融入经济全球化大潮之后，在引进国外先进技术与管理经验的同时，国外的文化及各种思潮伴随着西方价值观也随之涌入，形成了我国社会主义文化主导、多元文化并存的格局。在这样一个多元文化格局中，求知欲旺盛的大学生，通过学习、比较、选择，放眼世界，开阔视野，增长见识，有利于他们面向世界竞争者成长，有利于他们在学习国外先进技术和借鉴国外有益成果中发展，有利于他们在复杂、多样的文化格局中通过比较、鉴别加快成熟。因而我们可以看到，当代大学生所体现的开放、活跃以及知多识广等时代特征，正是自主创新所需要的主观条件，也是现代人才所必备的素质。

但是我们也要看到，由于大学生正处在成长、成熟的过程中，他们还缺乏对历史的了解和社会生活经验，判断事物的价值标准尚在形成之中。当他们面对多元文化格局，面临各种价值观冲击的时候，难免有些学生对西方文化发生兴趣并受其价值观影响。西方发达国家的价值观，在个人与社会价值观取向上，更崇尚个人主义价值观；在科技与人文价值观取向上更倾向于科学主义价值观。西方的个人主义价值观，并不是直接、显性传播的，而是渗透于一些影视、文艺作品以及生活方式之中进行潜移默化的影响，通过某些未来学、心理学、伦理学、社会学等学术著作进行扩散。有些大学生一时难以辨别这些带有艺术性、学术性文化中的价值取向而受到影响，在学习上和生活中表现出自私、片面价值追求，这是其重要缘由。

应当肯定，西方国家在个人主义价值观、科技主义价值观驱动下，是可以进行一些科学创新的，如发明科学理论，创造新式武器，研究控制社会技术等。这些成果，或用于增加社会价值，或用于对外侵略战争，或用于保护资本家的既得利益。因而，这种创新是在资本主义价值观指导或影响下进行的，发达资本主义国家通过这些成果对内对外获得了巨大资源，其原始资本积累、对外殖民掠夺、现代货币战争都充分证明了发达资本主义国家创新的价值取向。当然，我们应当承认，在资本主义国家有许多为了和平、为民谋利、为人类造福的自然科学家、社会科学家、技术专家，在科学技术创新上为社会做出了贡献。我们要学习这些为人类造福、为社会做贡献的科学家、技术专家的科学精神与奉献精神，反对把科技成果作为对外侵略、为少数人牟利的工具。我国是社会主义国家，坚持的就是社会主义核心价值体系，代表最广大人民的根本利益。这一价值取向与根本原则，决定了自主创新的方向，也向创新主体提出了应当遵循的准则。因此，大学生中存在的自私、片面的价值取向，既不符合我国社会发展的要求，也不能为自主创新提供良好的主观条件，只会在学习、创新过程中，与社会和他人发生矛盾甚至冲突，使学习与创新难以进行下去。

（二）市场竞争影响

我国在探索社会主义市场经济体制改革过程中，特别是市场经济体制建立以后，赋予竞争主体独立性、自主性，并随着竞争的广泛展开，不断增强竞争主体的积极性与创造性，使我国社会充满发展活力，极大地推进了社会经济和科学技术的快速发展。大学生在社会竞争中，主体性迅速增强，表现最活跃并努力在学习上争优，乐于在各种比赛中一显身手。应当肯定，社会竞争，激发了大学生奋进精神，促进了大学生健康成长。

但是，也应当看到，市场经济体制赋予社会主体与个体的自主性和效益性，充分肯定了其获取自身利益的合理性，而有些社会主体与个体在谋求利益的过程中，往往只考虑个体与小团体利益而忽视全局利益；只注重眼前利益而忽视长远利益；只追求物质利益而忽视精神价值。同时，市场经济条件下的竞争性与激励性，形成了社会主体与个体之间的直接比较，这种直接比较方式，也往往使一些人重视可直接进行比较的物质条件、业务指标，而忽视隐藏其后的思想道德、价值目标。这就是在社会中普遍存在的功利倾向，诸如在官场中存在的重政绩工程、形象工程，轻基础工程、灵魂工程；在市场中存在的重金钱、轻道德，重眼前、轻长远；在高校中存在重智育、轻德育，重应用、轻理论等功利倾向，对大学生产生了直接、广泛的影响。再加上应试教育、片面追求升学率的竞争，更使一些学生只顾眼前、注重实用、讲究功利，应付思想政治理论课学习，忽视远大理想和崇高人格追求。有的急于求成，甚至不惜弄虚作假。这种自发性、平庸性目标取向，不仅因缺乏内在精神动力而导致竞争力缺乏，而且将影响今后的长远发展。

（三）信息社会的影响

当今社会是一个信息化社会，大众传媒多样发达，计算机网络覆盖广，信息变化极其频繁，新的知识呈几何级数增加。这样一种信息环境，一方面为大学生提供了丰富的思想资源、智力支持与便捷条件，激发了学生求知与创新欲望，推动了自主创新活动的深入、快速、广泛开展。但另一方面，大众传媒的影响强化，网络领域的海量信息，特别是碎片化、低俗化、诱惑性信息的混杂，既容易使一些学生热衷于信息追踪而疏离理论经典，沉醉于网络而无心学业，专注于传媒而拒斥教育；也容易使一些学生面对复杂多样的知识与信息，难以辨别与取舍；还容易使一些学生在知识更新、信息流变过程中难以把握发展趋势而陷于感性化、表面化。同时，科学技术的迅速发展和海量信息的存在，特别是科技地位与作用凸显造成了对人文的挤压，造成大学生对科技知识的盲目追求和狂热崇拜，往往又容易造成对人文价值的忽视。联合国发展计划署教育顾问德怀特·艾伦曾经指出："20 世纪，高等教育自发地把如何使学生变得'聪明'当作了主要目的。当今，知识量已经翻了好几倍。高等教育忙于应付令人头晕目眩的新知识，无暇顾及价值观和道德教育。"教育有两个目的：一个是使学生变得聪明；一个要使学生做有道德的人。如果我们使学生变得聪明而未使他们具有道德。那么，我们就为社会创造了危害。由于科学技术具有工具性、功效性特点，信息具有流变性、碎片性特点，长期专注于科技知识与信息变化，而缺乏对科技的人文思考和对信息的加工整合，就容易形成科技性思维与感性思维习惯，观察问题和分析问题往往仅仅从技术的角度、感性层面理解，而忽视从人文价值、哲学思维的角度来探索取向与实质，致使思维陷于微观、具体或表面，而后者是宏观、抽象的。少数大学生甚至形成了对信息技术的过度依赖，产生信息崇拜，具有“信息癖”“信息强迫症”倾向，即不管是遇到学习问题还是生活问题，诸如做作业、写文章、搞竞赛等，自己不思考，习惯于到网络里找现成的答案、资料。这种依赖性、复制性习惯，对自主创新的阻抗是显而易见的。

（四）风险社会的影响

我国社会多样、快速发展，使社会变得复杂又多变，人的岗位流动、劳动流动、地点流动、生活流动、住所流动已成常态；社会的不确定性、不稳定性、偶然性因素量大质异，流动易变、机遇与风险并存是当代社会的显著特点。在这样的社会条件下，有利于学生开阔眼界、丰富生活、增长阅历、应对风险、促进发展。但是，流动加上各种机遇与风险不期而至以及各种危机事件频发，容易使一些学生只考虑适应流变、应对风险，而忽视对多样、多变现象的深层思考，忽视确立长远目标，形成“当下即是”的即时性思维，追求现实的、眼前的满足。正如西方马克思主义者鲍曼所描述的“不制订长期计划或不做长远投资，不要同任何特定的地方、人群、事业有太紧密的联系，甚至不要过久地保持自己的某种形象，以免发现自己不仅不安定、四处漂泊而且根本没有精神支柱；今天指导人们做出选择的，不是控制未来的愿望，而是不愿将未来抵押出去的勉强心态。”这种即时性思维，是一种以个人立足点和归属，以感性、眼前利益为满足，忽视全局与长远，使人陷于不确定的思维。这种思维方式，只认定社会偶然性、不确定性因素的存在，不愿去探索偶然性、不确定性因素所隐含的必然性与规律性，因而也会对揭示社会与人发展的必然性、规律性理论产生排斥，使具有强烈理性特征的自主创新思想难以形成。

（五）高校教育的影响

我国高等教育在改革开放的过程中，由封闭走向开放，由精英教育走向大众教育，由适应计划经济体制走向市场经济体制，由单一职能走向多样职能，呈现出改革、发展的良好局面，为中国特色社会主义现代化建设培养了大批人才。但是，也应当看到，由于我国经济社会发展快速，世界科技日新月异，高校在内涵发展上与社会实践发展相比较显得滞后，表现为一些教育内容与方式更新不及时，培养的学生难以满足社会的知识、能力需要。同时，高校在适应我国大发展的过程中，过分注重外在规模与数量的扩大，对教育改革、教育质量关注不够，致使某些高校内部改革不力，在由精英教育向大众教育转化过程中，教育质量有所下降。特别是应试教育没有明显改变，以分录人、以分选人、以分评人的考评模式、政策，仍然在许多高校居于主导地位。在这样传统的教育模式下，大学生养成了知识型的学习与思维习惯，一切唯书、唯上、唯师、唯“标准答案”是从，产生应试性学习障碍，禁锢自主创新所需要的批判精神、怀疑精神，抑制学生自主创新的欲望与个性。因而，高校现行的教育教学状况，受传统教育影响还很深厚，进行教育教学改革，发展创新教育的任务还很艰巨。

（六）大学生特点影响

当代大学生的年龄一般在18~25岁，正处于迅速成长、发展的关键时期，他们既具有一般青年的敢想、敢说、敢干的特点，也存在经验不足、容易产生依赖性的特点；既富有理想、充满激情和追求创新的强烈愿望，也存在目标易于变动、意志力较薄弱而影响创新的不利因素。从大学生生理来看，一方面他们虽已成人，其生理已基本成熟，思维能力明显增强，有探索、创新的冲动，但他们在当代社会条件下，随着物质生活不断改善，一些学生表现为生理成熟前倾而心理成熟后倾的矛盾，呈现出一种所谓的“边缘人”的状态。这种心理发展滞后的现象，影响了大学生理性思维与创新思维的发展。大学生在开放环境、市场经济体制与民主政治条件下，独立性、自主性不断增强，但由于他们在经济、职业上未完全独立，他们难免存在依赖性。当代大学生的依赖性，表现更为多样，除了表现为对家长、老师的依赖，更多表现为环境因素的依赖，诸如对传媒、网络的依赖，信息、书本的依赖，对公众人物、社会思潮的依赖等，盲目从众、追随自以为是的“新知识”“新思潮”“新时尚”，其价值观念尚不稳定，时常处于波动、迷惘、抉择之中。这种缺乏独立性、自主性的行为，使创新缺乏形成的前提与基础，大学生经过系统理论的知识学习之后，思维已逐渐从经验性思维转向逻辑性思维，进入形成思维阶段，思维的灵活性和敏捷性都有很大提高，具有独立、辩证思维特点。但由于他们许多人受经历的局限，还难以把事物放在更为开阔的背景下和历史与现实的联系中进行分析、思考，往往容易以自己的想象、意愿对事物进行判断，因而思维带有自我中心特点。对事物抽象的看法和思考方法，也易于远离现实，流于空想。因而，青年人往往容易陷入用非社会、反社会、不成熟的推理方式进行思考。这种思想方法的片面性、主观性，也容易使学习、创新活动难以深化甚至产生偏向。

知识拓展

做专业课程教学创新的典范

——2016食雕课程教学成果展

进入21世纪，世界上唯一不变的东西就是变化，在“大众创业、万众创新”时代背景下，历史赋予了全国高等院校“三创”的伟大使命，教学创新也已成为全国高等院校教学创新的主旋律。烹饪与营养学院在夯实基础技能的基础之上，开创“成才杯”

“名厨访谈”等竞技比赛，打造立体式实践教学体系，激发学生“创新、创造、创艺”活力，为学生可持续发展奠定坚实基础。

在“两学一做”的主题教育下，烹饪与营养学院将“学与做”落到实处。从烹饪专业教学改革为突破口，针对《食品雕刻》课程创新性、技能性、操作性强等特点率先进行教学改革创新。

课程主要负责老师：史居航（2013年，在江苏国际餐饮第四届乡土风味烹饪大赛中获金奖；2014年获校级第七届大学生职业规划大赛优秀指导教师；2015年获南京市暑假社会实践优秀指导老师；2015年江苏国际餐饮第五届青年名厨热菜组金奖），具有一定实践教学经验，注重培养学生实践技能、表达能力及创新意识，在该课程教学中全面实施素质教育。

加强理实一体，以实践活动引领课程教学。烹饪专业的教学与企业的实际工作密切结合，在教学设计中合理利用实训场地，使厨房、课堂融为一体，将学生所需的知识点融入生产实践过程中，为学生提供“做中学，学中做”基地。本次创新课程教学，强调以第一课堂教学为基础，以第二课堂“江南小天厨”为实战环境，全面搭建立体化教学平台。具体体现在：设置明确的《食品雕刻》教学目标，包括每节课的量化目标，重点在有效地结合第二课堂，充分利用课余时间（每周两次）对学生进行兴趣引领、分层指导、强化训练、创新实践。同时，充分将教学与社团兴趣活动相结合，课堂上的授课老师与“江南小天厨”社团中的雕刻兴趣小组指导老师有机结合，充分调动学生积极性、发挥其特长、激发其创造力，形成教师和学生之间相互交流、相互学习的合作学习模式。

强化主题效应，激发创新活力。在第一、第二课堂上，以教师为主导、学生为主体，充分发挥班级班委与社团学生干部的积极性、学生“自我学习、自我实践、自我管理、自我服务”的作用。《食品雕刻》课程教学改革还紧紧围绕项目课程改革的核心概念，以原料为主线，设定不同阶段的教学内容与任务，开创主题“创雕实训板块”活动。立体性的实践训练体系，使学生食品雕刻能力得到空前提升，教学成果显著，赢得学生赞誉。

在理论学习基础上，扎实开展“两学一做”学习教育，就要以“做”为关键，烹饪与营养学院在“两学一做”主题教育中，不仅要对党的思想理论了然于胸，更要把党章党规、系列讲话落实在行动上，体现在具体工作中。

任课教师：史居航；指导教师：史居航、史红根。

本次《食品雕刻》课程教学成果展的主题为“群英荟萃”。（如图6-1）

图 6-1　“群英荟萃”主题展（组图）

四、大学生自主创新障碍的克服与超越

大学生自主创新不仅是时代发展、民族复兴对大学生群体提出的要求，也是大学生适应时代发展、实现自身价值的需要。帮助大学生认识自主创新障碍的表现、危害与原因，促进大学生自觉克服自主创新障碍，是高校教育的重要任务。

（一）确立自主创新目标

树立明确的学习目标，特别是确立自主创新目标，是大学生自主创新的前提。一般来说，人们要进行自主创新实践，必须具备两个基本条件：一是自主创新的客观条件；二是自主创新的主观条件。当自主创新的客观条件基本具备，这时自主创新的主观条件特别是确立科学的自主创新目标就显得尤其重要。自主创新目标具有新颖性、未来性、科学性、导向性和动力性五个特点。这些特点决定自主创新主体坚定地沿着自主创新方向前进，源源不断地激发自主创新动力，在实践磨炼中形成自主创新的顽强意志，保证创新主体创新活动顺利进行。因此，自主创新目标是自主创新主体最核心的主观条件，是自主创新主体开展创新活动的内在依据。

自主创新目标，既基于也高于明确的学习目标、事业目标。也就是说，缺乏明确的学习目标与事业目标，是不可能形成自主创新目标的；明确的学习目标与事业目标是自主创新目标形成的基础。如果一个学生，存在前面所讲的那些目标障碍，这样的学生是没有创新的欲望与追求的。因此，克服学习目标障碍，只是为自主创新目标奠定基础，还不是自主创新目标的确立。而且自主创新目标，是一种更高境界、更长远追求的目标。这一目标的内容是，开辟创新活动的新途径与新道路；克服创新活动中的各种困难与风险；承受创新活动失败的痛苦与考验；获得创新成果与经验。这些内容，蕴含着科学的信念、执着的追求、开拓的勇气、顽强的意志、献身的精神。没有这些精神准备与凝练，自主创新目标是无法形成的。因此，自主创新目标既是丰富的，也是具体的。它既要自主创新主体在学习、实践过程中，把事业与奉献联系起来，把自己与社会联系起来，把现实学习与未来创业联系起来，在主观上不断丰富、反思、提高，不断实现思想境界的超越才能形成。专注于业务学习，满足于一般目标是难以形成自主创新目标的。有学者对创新的主观因素进行过认定，认为创新思想是自主创新人才的灵魂，创新精神是自主创新人才进行创新的指南，知识是自主创新人才创新的基础，智力是自主创新人才的认识能力，创新能力是自主创新人才的最高本质力量，创新个性心理是自主创新人才的强大动力，思想方法是自主创新人才进行创新的认识工具，创新人格是自主创新人才德与才的结晶。显然，自主创新是人类执着追求目标的活动，目标的明确性与坚定性是自主创新活动的灵魂与根本价值取向，没有明确与坚定目标的自主创新活动是盲目的、自发的、冲动的，而不是自主创新活动。有了明确与坚定目标的自主创新，其他的

素质即可在目标指引下不断提高，也是保证目标实现的条件。

（二）增强适应社会的能力

如前所述，社会的开放化、市场化、信息化与风险性，构成了我国当代社会的时代特征。这些特征深刻地影响着当代大学生，并使之患上诸多“环境障碍症”，加之他们正处于心理发育的关键期，导致其在自主创新方面存在如前所述的一些障碍。但是，时代是我们无法选择的，只有适应时代、把握时代，进而引领时代，才是唯一明智的选择。大学生作为自主创新主体，只有正视障碍、克服障碍，才能担当时代所赋予的自主创新任务。

首先，辩证地认识社会环境，培养正确的价值观。社会环境是指人类生存及活动范围内的社会物质、精神条件的总和。广义上包括整个社会经济文化体系，如生产力、生产关系、社会制度、社会意识和社会文化。狭义仅指人类生活的直接环境，如家庭、劳动组织、学习条件及其他集体性社团等。社会环境对人的发展起着重要作用，同时人的活动给予社会环境以深刻的影响。社会的开放化、市场化、信息化与风险性环境，推动人们由地域性走向世界性，由封闭性走向开放性，由现实性走向虚拟性，由稳定性走向流动性。大学生面对这一环境变迁，应该以不变应万变，即坚持为人民、为社会服务的价值观不变，坚持实现人生价值、报效祖国的要求不变，坚持自主创新目标、推进社会文明进步不变。有了这样明确而坚定的价值判断准则，我们才能在复杂多变的环境中进行分析、辨别和选择。如果听任瞬息万变的社会环境左右自己，那就会陷于迷茫困惑，甚至疲于奔命，找不到自己的社会定位，更难以自觉投入自主创新活动。应当看到，当代社会环境在给大学生自主创新带来某些阻抗的同时，更为大学生自主创新提供了越来越多的机遇，比如自主创新资料的获取更加便捷，自主创新合作可以在更大范围内开展，自主创新的方式更加多样，自主创新的经验借鉴更加丰富等。关键是大学生要尽早确立分析、辨别、摈弃不良环境影响，吸纳良好环境因素，适应并驾驭环境变化。

其次，积极投身社会实践，磨炼创新意志。要适应社会，必须投身社会，脱离社会是无法适应社会的。一部分大学生要求独立，但不同程度地依赖环境中的某些因素；乐于交往，但交往的道德与方式把握不好；期望值高，但实现期望的能力不强；情绪强烈，但情绪稳定性不够，这些矛盾在大学生成长过程中是难以避免的。一些学生存在这些问题并不可怕，可怕的是不正视、不克服这些看起来习以为常的问题。正是这些问题，像逆风阻碍行船、像坎坷阻碍行车一样阻碍大学生不能自主地进行学习创新，或不能将学习和创新活动持续下去，其集中表现是意志力缺乏。锻炼意志，增强克服困难的勇气和承受挫折的能力，最有效的途径是参加社会实践。因为只有在实践中，我们才能真正面对实践接受检验并认识存在的不足，才能通过克服实践中的各种困难磨炼意志；才知道如何去实现自身价值并创造社会价值。

（三）推进创新教育发展

改革传统应试教育，发展素质教育，探索创新人才培养模式，是帮助学生克服自主创新障碍的关键。近代社会以来，学校教育经历了应试教育、能力教育、素质教育的发展历程。传统应试教育是以应试分数作为评定标准的教育，其特点是以教师为中心、课堂为中心、书本为中心。这种传统应试教育忽视学生主体性与主动性，忽视实践教育与能力锻炼，自然会给学生的学习与创新设置障碍，因而必须进行改革。我国高校自从推进素质教育以来，传统应试教育的状况有了改变，但许多高校的改革一般停留在口头，或仅仅追求形式，传统应试教育的影响仍很深厚。要培养自主创新人才，只能发展创新教育、素质教育。创新教育、素质教育将成为人类教育发展的必然趋势。我国深化教育改革的价值取向就是全面推进素质教育。素质教育的本质是促进人的全面发展，重点是培养创新精神与实际能力，只有全面发展的人，才能提供自主创新所需要的各种主观条件，保证创新活动的进行。因而素质教育与创新教育是相互包含的关系，前者强调素质的全面性，后者强调素质的重点。

在当代社会条件下，以知识占有为特征的传统应试教育弊端已十分明显，但许多高校却走不出这个怪圈，其根本原因是以考分为主要标准的评估、升学指挥棒，制约着高校的教育与教学。素质教育的指挥棒，还没有完全形成，放弃考分这个指挥棒，担心有违公平，因而一些高校就驾轻就熟地沿袭传统教育方式，致使传统应试教育仍有市场。因此，改革传统应试教育，发展创新教育与素质教育是高校目前的紧迫任务；否则，学生创新的障碍难以消除。应当承认，传统应试教育的影响势力是深厚的，进行改革和发挥创新教育与素质教育，是一个艰难的过程，它既需要高校管理者的果断决策与坚定推进，也需要广大教师拓宽教学领域和创新教学方法，还需要广大学生在教学中充分发挥自主性和创造性，只有师生员工共同参与改革、以创新为价值取向，才能切实推进创新教育与素质教育发展，才能有效克服学生学习、创新的障碍。当然，就是在传统应试教育的影响下，也有一些学生在学习中不以应付考试、获取分数为目的，而是孜孜不倦地追求真才实学，立足事业发展，敢于知识创新，在高校学习阶段就取得了具有创新价值的成果。大学生要克服障碍，自主创新，关键是要发挥学习、创新的自主性、创造性。创造性越充分、越广泛，对高校教育改革的推进越大。

（四）探索创新教育方法

教育培养方式由单一向多样发展，切实实施因材施教，因人育才，是催生各类自主创新型人才成长的重要条件。大学生是一个个活生生的个体，有各自不同的天赋、爱好、兴趣、追求、性格、精力等，因此，应根据个体的实际与需要，采取多样化的教育方式，有针对性地开展教育，培养学生的创新精神与创造能力。一刀切、千篇一律化的教育，只会培养模式化人才，不可能促进学生个性发展与特长培养。

为此，首先要改革教学方法。进行知识传授，是高校教育的传统方法，也是迄今为止不少教师使用的主要办法。这一方法在现代教育中当然可以继续使用，但仅仅使用这一方法已经不适应社会与学生发展的需要，必须进行改革。要按照人的思维规律和知识的逻辑体系，努力实行启发式教学，引导学生学思结合，启发学生感受、理解知识，认识知识产生和发展的过程及内在联系，融会贯通地掌握知识，培养学生科学精神和探索思维习惯，避免死记硬背知识概念。同时，要按照理论联系实际的教育原则，善于提出与理论知识相关的实际问题、典型案例，引导学生开展讨论式教学，推广“主题参与式课堂教学模式”。主体参与式课堂教学模式，是以发挥学生学习主体性为指导，以教师指导学生主动参与教学全过程为基点，以培养学生创新精神与学习能力、实际能力为目标，组织、动员学生与教师共同开展课堂教学，切实做到教学相长，避免学生在教学过程中的被动状态。因此，有效运用课堂辩论、CAI 授课、专题讨论等方式，能够激发大学生的求知欲，培养学生探索精神。其次，加强实践教学不仅能帮助巩固已学过的知识，而且能锻炼学生运用知识分析、解决问题的能力，还能促进学生在实践中发现新问题，激发新欲望。因此，要克服教学局限于课堂的传统，重视学生的实验、学习与社会实践，设立开放型实验室，建立产、学、研相结合的实践基地，为大学生培养、锻炼实践能力与创新能力提供条件。再次，鼓励学生参加科技活动。大学生在校期间参加科学研究，是提高大学生创新能力的一条有效途径。在科学技术社会化和社会科学技术化的当今社会，忽视大学生的科学精神和科学能力的培养，是高校教育落后的表现。因此，高校教师可以通过课堂教学、吸引学生参加课题研究、帮助学生掌握研究方法、指导学生承担研究项目、组织学生开展科技社团活动等方式，培养学生的研究意志，锻炼研究能力。避免学生只会学习知识，不会运用知识，更不会创造知识的传统与习惯。最后，改革考试方法。现在的考试方法偏重知识测试，而忽视能力考核，单纯以分数作为学生水平高低的评价标准，抑制了学生的创新能力。应该遵循理论联系实际的原则，重点测试学生理解、掌握、运用所学知识的能力和实践动手能力，其考试方式可采取试卷与科研论文、社会调查报告、实际动手操作等相结合的方式，做到既考知识又考能力和综合素质，促进大学生注重创新意识与创新能力的提高。

总之，平庸性目标取向障碍、应试性学习障碍、虚假性学风障碍和浮躁性意志障碍是目前大学生自主创新所遇到的主要障碍。这些障碍有些从表面看似乎与大学生自主创新的联系不大。而实际上它们正是通过生活方式、生活习惯、生活作风、思维方式、理想信念、意志品质、精神状态等主观途径极大地影响着大学生自主创新活动所必需的目标崇高性与明确性、意志坚定性与顽强性、作风务实性与科学性和强大的精神动力。上述四个障碍通过主体主观途径的方式直接或间接地严重影响了大学生自主创新能力的提升和自主创新活动的顺利开展，影响了大学生社会贡献率的提高和建设创新型国家的步伐。因此，国家社会和高校要有针对性地克服目前大学生自主创新遇到的主要障碍，提高大学生自主创新能力，为建设我国创新型国家做出自己的贡献。

技能训练

一、任务名称

如何克服在客房学习中的创新障碍。

二、任务目标

1. 通过分组讨论和调查实践，完成任务，让学生深入了解有代表性酒店的客房管理、客房要求、客房工作人员的能力，然后进行小组讨论。

2. 通过 PPT 展示，分析研究成果，培养学生实践创新的能力。

三、任务实施

1. 根据班级人数进行分组，每组 5~6 人为宜。

2. 小组定好调查的酒店，教师做好引导。

3. 小组成员做好分工、工作计划安排。

4. 收集调查资料，进行分析、总结，形成 PPT 汇总成果。

5. 派一名代表进行汇报，要求主题突出、观点鲜明。

6. 时间：2 周。

四、成果考核

1. PPT 汇报，20 分钟。

2. 组成评审小组，对每组汇报进行评比，然后计分，纳入课程成绩。

第七章　高校活动与大学生创新能力训练

学习目标

通过本章学习，你应该能达到：

［知识目标］1. 校园文化活动与大学生创新能力训练；

2. 创新课堂教学活动与大学生创新能力训练；

3. 创意课外实践活动与大学生创新能力训练。

［能力目标］能够使用创新创意方法设计活动方案。

［实训目标］能够设计一场创新活动，并顺利举行。

一、校园文化活动与大学生创新能力训练

案例导入

北京的某酒店，素有“昔日帝王宫”之称。酒店在设计中，将中国古典艺术的朴实凝重与现代建筑的华丽流畅巧妙地结合，将大堂布置成充满中国皇家文化气氛的场所，接待后墙上的“五龙壁”金光夺目。从而，把古今文化融为一体，用地方风情、民族特点创造特色。西双版纳的傣国酒店，把当地的民族风情、地理风光与现代建筑巧妙结合，构成一件艺术品。海南亚龙湾具有独特的海水、沙滩、阳光、空气和绿色，浓郁的椰风、海韵构成南国风情。素有“天下第一湾”之称。亚龙湾的几家酒店，各具特色。许多酒店具有简洁高雅的海外风情：天域酒店以夏威夷风格坐落在滨海椰林之中；天鸿酒店则是具有东南亚特色的度假豪宅；仙人掌酒店是一座具有墨西哥异国风情的酒店。酒店个性化服务的最大特色是，管家式服务，客人的一切需求24小时关注。如：北京昆仑饭店创造“殷勤待客”的特色，形成“微笑、问候、礼貌、让路”的服务形象。某度假村酒店，对沿用的西式铺床法进行大胆改革，不再将毛毯压在床垫下，受到欢迎，他们还采取量化服务，规定办理入住手续3分钟，退房5分钟，实现了快捷、高效、优质服务。

思考：结合案例，谈谈如何创新酒店设施和主题的特色。

（一）校园文化建设与大学生创新训练的联系

1. 符合旅游院校的大学生创新活动，统领校园文化建设全局

当前，各种思想文化相互激荡，这一方面丰富了旅游院校校园文化建设的内容、形式和手段。另一方面，也会对校园文化建设产生创新的影响。当然，需要引起注意的是，一些西方发达国家凭借其在当代国际社会中经济、政治主导地位，自觉或不自觉地强行推销自己的文化产品和价值观念，试图以文化殖民的形式达到“文化同一”与“文化控制”。西方国家的政治观、民主自由、个人主义、享乐主义等对青年学生的思想道德和价值观也会产生比较大的冲击，这将对高校校园文化建设产生不良影响。在校园文化建设的过程中，我们要始终以马克思主义、毛泽东思想和中国特色社会主义理论体系为指导，坚持用社会主义核心价值体系引领各种社会思潮，以实施科学文化素质教育为基础，以建设优良校风、教风、学风为核心，以优化校园文化环境为重点，以树立正确的世界观、人生观、价值观为导向，以丰富多彩、积极向上的活动为载体，弘扬主旋律，建设健康、和谐的高校文化。

2. 重视校园文化建设并将其纳入旅游院校创新活动发展的总体规划

校园文化建设不是一朝一夕所能完成的，需要长期的、艰苦的努力才能收获一定的成效。目前，高校校园文化丰富多彩的主要表现是文化活动繁多，而且主要偏重于丰富学生的课余生活，很少有高校把学生自主筹划、创新类的文化活动纳入学校长远规划，这势必使校园文化建设缺乏系统性和长远眼光，削弱校园文化在高校完成其培养目标过程的作用，也使校园文化不能形成与学校特色相一致的特征。校园文化作为附属于高校的一种亚文化，在高校中应显示出不同的特色，在旅游院校当中尤其是这样。目前高校校园文化建设的这种普遍现象的形成与高校没有把校园文化建设纳入学校的总体发展与规划，不给予充分的重视是分不开的。高校要充分重视校园文化对学校发展和人才培养的重要作用，特别是能够结合创新教育，使学生能够参与其中，创新出符合高校的文化活动。

3. 树立以创新训练为主体的校园文化全员共建意识

校园文化的创新需要各个部门的通力合作，不是仅凭学生管理和思想教育部门的努力就能收到应有效果的。校园文化建设与高校的方方面面都有联系，良好的校园文化也不只是让在校学生受益，而且能使包括教师在内的所有教职工受益。浓厚丰富的校园文化所渗透弥漫的精神氛围，需要依靠高校师生员工的共同努力。

校园文化全员建设中，加强校园网络文化建设，推进校园精神文明建设。充分运用网络，运用微博微信，推动创新教育，在网络文化中大力弘扬中华民族的优秀文化，使大学生能够树立民族文化的认同感和自豪感，同时结合活动，了解世界各民族的优秀文化，拓宽视野。同时，也要依法治网，加强网络法制教育，以整合网络社会的无序状态，尽可能地预防、遏制、减少各种消极现象带来的不良影响，促进大学生健康成长。

（二）代表校园文化的创新活动——酒店文化周

酒店文化周是酒店管理学院结合酒店与学生的实际，以学院人才发展为主线培养学生的一个特色校园文化活动。在活动当中，学生寓学于乐，将品牌化、国际化、专业化的办学特色结合于校园文化当中，创造出符合学生实际，适合学生需要的品牌创新活动。

案例连接

南京旅游职业学院开展的酒店文化周活动，历时六届，一周活动精彩，从内容上来说，有各家酒店的现场宣讲，有走出校园走进酒店的参观活动，有为奥运助威的短视频拍摄，有优秀毕业生的返校专题演讲，有青春绚丽的各家酒店提供工服而表现的酒店工装大赛。丰富多彩的内容，让在校的学生们愿意参与到其中，分享学习生活的乐趣并提出即将就业的诸多问题。从酒店文化周的活动形式来说，都是由学生自主参与其中，参与策划书的写作，邀请函的制作，海报横幅的设计，真正做到从学生的兴趣出发，将创新落实到如今的校园文化当中去。

重视学生创新思维的培养，整个文化周的设计与活动安排都是由学生会学生组织，发动各个班级同学参与各项活动当中，饶有趣味的酒店文化周 logo（图 7-1）与酒店管理学院 logo（图 7-2）发布会，是文化周的一次创新亮点。（图 7-3~7-7）通过 logo 的发布，学生们也设计出一系列的衍生品，以个人的创新为实践，将创新设计由点辐射到面，从而培养了学生的思考能力。

图 7-1　酒店文化周 logo

图 7-2　酒店管理学院 logo

图 7-3　酒店文化周 logo 发布会

图 7-4　学生设计的酒店文化周 logo 活动海报

图 7-5　学生设计的酒店文化周 logo 活动安排

图 7-6　学生设计制作的邀请函

图 7-7　学生自主举办酒店文化周系列产品跳蚤市场

在活动之后，学生会就本次活动做出工作总结，讨论为下一次的活动做出新的计划。

酒店文化周工作总结

历时一周的第六届酒店文化周落下了帷幕。本次文化周以推广酒店文化、激励未来酒店人的热情为目标，开展了一系列的趣味活动，活跃了校园气氛，丰富了同学们的业余生活文化。酒店管理学院第六届酒店文化周，着眼青年、立足校园、面向行业、放眼未来，采取了走出去请进来的方法策略，深化了学院与各酒店集团间的良好合作关系，加强了学生对酒店行业的认知，了解了各酒店集团的企业文化。

酒店文化周是学院为学生搭建的一个提高素质、展示自我、认知行业的趣味平台，先后举办了开幕式、logo 发布会、酒店文化宣讲、希尔顿奥运助威大使招募、参观酒店、文化周纪念品展销会、酒店职业工装大赛和闭幕式等一系列活动。学生充分地感受到了酒店文化，认知了酒店行业，也更好地了解到了将来可能实习的酒店，提前感受到了未来的职业生活。从整体来看，我院这次酒店文化周活动举办得很成功，达到了预期的目的。

这次酒店文化周活动由酒店管理学院组织领导，学生会负责具体工作。为了开展本次活动，学生会进行了为期一个月的准备工作。包括设计制作宣传海报、设计并采购酒店文化周纪念品等。只有做好充分的准备工作，才能很好地进行接下来的工作。

只有宣传到位，才能够达到我们理想的工作目的。所以说，酒店文化周的宣传工作是我们工作的重要内容。这主要由主席团以及宣传部负责。

主席团陈璐、吴明泽带领微信小组，及时地把活动开展情况以及成果用微信推送出来，让同学们能够及时地了解酒店文化周活动。

主席团张放、宣传部林红贝主要负责酒店文化周文化纪念品的设计与采购。其中包括文化衫、布包、L 袋以及 i-ring 的设计与购买。按时、保质保量地完成了任务，保证了文化周活动的顺利开展。

宣传部林晗前期负责设计制作宣传海报工作，提前为酒店文化活动设计了开闭幕式大型背景板，五张大型海报，以及酒店文化周的宣传册、开闭幕式邀请函。虽然工作复杂，工作量大，但是按时保质保量完成了任务，受到老师同学的一致好评。为酒店文化周活动顺利开展做出了巨大贡献。

5 月 25 日，酒店文化周开幕式和酒店宣讲。在此之前，学生会做了充分的准备工作。先由主席团做了详细的策划书以及活动流程，再安排了具体工作。由组织部确定参加开幕式的班级与人数，安排座位并制作席卡。宣传部制作 PPT。其他学生会成员对纪念品进行分类整理，用作嘉宾礼物派送，并随机在观众席下方粘放礼物，为开幕式的趣味活动环节做准备。海报的张贴、搬运，矿泉水的购买分发等工作由学生会成员共同完成。为了确保大会的顺利开展，提前检查并彩排流程，安排专门的人员负责操作报告厅多媒体设施。准备活动期间，学生会成员积极参加希尔顿奥运助威大使招募活动，并积极帮助张贴海报，宣传活动。活动开始后全体学生组织进场，引导学生入座。并由宣传部马桂发负责拍照记录。活动结束后，大家又开始整理场地，确保无遗留物品和会场的干净整洁。在学生会伙伴们的共同努力下，酒店文化周开幕式和酒店品牌宣讲工作圆满结束。

为了让同学们更好地了解酒店行业，开展了参观酒店活动，让同学们走进酒店，更直接地接触酒店。分别在5月26日和5月27日两天，组织学生参观了南京金陵饭店和南京万达希尔顿酒店。由办公室通知、组织学生前往。

5月30日，由学生会组织策划的酒店文化周纪念品展销会顺利开展。正式开始之前，由主席团讨论决定纪念品展销会的基本方针和纪念品价格，并制作详细的策划方案，确定各个工作的主要负责人。前期主要进行了物资准备工作和宣传工作。前期的物资准备我们提前联系相关负责人，借食堂的桌椅和超市的大伞，用于摆放商品。同时向学校音乐社团借用了音响设备。由宣传部林红贝和组织部王雪共同设计商品展销会手绘海报，宣传部林晗制作酒店文化周纪念品样品展示海报，宣传部马桂发制作宣传横幅。张放打印支付宝二维码，用于商品的收款工作。宣传工作主要由陈璐负责。其中包括百度贴吧发帖宣传、微信微博推送、QQ空间信息的发布与转发。其中生活部主要负责广告内容的设计，办公室负责在班长群里通知活动。活动开始之前场地布置工作主要由主席团吴明泽负责，其中包括从A303画室拿搬5个大型海报展架到食堂门口并摆放整齐，从食堂搬5套桌椅到食堂门口并摆放整齐，将文化纪念品上架，检查准备音响设备，张贴手绘海报。办公室负责盘点商品数量，并由办公室严珅玥负责记录财物的收支情况。活动期间，我们邀请富有才艺的同学进行文艺表演来吸引顾客，并安排人员进入食堂上门推销，取得良好效果。促销会期间，学生会成员积极热情，充分地展示了我们这届学生会的良好精神风貌。事后，再次组织学生会成员进行物品盘点工作和财务收支记录工作。

6月1日，酒店职业工装大赛暨闭幕式开展，作为酒店文化周的最后一项活动，我们做了充分的前期准备工作。制定了详细的策划书。

我们之前已经安排好工装大赛参赛队伍的抽签工作，还有座位的安排以及席卡的制作、张贴工作，同时确定了荣誉证书的内容以及打印。当天我们进行布置会场工作。工作当天，主席团安排了专人负责操作多媒体设施，并安排了计分组，颁奖礼仪队，以确保比赛的顺利进行。

在老师的指导下，学生会各部门团结一心，共同努力，使得酒店文化周活动取得圆满成功。这是我们这届酒管院学生会共同努力的结果。我们认识到每一件事情都不容易，尤其我们的幕后工作。我们不仅要做好别人能看得到的流程，更要做好别人看不到的细节。每一项工作都需要我们投入很大的热情，付出很多的努力才能做好。而我们这届学生会最让我们感觉到自信的就是我们从来不缺乏热情和对事情的认真程度。我们学生会绝大部分成员都有做事的态度，也许能力还有所欠缺，但是我们一直在努力。

这次文化周活动虽然取得圆满成功，但是在工作的时候，我们仍然出现了很多问题。

1. 工作效率低，很多任务都会提前布置，分配到各部门，但是有些人总是拖着不做，导致很多工作没有办法顺畅进行。有时候不是自己不想去做，而是不知道怎么去做。假如自己不懂的事情，一定要及时去问，去学习，但是不要把工作推给别人。你不会做说明欠缺这一部分能力，而努力去亲自完成这件事，也是对自己的锻炼。

2. 各部门之间具体工作的时候会犯一些不应该出现的错误，例如开闭幕式组织部在安排人员座位时出现了座位安排不合理的情况、制作席卡不符合规范、宣传部海报制作规格出现错误、各种因公消费没有及时上报、主席团活动物资没有考虑到位、任务安排没有责任到人等。希望大家吸取教训，总结经验，保证下次不再出现同样的错误。

3. 学生会成员大部分人做事的合理性和规范性有待改进。比如上交一份文档，会出现各种乱七八糟的字体与字号，格式也不符合规范。做事的合理性和规范性是很重要的，在学生会工作我们就应该比其他人更注重规则，这样参加工作后才会比别人更有优势。

4. 学生会存在个别人在其职不尽其责，做事积极性不高，喜欢推卸和逃避责任。甚至是在老师面前做表面工作，私下却又是相反的一种消极态度。我希望我们学生会每个人都是全心全意付出，而不是想着去享受学生会带来的各种优惠政策。学生会是我们自己选择的路，既然选择了，就请认真走下去。

通过这几周炼狱般的磨炼让我们积累了更多的经验，更明确了学生会的办事程序和规则，在细节问题的处理上也更加到位。在工作中既分工又合作，效率上虽然仍有待改进但是得到了很大的提高；在各个部门的配合下大家相互交流相互学习。我们的成绩是有目共睹的。大家见证了我们这个团队的精神面貌和实力，在这里我们培养了团队合作精神，提升了自己的能力，得到了锻炼，交到了朋友。成绩是大家共同努力的结果。

历次活动以来，我们深切地体会到学生会犹如一个大家庭，不光是我们学生会成员心中有所体会，相信在我们学院的所有学生心中也是如此。共同参与多项工作中的我们，深刻认识到学生会不光是一个服务于大家的组织，更是一个能够发扬学院精神的排头兵。在服务的同时，我们更要为同学做好的榜样，更是要所有人都知道我们是酒店管理学院的学生，更是酒店管理学院学生会的成员。

在这里我们可以犯错，可以暴露自身不足，现在出现问题总比工作以后出现问题要好得多。学生会就是这样的一个平台，帮助我们成长，帮助我们在以后的职场竞争中取得先机。我们现在做的很多事情都是对自己的锻炼，只有去做事了，才懂得完成一件工作的不容易。只有参与其中，你才会真正学到如何去做事。学生会给我们机会，我们要怀有感恩之心去把握。只有态度认真、努力的人才能取得成功。在此过程中，我们要迫使自己不断学习、提升自己，让自己的生活充实，这样我们才会拥有一个有意义的人生。

成功是属于有准备的人，一个活动的成功举办离不开各个部门的准备工作。成功不是一个偶然发生的故事，是付出很多努力的结果；认真对待每一件事的态度很重要。我们难免会遇到一些烦琐、令人烦躁的事，这就是考验我们责任心的时候了，要让这个团队有生命力，就要保持对工作的热情，不能敷衍塞责。一定程度上态度决定成败，要懂得享受工作，这样哪怕我们疲惫了也是快乐的，其间来不得半点勉强。

享受工作这一点我们做得很好。在与大家的团结协作中学到了很多东西，工作能力得到培养，包括自信力，协作能力，承担责任的能力以及发展潜力方面，受益匪浅。在这里我们不断展示自我，提升自我，团结、和谐、默契……最后预祝下一年的招新工作顺利展开，注入新的力量，以新的面貌争取更好的成绩。

二、创新课堂教学活动与大学生创新能力训练

案例导入

某高校在国庆前举办了一次“创新争第一比赛”活动，鼓励所有学生参与其中。其中，一名学生说：“我想在毕业以后筹备一家全国连锁的书店，计划用五年时间实现这个目标。”另一位学生说：“我打算在毕业以后开一家属于自己的餐厅，并按照选址、装修、招聘、培训、申请执照等顺序开展。”还有的学生说：“我想创办一家属于自己的IT企业，为社会贡献自己的力量。”这三位学生使用多媒体播放了自己的创新设计，受到很多人的认可和鼓励，在一定程度上增强了高职院校学生创新的自信心。

思考：结合此案例，谈谈如何以新媒体打造创新平台。

（一）高校创新教育的使用媒介——新媒体

1. 拓宽获取资源的途径

新媒体技术的应用拓宽了高校创新教育获取资源的途径，高校教师和学生获取信息不再受到时间和空间的限制，提高了创新教育的教学效率。在传统的创新教育教学模式下，学生被动地学习，教师教学方法过于单一，内容陈旧，无法提高学生的学习热情和积极性，教学视域十分狭窄。随着社会的快速发展，人们已经进入信息时代。新媒体给人们的生活和学习带来很大影响和改变。新媒体的应用可以丰富人们的知识储备，开阔人们的眼界。

如今，高校创新教育把新媒体作为教学的平台，大大提高了教学效率。新媒体对高校创新教育产生了很大的影响。首先，新媒体技术的应用有助于改变教师传统的教学方法和教学观念。其次，新媒体技术的应用激起了学生的学习兴趣，充分发挥了学生学习的自主性。新媒体可以为高校学生提供学习内容，学生可以结合自己的实际情况和个性特点合理地选择学习内容，提高了高校学生学习的积极性和热情。在新媒体环境中，学生充分发挥了学习的自主性，提高了学习效率。

2. 缩短师生之间的距离

在传统创新教育模式下，教师依靠课本进行教学，教师缺少和学生的沟通，教学效率较低。在课程结束以后，学生和教师的沟通和交流受到时间和空间的限制，教师也无法面对面地为学生指导。新媒体技术在高校创新教育中的应用缩短了教师和学生之间的距离，教师可以建立教学平台，把教学资料和相关信息上传到教学平台上，供学生学习和参考。除此之外，教师对学生的指导也不再受到时间和空间的限制，学生和教师可以使用 QQ、微博、微信等工具进行交流。

（二）高校创新教育中的创意教学方法

1. 开展创新实践活动

要想真正发挥新媒体在高校创新教育中的作用，教师必须对新媒体有新的认识和理解，把传统教育模式和新媒体教学模式相结合，提高教学效率，实现有效教学。教师可以利用新媒体开展创新实践模拟性的活动，让学生积极参与到实践活动中，提高学生的创新能力。除此之外，教师也可以应用新媒体为大家推荐成功创新人士，让大家从成功创新人士的身上学习经验。

2. 增强高校学生的创新观念

在创新教育过程中，高校要加强学生对新媒体的认识，并借助新媒体提高自身的创新能力，实现自身的全面发展。除此之外，高校还应该不断增强高校学生的创新意识。增强学生的创新意识，是提高学生创新能力的前提和基础。

3. 为学生提供创新发展平台

如今，很多高校认识到了创新教育的重要性，在校内设置了创新实训室，提高学生的实践能力。但是，从高校创新教育实训课程开展现状可以看出，创新实训课程开展过程中还存在很大问题，比如：高校缺乏专业的创新教育实训教师；创新教育内容滞后等。新媒体技术在高校创新教育实训课程中的应用可以充分发挥学生学习的主动性，为学生提供创新发展平台。

高校的创新教育应该以培养学生的创新能力为目标，把传统教学方法和新媒体相结合。用多媒体进行创新教育的教学可以缩短时间和空间上的距离，加强教师和学生的交流以及学生之间的交流，拓宽学生的视野。新媒体的资源量比较大，信息的传输也比较方便，不受外界很多因素的干扰，突破了传统教学模式的很多困难。教师可以利用新媒体开展创新实践模拟性的活动，让学生积极参与到实践活动中，提高学生的创新能力。除此之外，高校还应该不断增强学生的创新意识。

（三）培养学生创新意识活动

培养高技能、高素质的服务人员和初、中级管理人员，技能大赛就是为了检验参赛选手的专业操作能力，展示参赛队员在操作技能、设计创新、案例分析情景模拟等方面的职业能力，培养酒店管理、旅游管理专业高素质技能型人才。通过比赛，引领高等职业院校酒店管理、旅游管理专业建设与教学改革，促进院校专业能力和产业服务能力零距离接轨、深化校企合作、提升高等职业教育酒店、旅游类人才培养质量与社会认可度与影响力。

1. 校园技能比赛，调动学生的创新积极性

曾在谷歌公司、微软公司担任重要职务的李开复博士在《给中国学生的第七封信：21世纪最重要的7种人才》中提到，“在21世纪，现代企业最重要的不仅仅是个体优秀，或只拥有某方面特质的‘狭义’人才，而是能够全面适应21世纪竞争需要的，在个人素质、学识和经验、合作与交流、创新与决策等不同方面都拥有足够潜力和修养的‘广义’的人才。”

参加大赛的过程也是学生学习反思的过程，大赛会引导学生学习、创新、思考与尝试，并不断积累经验。南京旅游职业学院每年都设有成才杯创新比赛，让学生能够将所学知识融会贯通到“做”上，加上学生的创意，让自己更加热爱自己的行业。酒店管理专业的成才杯技能大赛包括创意折花、主题摆台、主题客房铺床、一站到底知识竞赛等。组织成才杯大赛包括服务人员安排、比赛赛制制定、材料物资准备、赛场布置、宣

传制作等多个组协作而成，同学们在实际准备比赛时，能够提高服务与组织能力，使整个比赛能有序举办。（表 7-1，7-2）

表 7-1 主题摆台-评分标准

<table>
<tr><th>项目</th><th>操作标准与要求</th><th>分值</th><th colspan="2">得分</th></tr>
<tr><td rowspan="4">仪容仪表</td><td rowspan="4">整齐着装，符合职业要求；
发型符合行业规范，精神面貌佳，微笑，有礼貌</td><td rowspan="4">8</td><td>A</td><td></td></tr>
<tr><td>B</td><td></td></tr>
<tr><td>C</td><td></td></tr>
<tr><td>D</td><td></td></tr>
<tr><td>主题创意</td><td>主题鲜明突出，艺术雅致，整体感较强，有层次，摆放合理，设计新颖，色彩协调</td><td>24</td><td colspan="2"></td></tr>
<tr><td>托盘斟酒</td><td>托盘内放一瓶白酒，一瓶红酒。红酒斟五成，白酒斟八成。先斟红酒，后斟白酒。保持台面清洁，酒水不滴不洒，不满不溢</td><td>20</td><td colspan="2"></td></tr>
</table>

表 7-2 开夜床-评分标准

<table>
<tr><th>项目</th><th>要求细则</th><th>分值</th><th>扣分</th><th>得分</th></tr>
<tr><td rowspan="3">被子折角（3 分）</td><td>被子反折角为 45 度等腰直角形。</td><td>1</td><td></td><td></td></tr>
<tr><td>反折角于床上一侧的直角边与被子中线重合（偏 2 厘米以内不扣分，2~3 厘米扣 0. 5分，3 厘米以上不得分）。</td><td>1</td><td></td><td></td></tr>
<tr><td>折角平整，下垂自然。</td><td>1</td><td></td><td></td></tr>
<tr><td rowspan="3">地巾、拖鞋（3 分）</td><td>地巾摆放于折角一侧，地巾靠床头边与被子反折 45 厘米边（靠近枕头一侧）齐平，超过不得分。</td><td>1</td><td></td><td></td></tr>
<tr><td>地巾靠床体边与被子下垂边沿垂直齐平，超过不得分。</td><td>1</td><td></td><td></td></tr>
<tr><td>拖鞋摆放于地巾之上。</td><td>1</td><td></td><td></td></tr>
<tr><td rowspan="5">创意（14 分）</td><td>夜床服务用品新颖、卫生，突出个性化。</td><td>4</td><td></td><td></td></tr>
<tr><td>摆放位置安全、方便使用。</td><td>2</td><td></td><td></td></tr>
<tr><td>整体美观、具有艺术美感。</td><td>2</td><td></td><td></td></tr>
<tr><td>在酒店实际应用中具有推广价值。</td><td>4</td><td></td><td></td></tr>
<tr><td>操作过程中动作规范、娴熟、敏捷。</td><td>2</td><td></td><td></td></tr>
<tr><td>合计</td><td>20</td><td></td><td></td><td></td></tr>
<tr><td colspan="5">操作时间：　　分　　秒　　　　超时：　　秒　　　　得分：</td></tr>
<tr><td colspan="2">实际得分</td><td></td><td></td><td></td></tr>
</table>

图 7-8　主题摆台作品选 1

图 7-9　主题摆台作品选 2

图 7-10　主题摆台作品选 3

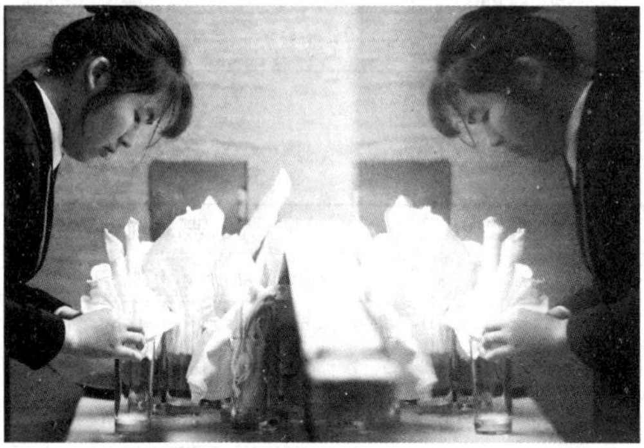

图 7-11　创意折花作品选

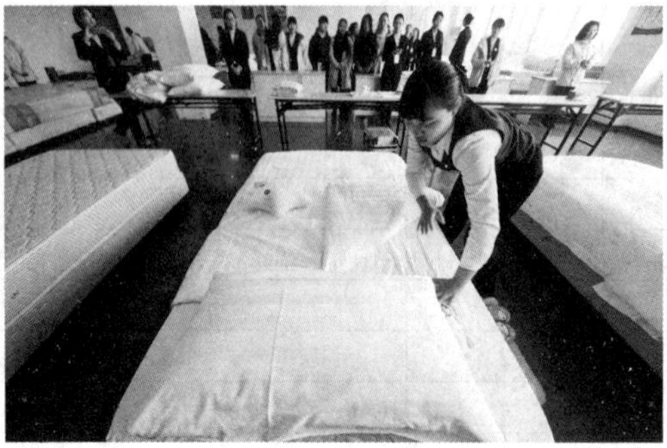

图 7-12　夜床作品选

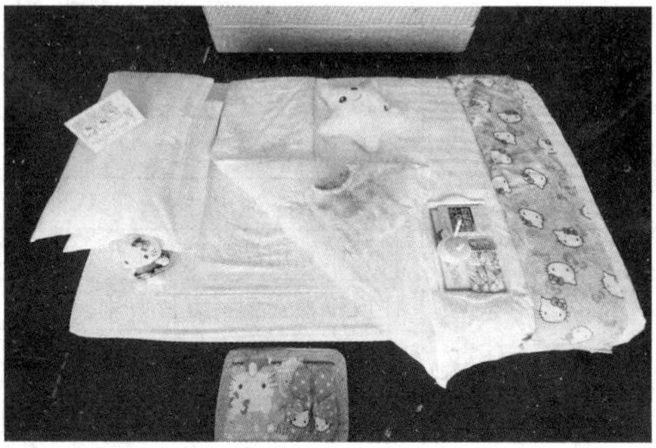

图 7-13　学生比赛现场操作

2. 全国技能大赛，培养学生创意思维

全国技能大赛是一种形式，引导学生“做、写、说”，体现出综合的创新能力和职业素养，这对学生的后续发展有较好的指引作用。“中西餐主题宴会设计”大赛是一个为创新而设的赛事，它更贴近这个时代行业发展的需求，越来越多的职业经理人认为，技能对酒店来说很重要，但拥有技能的创新人才却是目前酒店所青睐的专业人才。“中西餐主题宴会设计”大赛的举办，促使院校专业老师与行业专业人士对旅游院校酒店管理专业的人才定位，以及人才定位与人才培养是否匹配方面深入思考。对于酒店而言，既需要基层一线员工，也需要层次较高的中、高层管理人员。（图 7-8~7-13）

“全国中西主题宴会设计”竞赛内容，是以中西餐主题宴会设计为主线，涵盖了台面创意设计、菜单设计、餐巾折花、宴会摆台、斟酒、英语口语、专业理论、现场分析等内容。主题设计思想解析以及菜单的分析特别能够看出选手的创新性。比赛过程中，选手能够随机应变，将主题设计的思路分析到位，能灵活应用中英文现场回答赛项的问题，也是对参赛选手的另一个重要要求。（图 7-14，7-15）

图 7-14 大赛作品选（组图）

图 7-15　学生现场操作（组图）

三、创意课外实践活动与大学生创新能力训练

案例导入

时间：×年的七夕

地点：×酒店

事件：在中华民族的传统浪漫节日——七夕节，酒店充满了节日的欢乐气氛。酒店大厅及餐厅里，陆续经过的情侣，无不透露着东方情人节的浪漫气息。这时，服务员小张，正在为某房间客人打扫客房。进入房间，服务员小张发现房间稍显凌乱，并且客人——一位绅士在屋里休息。于是，小张有礼貌地问道："这位先生，房间需要打扫吗？"客人怔了下，说："一会儿有朋友要过来，帮我清扫下吧！"

小张注意到，客人正在下意识地摸着自己的下巴。心细的小张意识到，可能客人想要剃胡须，而且来的人可能是这位绅士的女友。于是，小张快速收拾好房间，随后又到酒店的备品间取了把剃须刀。接着，小张再次来到那位客人的房间，"先生，这是为您准备的剃须刀，希望您今晚过得愉快！"客人惊讶地接过剃须刀，高兴地说："太感谢了，您怎么知道我正需要它？”小张会意地笑了下，离开了客人的房间。

上述案例，便是酒店服务创新的经典例子。正如上面所说的，酒店服务创新不在于服务本身的事情的大小，而在于酒店员工所做的事情恰巧是客人想做但没有开口的事情，这便是酒店服务创新的真谛所在！

思考： 从案例出发，还有哪些是酒店创新服务的表现？

（一）社会实践与创新能力训练

1. 大学生社会实践的现状及存在的问题

因为暑期假期时间较长，因此集中讨论大学生暑期社会实践。大学生暑期社会实践模式有很多种：专业实践模式、校企合作模式、勤工助学模式、创业实践模式。暑期社会实践当中，各高校社团坚持以“受教育、长才干、做贡献”为原则，组织带领青年学生利用暑期实践参加活动，而旅游专业院校学生则会选择与专业相关的地点实践，以增长课外的知识和实践能力，教学做合一。

虽然如今各个高校在大学生暑期社会实践中取得了很多成绩，但也存在诸多问题。

（1）社会对学生社会实践的认可度不高。人们普遍认为大学生是拿着学校的钱在假期完成任务，顺便旅游。社会实践当中学生一般会完成一些问卷调查，访谈了解地方教育、医疗等情况，有的还有教育帮扶、科技帮扶等，但限于人们的普遍认识，这些措施并不能很好地开展。

（2）学校缺乏相关的社会实践的培训。现有的社会实践就是教师带着学生到一个地方完成一些简单的任务。学生在进行社会实践之前并没有得到相关的培训，有的甚至不知道暑期社会实践的目的。

（3）学生对社会实践认识不到位。很多学生认为暑期社会实践就是出去玩，也不用自己花钱，并没有意识到在实践中自己需要完成的任务和要获得什么。

总之，社会实践存在诸多方面的问题，有一些并没有达到提高学生社会实践能力的目的。

2. 社会实践模式创新

针对社会实践存在的问题，我们提出“三步走”的社会实践模式。

“三步走”即前期准备、中期实施和后期汇报。在“三步走”的实践模式下，各院系可结合自身的专业特点，结合学生的实际，合理运用经费，采用点面结合，集中与分散的方式，鼓励学生以个人或团队的形式进行暑期实践，实践内容涉及志愿服务、社会调查、支持扶贫、科普宣传等。让学生利用假期深入社会基层，了解国情，服务社会，提高实践能力和综合能力。

（1）前期准备

社会实践是大学生深入社会，了解社会，提高社会实践能力，提高综合素质的有效手段。为了达到这一目标，前期一定要做好充分的准备，制订出详细周密的计划，以保证实践顺利进行。

第一，针对实践内容对参加实践的学生进行培训与指导。

第二，与实践单位提前联系，及时了解实践单位的情况，制定可实施的实践方案。

第三，实践申报，确定实践课题，选定实践内容，认真填写《大学生社会实践申报表》。

第四，做好安全预案，有完善的安全保障体系。

第五，组建团队，如果是个人单独实践则比较简单，个人注重形象即可；如果是团队实践则要注意团队形象。

第六，需要做好经费预算。

（2）中期实施

社会实践活动的实施直接关系到社会目标的实现。因此在实施过程中，我们需要选取相应的指标来对实施过程进行评价。

第一，实施活动是否根据实践所申报的主题、所列的计划来实施。

第二，实施过程中各团队成员是否密切合作，相互配合，共同完成了实践任务。

第三，实践过程中学生是否完成了实践记录。

第四，实践过程中指导教师是否全程及时指导。

第五，实践活动是否与学生所学专业密切相关。

第六，实践活动的实施保障是否完善。

（3）后期汇报

实践活动结束之后，需要学生对实践成果进行汇报，以评价实践活动的有效性。首先，实践总结。实践结束，学生将实践内容、实践感悟形成书面文字，对自身在实践活动中的表现进行自我评价，使学生从实践过程中认识自我，巩固专业知识，完善自我。其次，整理实践材料。有的实践活动涉及问卷调查、数据分析等，学生能否将实践过程中的材料分门别类、系统地整理汇报也是对学生实践能力进行评价的指标之一。最后，实践单位的评价。学生在实践单位进行实践，实践期间效果如何，实践单位应有详细的说明。

（二）酒店管理学院创新型社会实践——乌镇民宿考察

酒店管理专业是实践性和应用性很强的专业，因此社会实践尤为重要。专业学生走出去，走到行业内，将学院学到的专业知识应用于社会实践当中，是如今社会实践的要求。在此基础之上，以创新型的社会实践方式思考、准备并实施社会实践，也能让学生真正体验到实践的乐趣。

乌镇民宿考察的社会实践活动，是2015年暑期南京旅游职业学院酒店管理学院组织的一次有趣的关于民宿的考察。此项社会实践活动受到了酒店管理专业学生的支持和参与，这次的社会实践获得了南京市共青团暑期社会实践优秀团队的表彰，学生拍摄的微电影获得了江苏省第四届“阳光校园”优秀微电影作品大赛纪录片三等奖，同时丰富了酒店管理专业关于民宿的专业知识的补充。

此次社会实践，在前期做了大量的准备工作，从关于民宿的参考文献的查阅，到浙江乌镇有代表性的民宿选取并参观考察，在社会实践过程中学生用DV记录下所有活动细节。(图7-16)

图7-16　学生用DV记录活动细节

从团体的活动来说，以学院为单位，学生们身着整齐的校服，游走在古色古香的乌镇中采访民宿，在充分做好实践报告的准备的前提下，参观古今民宿的差别，既能放松心情，也能寓教于乐。

知识拓展

以下是考察民宿的微电影准备工作文稿。

微电影:《微笑·乌镇》

拍摄目的:

将“微笑与知识”的校训与民宿特色酒店相融合，看民宿文化，展酒管专业知识。

通过考察民宿，结合南旅院学生风采，表现大学生实践与创业。

拍摄意义：

1. 从酒管的角度看民宿文化。

2. 通过民宿考察，让酒店学院的学生深刻体会“微笑和知识”校训的真正含义。

3. 特色民宿：酒店管理学院大学生实践活动。

4. 民宿发展：影响酒店管理学院的学生自主创业。

5. 民宿与现代酒店的特色发展对比，让学生通过实践懂得学以致用，真正体会校训的本质。

拍摄地点：浙江乌镇

拍摄时间：2015 年 8 月

参与人员：陈瑶 管晨蓉 酒店管理学院学生会部分成员

拍摄主体：

老师与学生共同参观乌镇具有特色的酒店或客栈，将眼睛观察到、心里体会到的与南旅院校训相结合，以短片或微电影的形式呈现。

拍摄具体活动（拟）：

1. 找到当地极具特色的民宿、客栈、酒店，对其进行体验观察，实际的考察过程就是一种对酒管知识的探索和发现。

2. 用不同角色的人们的笑脸呈现微笑乌镇的一部分，例如酒店人员，当地居民，游客等角色不同的人。

3. 不局限于宏观的微笑，这种微笑还代表一种服务，即拟人化的“微笑”，例如酒店人员细心的服务，当地人民热情的欢迎，贴心的房间布置。

4. 用乌镇的古色古香体现书香气息，衬托微笑知识服务。

5. 用高科技手段进行对客人的服务，找出民宿中思考过的、有亮点的服务或营销的手段，以体现知识服务。

6. 先将一部分学生的笑脸拍成照片制作在一起，拍摄期间穿插播放服务中微笑的细节，给人留下回味。

参考特色客栈：

http：//www. sunnychina. com/hotel/hotelReview_ 10302. html

http：//hotel. elong. com/wuzhen/31263008/

http：//hotel. elong. com/wuzhen/41293001/

http：//m. ctrip. com/webapp/hotel/hoteldetail/2078458. html

http：//m. ctrip. com/webapp/hotel/hoteldetail/1816278. html

http：//www. becod. com/hotel_ 5171059. html

http：//hotel. elong. com/wuzhen/90554879/？ banid＝sgvrhotelname

http：//www. ewuzhen. com/hotel/index！ info. htm？ id＝201503141061441

http：//hotel. elong. com/wuzhen/01293019/

社会实践需要延续性与延展性，2016年，酒店管理学院暑期社会实践活动来到了汤山的民宿进行学习，同学们经过几个月的学习都获得了很多。（图7-17~7-19）

目　录

一、项目简介……1

（一）项目活动的目的和意义……1

（二）项目活动的可行性……1

（三）项目活动的科学性和创新性……2

（四）项目的重点与难点……2

（五）预期效果……2

二、项目内容……3

（一）进行调研活动，制定调研报告……3

1. 前言……3

2. 调研对象与目的……4

3. 调研主要结果……5

（1）针对政府部门……5

（2）针对经营个体……6

4. 调研总结……13

（二）分析调研报告，制订帮扶计划……14

1. 主要的问题……14

2. 帮扶计划的制定……14

（三）实施帮扶计划，进行入户帮扶……15

1. 制订宜兰风情主题民宿帮扶计划过程……15

2. 制订美泉沐浴文化主题民宿帮扶计划过程……12

三、项目总结……40

图7-17　社会实践报告目录

（3）针对性的入户帮扶指导计划如下：

第一，虽然储藏室的空间小，但是还是有地方可以分类的，所以我们帮助阿姨进行了一个分类，规划了一下储藏室的空间，将床单、被单、枕套等分门别类。

第二，由于阿姨缺少清洁的专业知识，所以我们首先进行了铺床的示范，由专业的曾获省赛银牌的林晗同学示范铺床的标准过程。由于美泉的床尺寸比较大，专业的铺床手法有点难以操作，所以与阿姨的办法相结合，找到了最合适的方法去铺。

4.1 林晗同学示范铺床标准过程

第三：在教过阿姨标准铺床程序后，我们想要展示客房清扫的SOP，但是由于缺少清洁用具，所以我们列了一个需要采购的清单给阿姨，然后用着能找到的清洁剂——洁厕灵和玻璃清洁剂，给阿姨做清洁示范。

第 20 页

图 7-18　针对性入户帮扶指导计划

Ⅲ 美泉感动宾客卡（负责人：陈璐）

美泉沐浴文化主题民宿“感动宾客”卡

Mermaid Inn "Moving guests" card

尊敬的宾客，请留下您的联系电话，便可成为美泉沐浴文化主题民宿的会员，享受贵宾礼遇。

Dear guests, please leave your contact phone number, then you can become the VIP of Mermaid Inn, enjoy the VIP treatment.

姓名 Name:　　　　　　　　　　　　　　联系电话 phone:

美泉出行 Mermaid trip:
出租车预约服务 Taxi booking service:
导游预约服务：Tour guide reservation service:

美泉美食 Mermaid food:
早餐 breakfast:　　　　　　午餐 lunch:　　　　　　晚餐 dinner:
特殊需要 special requirement:

美泉雅居 Mermaid live:
叫醒服务 morning call:
洗衣服务 laundry service:
擦鞋服务 shoeshine service:

美泉关怀 Mermaid care:
姜汤：ginger soup　胖大海：sterculia scaphigera　红糖水 brown sugar water ：
蜂蜜水 honey water：　创可贴 band-aid:

美泉惊喜 Mermaid surprise:
今天是您的生日/结婚纪念日/值得纪念的日子，我们将为您特别准备。
Today is your birthday/anniversary/a date to remember, we will prepare something special for you.

会员专享 VIP privilege:
手工皂 handmade soap

房号 room number:
日期 date:

请您将此卡片交给前台或拨打总机，我们将竭诚为您服务！

Please return this card to the front desk or call the switchboard, we will serve you wholeheartedly!

图 7-19　制作与设计宾客卡

（三）实践周、企业实习与创新能力训练

酒店及旅游管理专业是行业导向性和应用实践性很强的专业，加大实践教学的力度，一直是教学的侧重点，也是培养高素质技能型导游人才的关键。但是，尽管大多数

导游专业教师都认识到了实践教学的重要性，却因为受到根深蒂固的传统教育思维模式及缺乏实训场地的影响，现有的教学模式依然是以教室里“填鸭式”的教师讲授为主。所谓的现代化教学方式，大都是教师用“多媒体课件”代替了传统的“一支粉笔”而已。

1. “实践周”及企业实习教学模式的提出

按照建构主义的观点，学习环境是一个支持和促进学习的场所，知识是学习者在一定的“情境”下，借助其他人的帮助，利用必要的学习资料，通过意义建构的方式而获得的。知识来源于实践，能力来自于实践，素质更需要在实践中养成。由此可见，只有让学生在真实的职业环境中建构知识，才易于形成个体在工作中不断学习的能力和习惯。导游专业的教学要以“情境式教学法”为主，所谓“情境式教学法”，就是通过设置紧贴导游工作内容的“虚拟情境”及“真实情境”来开展教学，使“学校学习”与“职场学习”紧密结合起来，从而实现技能教学目标；而实施“情境式教学法”需要一个良好平台，如南京旅游职业学院组织的“实践周”。

“实践周”及企业实习是学院进行实践教学改革的重要举措，具体实施方法就是在每学期都专门安排一到两周的时间，进行列入教学计划的“纯实践”教学活动；每到“实践周”，该学院各专业都要展开一些紧贴教学需要、注重学生能力培养，且形式多样、富有特色的校内外社会实践活动。“实践周”的这些活动大都以“情境”为中心，学生学到的知识是“真实情境”中的知识，是按照职业体系自身序列排列的知识，这能起到缩短学生就业“磨合期”的作用。“实践周”及企业实习的教学方法是符合现代教学理念的，是能够满足职业教育的要求的，具有以学生为中心，注重学生情感、兴趣和要求，以行动为导向，结合职业情趣等一系列特征，如考察教学法、分组教学法、角色扮演法等。

在“实践周”及企业实习中，学生们在体验中学习，在实践中成长，为他们今后更好地融入专业学习奠定了良好的实践基础，其实践效果也得到了各实习景区、各大实习酒店、旅游企业以及众多学生家长的肯定。

2. “实践周”教学模式的实施

经过多年的探索与教学实践，学院旅游管理专业“实践周”的教学模式基本成型，现正进一步深化，已制定出操作手册，以便向更多院校的旅游管理专业推广。目前该教学模式大体分为三个层面：一是学校层面，学校建有先进的模拟导游实训室，可进行模拟的导游技能训练；二是景区层面，在浙江省及周边省份著名景区中选择了若干个实习点，进行认识性导游服务实习和模拟导游服务实习；三是校企合作层面，与学校所在地南京的旅行社开展有效的校企合作，进行认识性和生产性导游服务实习。

大学一年级新生一般都安排在9月中旬入学，在经过军训以及国庆长假后不久，10

月中旬迎来他们大学生涯的第一个“实践周”。在这第一个“实践周”内，进行“体验旅游”项目、“旅行社见习”项目及“校园导游”项目的教学。本“实践周”教师首先安排学生前往省内著名旅游景点进行认知实习，让学生走出校园，融入大自然，这为相对单调的学校生活增添了不少色彩。除了指导教师外，带领学生出游的导游往往是高年级的优秀学生。在“学姐、学长”的示范引领下去旅游，起到了良好的“传、帮、带”作用。在旅游车上，进行自我介绍、致欢迎词、介绍家乡、才艺表演、互动游戏等导游技能具体科目的训练，学生们的轮番“表演”，不仅仅使他们的导游技能得到了训练，同时也促进了彼此间的了解，还使他们充分感受到集体的温暖。

在旅游景区，通过观赏美景以及聆听当地优秀导游和指导教师的解说，让学生深刻体验大自然的瑰丽与神奇，体会文化的魅力和差异，以使他们对祖国丰富的旅游资源、深厚的历史文化以及良好的专业前景达成一个很好的共识。“体验旅游”项目结束后，安排学生到本地规模较大的旅行社进行见习活动，以使他们在系统地学习专业课程之前，对导游专业所涉及的领域有较为深入的感性认识，增加学生对未来工作情景和内容的了解。值得指出的是，到旅行社考察，需要得到相关旅行社的支持，这就需要学校和教师有较好的社会资源。“实践周”还安排“校园导游”项目的训练，此时的新生已在校生活一段时间，对学校有一定的了解，但并未熟悉。进行这个项目的训练时，教师先要求学生通过各种途径，收集与学校相关的文字和图片资料，充分挖掘校园的文化底蕴，再独立编写出校园导游词，然后进行校园讲解的训练。这不仅锻炼了学生的专业技能，同时也使学生对校园有了一个更为全面的了解，有助于培养学生的主人翁意识。

次年 4 月中旬，学生们迎来第二个“实践周”，这个“实践周”进行“沿途导游”和“模拟导游”项目的训练。由于学院旅游管理专业所培养的学生，在毕业后大多从事导游工作，他们的解说并不仅限于景区，而主要在沿途，所以安排这一项目的训练非常重要。在课堂上进行全陪导游欢迎与欢送词练习时，很多学生像在背书，所讲的内容缺少感情色彩，呆板无趣。而当把这个练习放在旅游车上时，学生们往往能结合情境，与同学所扮演的游客有了更多的互动，不再机械地背诵所准备的讲解内容。通过沿途模仿与锻炼，不仅提高了学生们的口头表达能力，更锻炼了他们的胆量；另外，课前的准备工作，也提高了学生们收集资料与信息处理能力。“模拟导游”训练项目安排在虚拟的场景中，学院是一座风景秀丽的学校，学校有优美的共和湖，校园内花草繁茂，校园旁有江宁方山，适合远足；校园内还有建筑风格独特的教学楼，这些都能模拟出很多贴近景区的场景来。另外，学院拥有先进的模拟导游实训室，可以营造出景区景点、旅游途中的导游环境氛围，从而能对学生进行图文、声像并茂的仿真实境教学。在“模拟导游”项目训练过程中，角色扮演教学法是比较频繁使用的一种教学方法。这种教学法使学生在事先设定的情境和限定的时间范围内，通过角色扮演，尝试性地和游戏性地接受所扮演角色的行为方式、表达方式和思维方式，以及决策和行为模式，并通过这样的扮演，与其他扮演者合作，展开互动。结合专业领域的角色扮演法，可进一步加深学生对知识与职业技能的领悟，更加扎实地掌握职业技能，今后更好地服务于企业。

大学二年级上学期，学院还安排了一些旅游文化类的课程，这些知识如果能在实地授课，效果无疑会更好，如在苏州园林中，介绍“导游基础”课程中的园林鉴赏知识。因此，本学期的“实践周”，教师们往往将课堂直接搬到景区，进行“实地教学”活动，旨在将书本上抽象、概括的知识转化为具体生动的自身体验。实习活动前，教师先对学生进行分组，再通过抽签的方式，决定各组的景点讲解任务。学生们接到任务后，通过查阅互联网、图书馆资料，对本组所抽到的景点进行充分了解。在实地教学活动中，学生以导游员的身份出现，为其他同学进行景点讲解。作为课堂教学的补充和延伸，实地教学就是把课堂所学到的知识和技能运用到实践中去，进而提高学生的实践技能，这有利于培养学生理论联系实际的能力，检验理论知识的学习水平，学习专业技能。在实地教学活动中，学生们通过景点考察和观摩、尝试导游员的业务操作，能丰富旅游方面的感性认识，强化旅游服务中一些基本技能，进而切实领悟到“读万卷书、行万里路、方能知天下事”的真谛。在整个教学过程中，学生们都是带着任务去实习，之后还要将实习过程和实习结果形成小组工作成果，在全班进行展示，这需要并锻炼了学生运用方法的能力。教师要对考察活动的结果进行点评，强调、扩展、巩固相应知识。由于很多训练都要分组进行，这还会提高学生们团队合作与沟通的能力。在往返景区的途中，仍然进行“沿途导游”项目的训练，重点放在沿途解说的训练上，此外还进行导游规范知识的抢答活动。

大二下学期的实践周，安排“旅游节庆”活动项目。“旅游节庆”活动集专业特色、文化建设、教学实践、思想教育为一体，在培养学生创新精神的同时，也能提升学生的人文素养。“旅游节庆”活动面向学院全体学生，主要由专业二年级学生建立项目团队，负责活动的组织，这培养了他们的组织策划能力，开发了他们的团队合作能力。“旅游节庆”的教学实践活动形式应是多种多样的，如“旅游知识竞赛”“特色旅游路线设计大赛”“导游风采大赛”等。按照“赛学结合”的教学新理念，通过各类活动与竞赛，以赛促学，强化学生对知识的记忆以及对技能的训练。在各类竞赛活动中，教师及时发现拔尖人才，并为他们选派专门的指导教师，进行重点培养。

大学三年级上学期，不少学生已经取得了初级导游资格证书，本学期的“实践周”安排他们进行“顶岗实习”项目的训练，通过到旅行社导游岗位上的实际工作，以完成知识到实践的真实运用，加深对旅游行业、导游岗位的全面熟悉。在学生出团前，旅行社都会先派优秀导游到学校进行培训，把与旅游线路的相关资料以及带团的一些技能详细地告知学生，让学生预先对带团任务有一个初步了解。按照预先的教学设计，学生一般应先跟随有经验的导游，熟悉带团的每一个环节，即从认真阅读接待计划、落实接待事宜，到接团、带团直至送站，然后再独立带团。但从具体实践来看，由于这段时间旅游市场非常火爆，人手紧缺，因此很多学生到用人单位的当天就独立带团了。由于他们在学校学到了比较扎实的理论知识，掌握了比较扎实的导游操作技能，所以学生尽管首次上岗，但都表现良好，广受游客和用人单位的认可。江苏省及周边各省市都活跃着实习学生的身影，甚至有学生带团到了北京、云南。值得指出的是，学生们大都是“带薪”实习。通过这个项目的训练，学生接触到了真正的客人，得到了真正的锻炼，缩短了学生从学校到实际工作岗位的适应期。

这个项目训练结束后，教师要求学生把实际带团过程中遇见的各种问题整理成实习案例，在总结课上，教师选取优秀案例进行讨论与点评。实践周还进行“创办旅行社”项目的训练，教师先将学生进行分组，每组创办一个“模拟旅行社”，并进行“试运行”。另外，还有一小部分学生在校内旅行社进行完全真实的经营活动。

大学三年级下学期的实践周，是学生们在校的最后一个“实践周”，给学生们安排的是“毕业旅行”与“毕业汇报演出”活动项目。毕业旅行活动让学生负责与旅行社联系，参与线路选择、费用谈判、组织安排等工作，并且充当全陪导游，既能节省一部分费用，又能锻炼他们在实践中运用理论知识的能力。在毕业旅游过程中，学生们重点了解旅游地的风土人情，熟悉旅行社、景区市场营销手段，以便为毕业论文的撰写积累良好的素材。毕业旅行归来，即将离开校园的毕业生们在“旅游节庆”活动上进行“毕业汇报演出”，充分展示他们的职业素养和青春风采，进一步促进师生交流，并留下对母校的美好回忆。

进行“实践周”活动，还有三点是特别需要注意的：一是离校进行考察活动，存在着一定的安全隐患。这就要求教师牢记“安全第一”的原则，选择安全系数高的旅游景点，并在考察前进行细致的准备和计划，准备好各种“应急预案”，监控好整个考察过程。二是景点的选择不能以学生或教师的喜好来决定，一切要以教学目的为依据，景点内容的安排上要做到自然、人文、社会资源的合理设计和搭配，让学生在旅游中体验美好，感悟人生。还有一个问题是“实践周”活动经费的筹措问题，旅游活动经费对学生来说金额比较大，因此需要学校、专业以及学生个人的积极筹措。学校应通过各种渠道，如增加实习经费比例、通过校企合作争取赞助等方式，增加专业收入，从而增加实习经费数额，加大对“实践周”活动的支持。

四、毕业论文（设计）与大学生创新能力训练

就旅游院校的创新教育来说，以培养专业的旅游人才为目标，创新教育在这一领域中成为主导的运行方式，并将该领域原有的运作方式进行了较为彻底的改造和重塑，使

之具有了充分的创新教育的特性，原有的运作方式和原领域的特性全部融合进创新教育的运作中，并通过创新教育的独特方式重新表现出来。

旅游院校教学做合一的模式能较充分地显示创新教育的特性，在完成创新教育目标和任务的同时，将该领域或教育教学目标的实现提高到新的层次和水平上。在这个领域的创新教育所借助的教育实践领域必须具有实施和运作创新教育的良好条件和基础（如前文提到的实训基地），其实践活动具有与创新教育活动相近的特性（如职业教育），具有使创新教育系统展开运作的时空条件，运行操作与创新教育有较多的共性特征（如创业教育）。

毕业设计和毕业论文是针对将被授予学位的高等学校毕业生而言的。毕业设计是高等学校技术学科专业及其他需要培养设计能力的专业或学科应届毕业生的总结性独立作业。要求学生针对某一课题，综合运用本专业有关课程的理论和技术，做出解决实际问题的设计。

毕业设计是高等学校教学过程的重要环节之一，是学生学业的重要组成部分。其目的是总结检查学生在校期间的学习成果，是评定毕业成绩的重要依据。同时，通过毕业设计，也能使学生对某一课题做专门深入系统的研究，巩固、扩大、加深已有知识，学生要学会选题，学会收集资料，学会整理分析资料，学会修改论文等。因此，撰写毕业论文是对大学生科研能力的训练。撰写论文能为学生今后独立地进行科研奠定基础。

（一）毕业论文程序上的创新

撰写论文的基本程序一般包括如下几步：选题、收集资料、简拟提纲、起草、修改等。选题是论文写作的第一步，选题要有所创新，一是指内容新颖，有时代感和前瞻性；二是从新角度探讨旧内容。资料的收集与分析是写好论文的关键，资料一般从书籍、报纸、期刊、学术会议文献、工具书等方面收集。占有资料后，再对其分析，通过分析他人的研究成果，了解学术动态，以求论文的创新。简拟提纲是作者动笔行文的必要准备，它体现作者的思路，有利于论文前后呼应和随时调整，避免不必要的返工。论文写作时，注意条理性、逻辑性，还要详略得当，属于自己的理论，特别是有新意的或者独到之处要讲深讲透，把自己的理论思考和构思的成果进一步修订升华，产生新的创造与突破。论文修改时要注意论点是否正确，是否有新意；注意材料是否确凿有力，是否合乎逻辑，是否有说服力；注意结构是否合理，语言是否通顺、精练等。最后，还要注意论文的格式，一般来说，大致格式包括：论文题目、内容摘要及关键词、主体部分、结论、注释和参考文献等。

（二）撰写毕业论文上的创新

学生撰写毕业论文时，在注意优化研究的途径和方法并且尽量达到在应有的理论水平基础上，还要注重成果的创新。毕业论文是学生几年来学术和研究的一个总结，不是科学技术资料的堆积。因此，撰写毕业论文时应该树立新的观念，运用一些新的研究方法，敢于开辟前人未曾涉猎的新领域，掌握新的技术原理，写出新的内容。学生毕业论文的创新，首先体现在课题即毕业论文题目的选择上。一般说来，只要主观条件和客观条件允许，就应选择现实生活中亟待解决的课题，学科发展中前沿性课题，边缘或交叉学科的课题，具有新发现或新创造的课题，填补空白的课题，纠正常规说法的课题，补充前人说法的课题等。应该说这样的课题都是社会急需的课题，是最有科学价值、最值得研究的课题，也是最有新意的，一旦完成，研究成果就一定具有创新性。因此，在选题时，要敢于向困难挑战，积极创新，否则撰写论文就失去了意义。

（三）毕业论文的观念、方法、技术上的创新

毕业论文的创新，还体现在观念、方法、技术的更新上。如今，科学研究的多个领域在观念、方法和技术上正经历着巨大的变革。同传统的科学研究相比，当今科研越来越重视综合化、定量化和数字化。在方法上，以信息论、控制论、系统论等为代表的各种新的理论正在研究中发挥着重大作用。因此，学生在写毕业论文时就应跟上科技发展的新潮流，学习和采用新的观念、方法和技术，尽可能使研究工作具有超前性，使研究成果有新意和突破。毕业论文的创新还体现在老问题新视角方面，即作者采用新的论证角度，进一步研究别人已经研究过的问题，最后得出在一定程度上能给人以启发的结论。此外，通过自己的研究，能提出一些或某个问题，并引起学术界的争鸣或在某一方面甚至某一点上弥补别人的不足，这同样说明论文具有创新性或独创性。

（四）毕业论文的创新指导

毕业论文的成功与否在很大程度上与指导教师有关，所以，指导教师必须以认真、积极、严谨的态度做好论文指导工作。首先要仔细审查论文题目。合适的毕业论文题目是学生写好毕业论文的关键性环节，因此，导师必须仔细审定学生已经确定的毕业论文题目。其次，指导学生制定毕业论文的写作进度，并适时检查。再次，指导学生参阅有关资料并拟定写作提纲。最后，审阅论文。这是学生在撰写毕业论文时，作为一名指导教师最起码的要求。

具体而言，教师指导学生一般应运用如下指导方法去引导学生创新写作：

（1）努力启发学生善于独立思考。指导教师的作用仅仅是启发、引导，只是对原则性问题进行指导，而不是包办代替。注意发挥学生的主动性、积极性和创造性。鼓励学生大胆创新，并注意论文的思想进步性和科学性。

（2）简单讲解毕业论文写作的基本程序、基本格式及注意事项。富有启发性地引导学生独立进行论文写作，敢于发表自己的见解，用自己独特的视角去论证问题以求论文

的新颖。

（3）监督学生写作的进度。对于学生撰写论文时遇到的困难，按情况不同予以方法的指导，让学生在正确方法的指导下，自己独立去克服，以培养学生独立自主解决问题的能力，克服依赖心理，培养学生的创造性。对于学生实在难以解决的问题，教师必须予以解决，以便按时完成毕业论文的写作。

通过本章学习，了解创新活动的主要方面，将校园文化、校内活动、校外实践等方面结合起来，调动学生的积极性，发展学生的创意点，使教学和实践能同步走。这种创新意识的产生，符合当今学生发展的主题和人才培养方案。创新人才的培养离不开实践活动。高校应进一步加强和改进创新实践活动，结合学校的学科特点以及学生的实际情况，设计组织不同类型和层次的创新实践活动，使更多学生受益。在实践中，可以开展三个层次的创新活动：第一层次为科技普及活动。对参加者没有特殊能力要求，适合绝大多数学生参加，如“科技展览”“科普宣传”“学术论坛和讲座”等。第二层次是学科竞赛活动。要求参与者基于一项能力开展深入钻研和实践。第三层次是跨学科的竞赛活动。要求参与者具备较强的综合能力和创造力，融合多学科知识开展创新创造。同时，重点要加强对学生的过程指导和成果转化，引入行业协会、企业以及投资基金等专业资源的指导与支持，切实帮助学生提高创新实践活动的科学性和实效性，使学生不仅仅停留在“积极参赛、努力拿奖”的阶段，而是能够围绕某一领域进行深入研究并形成有价值的研究成果，从而在创新实践过程中增强对创新创造的理解，切实提高创新创造能力。

案例思考题

现代社会常谈论到的一个词就是创新，想要寻求发展，就要有所创新。同样，做餐饮也需要创新，一味地故步自封，就会被市场淘汰。在社会经济高速发展的今天，餐饮的创新符合时代发展的需要，广大的餐饮消费者也需要品尝到不一样的餐饮。以天粮餐饮企业来说，其作为一个餐饮加盟服务企业，研发的餐饮项目具有了创新服务，跟得上潮流，也十分有特色。天粮餐饮的项目也因此受到创业者的追捧与消费者的喜爱。这充分说明了餐饮创新服务的重要性。天粮餐饮主要通过以下几个方面创新。

1. 观念创新

观念是指餐饮项目经营的理念，可以说，经营的理念在某种程度上可以决定餐饮经营的成败。当今的餐饮消费者已经由过去的“吃饱求生存”到“吃好求口味”发展到现在的“吃好求健康”。餐饮消费者的观念在不断发生变化，这就需要餐饮企业做出创新改变。天粮餐饮正是看到消费者的需求，突破传统的思维方式，打破常规，勇于创新，实现了以“消费者为中心”的根本转变。做餐饮就是为消费者服务，只有消费者满意，餐饮经营者才能得到更多回报，这也是天粮餐饮希望餐饮经营者可以秉持的观念。并且，天粮餐饮认为在如今的餐饮市场中，我们面临着太多的新思潮和时尚流变。适应时代步伐，积极应变创新是餐饮从业者竞争的利器。有创新才会有特色，有了特色就不怕被人模仿与超越了。天粮餐饮就是因为具备了创新观念，才会拥有创新特色的餐饮项目，从而受到创业者及消费者的好评与肯定。

2. 产品创新

天粮餐饮想告诉大家的是产品创新是餐饮创新服务的重中之重。对于餐饮创业者来讲，加盟一个餐饮项目，项目的产品符合大众消费者的需求，那么这个项目的经营就会十分顺利，所以产品的创新关系到经营者的收益。天粮餐饮整理了产品创新都需要哪些方面。

①原料创新

随着国内经济的发展，烹饪原料也逐渐丰富起来，不仅是国内的原料，包括国外的原料也都可以引进过来。充沛的原料资源，可以进行更多的创新组合与搭配。天粮餐饮就是利用原料的创新想法，研发出了创新餐饮。

②口味创新

餐品口味直接影响着餐饮的口碑，好口味会收获好口碑。那口味的创新就显得尤为重要。天粮餐饮也注意到这一点，在餐品口味上下足了功夫，用创新的思维，打造创新餐品口味，使其研发的餐品受到消费者的喜爱。

③烹饪技法的创新

烹饪技法是多种多样的，不同的餐品有着不同的烹饪技法，餐品的色、香、味、形、质、养全是通过烹饪技法来实现的，所以烹饪的技法也是不容忽视的重要方面。天粮餐饮的项目餐品之所以美味独特，正是因为拥有独家研发的烹饪技法。

④色彩创新

这就是指餐品在色彩上的搭配了，根据原料的固有色彩用异色搭配法，使餐品五彩缤纷、外观诱人。天粮餐饮的项目餐品在研发上也注重了色彩的搭配，使餐品拥有了诱人色泽。

⑤形态创新

形态创新是指餐品的外观形态，通过对于餐品外观的设计，使其拥有美观的形态，增强消费者的食欲。天粮餐饮研发的餐品外观都是经过精心打造而成的，拥有超强的美感。

3. 餐具创新

餐具创新也是餐饮创新服务中重要的一点，红花要有绿叶配，好菜当然要有好的餐具来盛放。一盘色形味美的餐品配上一个不合时宜的餐具，会破坏餐品的整体水准。而好的餐具盛放的餐品，则更能体现出餐品的档次。对于餐具的创新，天粮餐饮很有心得，而且在餐饮项目的研发时也会特别注重餐具的设计，配合着项目特色，餐具也会具有独家的特色。

4. 服务创新

一般的餐饮服务都是沉默式的服务，消费者怎么要求，服务人员就怎么做，当然还有问答式的服务，会适当推荐给消费者一些餐品。但这两种都属于落后型服务了。服务的创新就要求服务人员具有较强的业务技能及专业知识，有适当的超前性，满足消费者多元化的需求。想加盟天粮餐饮的创业者，都可以通过天粮餐饮的培训学习到这一点。

问题： 1. 餐饮创新体现在哪几个方面？

2. 如何培训培养创新人才？

技能训练

一、任务名称

新视野节酒店用品设计比赛

二、任务目标

1. 通过分组的方式，完成比赛的赛制、人员分配、财务、宣传的分工。
2. 培养参与者的创意以及组织能力。

三、任务实施

1. 对班级学生进行分组，每组5~6人。
2. 每组同学按要求完成比赛的赛制、人员分配、财务、宣传的安排。
3. 对宣传海报设计、财务总结和人员分配的合理性做中期分析。
4. 撰写活动通知，进行活动分析与总结。
5. 教师适时指导。
6. 时间：两周。

四、成果考核

1. 活动方案及成果册。
2. 教师根据本组学生的表现情况打分，并计入平时成绩。

第八章　国外大学生创新经验借鉴

学习目标

通过本章学习，你应该能达到：

［知识目标］1. 了解各国大学生创新实践活动；

2. 了解各国大学生创新实践经验。

［能力目标］能够根据各国国情不同，区分出各国的创新活动。

［实训目标］阅读相关书籍，做各国创新经验读书报告交流会。

国家的发展需要科技和人才，唯有创新是科技发展的不竭动力，是人才培养的要求。自十八大以来，在习近平总书记的公开讲话和报道中，“创新”一词出现超过千次，可见其受重视程度。这些论述，涵盖了创新的方方面面，包括科技、人才、文艺、军事等方面的创新，以及在理论、制度、实践上如何创新。正如习近平所说：“坚持创新发展，就是要把创新摆在国家发展全局的核心位置，让创新贯穿国家一切工作，让创新在全社会蔚然成风。”

正如梁启超先生所说“少年智则国智，少年富则国富，少年强则国强，少年独立则国独立，少年自由则国自由，少年进步则国进步。”一个国家的青年的创新力推动国家进步，一个国家的创新力不断推动国家的发展。一个国家是否有足够的创新力正表现在能否在风云变幻的当今世界中崭露头角，与国家青年的创新力息息相关。高等学校当代青年的创新意识培养、理论教育以及实践操作在美国、英国、德国、日本等国家已有一些基础。本章以这四个国家为例，分享国外高等学校的创新教学经验，达到学习的目的，更好地激发我们的创新灵感。

一、美国大学生的创新经验借鉴

创新教育颠覆了传统教育观念，从授人知识到运用知识，转变为引导人如何创新知识。美国在日新月异的发展中逐渐形成了全社会立体式的创新体系，美国文化中的开放、自由、冒险的特质造就了美国的创新精神。作为一个仅有200余年历史的年轻国家，美国的大学占据世界名校的大多数，出产着世界大部分的学术科研成果，吸引了世界各地数量最多的留学生，美国是世界上高等教育最发达且实施创新教育的国家之一，世界70%的专利出自美国,① 因此，学习美国的创新创业教育是很重要的。

（一）美国高校的创新教育

1. 学术与创新相结合

（1）综合的人才评价与选拔

美国教育的人才评价与选拔看重学生的综合素质，学生的创新精神又是反映学生能力的重要一环。摆脱以学生的考试成绩为唯一衡量人才的标准，转以学生高中成绩、个人特长、社会实践、教师推荐信以及面试考核的综合评分为关注重点。美国高校在选拔学生时，学生可以多次参加SAT（学术能力评估测试）以及ACT（美国大学入学考试）考试，这样学生能够有很多机会，避免一次失误就抱憾终生。SAT考试重视学生智力的发展，从智力水平的测试中，看到学生的潜能，发掘更多的创新型人才；ACT考试则结合学生的学习能力、独立思考能力以及判断能力的综合性考试，与高中所学科目关联度高。同时，ACT还关注学生的一些诸如教育需求和学习兴趣等非智力因素。②

（2）师生共同参与的科学研究

关注学生的成长，关注学术的进步，美国政府和民间机构设立多种基金，自主大学教师和学生从事相关科学研究。美国高校各项开创性成果促进了知识的传播，因此创新教育必不可少。教师在其中起到导航引领的作用，一个有创新精神的老师，能高瞻远瞩，为学生创新成果指明了道路。在美国，几乎所有的大学都开办了创新性思维课程，让每个大学生能够熟悉创新原理；几乎所有的大学都想方设法提供日益优化的创新基地和平台，以利于学生开展形形色色、种类繁多的创新活动。③

知识拓展

本科生研究机会计划（UROP）

1. 研究机会

为促进对校内大学生科研的深入了解和把握，加利福尼亚大学特邀专家在2002年冬对本科生研究计划的各方面进行评估，包括科研活动对学生的潜在促进作用以及对大学生而言哪些因素使得研究经验显得尤为重要。

---

① 唐海波，何浩宇．浅谈美国高校的创新教育［J］．它山之石，2010（4）．

② 李建中．美国大学的创新教育及启示［J］．创新与创业教育，2012，3（4）：105.

③ 郑永廷，高国希．大学生自主创新理论与方法［M］．北京：人民出版社，2010：91.

2. 研究的益处

在加利福尼亚大学，大学生研究创造性活动作为教育教学整体的一个重要组成部分，已经成为每一个学生都渴望能够得到的机会。

提取线索，批判性分析和解决问题的技能；发展沟通交流技能和独立工作能力；理解和应用研究方法，道德规范，以及行为规则；理解学术和其他行业之间的关联；利用技术和计算机程序；学习和创新创造性的思考方法；成功地与一组多样化的人群共同工作。

3. 重要经验

本科生有机会累积在任何一个职业领域都能凸显价值的技能和经验。

接触到教职工的机会，面对面交流；实际应用；学习使用研究方法；研究职业发展的可能性；对客观事物知识的拓展。

UROP 致力于推进师生之间以及学生和校外团体组织的良好关系。通过参与研究或者加入创造活动计划使得学生的经历得以丰富，将对学生未来的职业生涯产生重要影响。UROP 鼓励所有的本科生去寻找自己感兴趣的领域或者课题并投入进去。研究之路自 UROP 开始。①

2. 校园活动与创新相结合

在美国大学里，独立思考、质疑一切是创造之魂。唯有通过行之有效、讲求技巧的教与学，方能促使学生在适当的启发和引导下，大胆进行探索性学习。耶鲁大学校长莱温先生认为："我们希望学生具有思辨能力和独立思考的能力。美国课堂教学的重要内容是教师与学生之间的互动，我们鼓励学生质疑老师、质疑书本，鼓励学生不墨守成规，去质疑固有的理论，并尽可能地建立自己的理论体系。"② 只有让学生具备发展性思维和批判性思维，才会增强独立思考的能力，孜孜不倦地追求真理，突破人伦关系，做到"吾爱吾师，吾更爱真理"。思维单一则容易禁锢，科研不深入探索则流于浅尝辄止、二者任缺其一，对学生创新意识与创新能力的培养都是不利的。

在这种理念指导下，美国大学的教师充分尊重每一个学生，用指导学生自主发现问题、解决问题，来替代直接把既有答案和结论公布给学生。既鼓励学生在课堂上积极参与有关教学内容的讨论，更鼓励学生在课外自主地学习、锻炼和提高。参照美国一些名校的校历，按本科毕业要求计算，其课堂教学的总时数大约只相当于我国一些名校的60%，但美国大学生却需要更多的时间从事课外自主学习，不仅要读书、写文章，更要参加各种社会实践，也要完成更多的课外作业。

---

① 摘自美国"本科生研究机会计划"主页，http：//www. urop. uci. edu/，周懿译。

② 杨立军．从十大名校看美国式精英教育［M］．上海：学林出版社，2007：33.

（1）独立活动计划（IAP）

麻省理工学院等学校的“独立活动计划”（Independent Activities Period），是一项特殊的为期四周的活动。该计划为学生提出具有市场前景的技术产品或者服务，围绕这一产品或服务，以“获得风险投资家的投资”为目的，通过深入研究和广泛的市场调查，完成一份完整、具体、深入的商业计划。据统计美国最优秀的50家高新技术公司有46%出自于麻省理工学院的创业计划大赛。在某种意义上讲，高校创业计划大赛已成为美国经济的直接驱动力之一。

（2）学科竞赛

美国大学生数学建模竞赛（Mathematical Contest in Modeling，MCM）自1985年开始，是由美国数学学会、美国工业与应用数学学会、美国国家安全局联合举办的国际性大学生数学建模竞赛，鼓励大学生对范围并不固定的各种实际问题予以阐述、分析、提出解法，并实现完整的模型构造。每个参赛队由3名队员和1名指导教师组成，在三天的赛程中每次两个考题，每队任选一题；参赛者可以使用计算机、软件包、教科书、杂志和手册等资源。第一节MCM举办时，仅有美国70所大学90个队参加，到1992年已经有美国及其他一些国家的189所大学292个队参加。2007年美国大学生数学建模竞赛于北京时间2月9日至2月13日举行，来自全球12个国家和地区的949个参赛队参与了此次竞赛。

ACM国际大学生程序设计大赛由国际计算机学著名的ACM学会（Association for Computer Machinry）主办，是世界上规模最大、水平最高的国际大学生程序竞赛。自1970年开始每年举办一次，其宗旨是使大学生通过计算机充分展示自己分析问题和解决问题的创新能力。ACM大赛为在校大学生提供了很好的机会，以便他们能与外校大学生交流及展示他们在解决问题、编辑程序和团队合作方面的能力。同时为ACM、企业、学界提供了交流平台，以便他们在选拔优秀人才时能对这些程序设计精英有更多的关注和了解。

3. 社会实践与创新相结合

美国高校的社会实践型创新活动主要有以下内容：

（1）社团活动

学生社团活动兼具文化、创新、发展、凝聚、交流、实践等多方面内容与功能，是美国大学生自主学习、研究、交流的主要形式。美国高校大学生社团数量庞大、种类繁多，具有较高自主性，学生有广泛的参与激情。美国高校最早的社团组织，是18世纪后半期兴起于耶鲁大学的文学社团（Literary Societies），随后哈佛大学、普林斯顿大学校园里也开始有学生社团不断涌现。据美国卡耐基教学促进基金会调查，50%的大学本科生每周至少参加1小时以上的有组织的社团活动（还不包括体育活动）。哈佛大学有

500多个学生社团。美国大学的学生社团主要包括学生自治会（Student Goverment）各部门的组织与活动，学生报纸与刊物，兄弟会和姐妹会，学生自发组织的关于宗教、政治、文化、体育、音乐等的社团活动。学生通过定期参加各种社团活动丰富课余生活、培养综合素质、锻炼实际能力，实现自我管理、自我提升、自我教育和自我发展。

（2）志愿者服务

美国志愿者组织（Volunteers of America，VOA）是全国范围内的非营利性组织，通过多种多样的服务项目，帮助国内44个州超过400个社区中的200多万人。自1896年志愿者组织建立以来，帮扶了国内大量弱势群体，包括问题青少年、孱弱老者、刑满释放者、无家可归者、残疾人和戒毒人员。许多大学生参加了志愿者组织。2005年，美国有330万大学生从事着志愿者服务，相当于当年所有1080万适龄学生的30%。实际上许多美国大学生早在中小学时就已开始从事志愿者服务活动，因为各高校在接收学生入学申请时，绝不仅仅以SAT（大学入学考试）分数作为唯一衡量标准，而是将其他的因素，诸如个人的特长和创造力、社区服务活动、领导才能等“软实力”也放到同等重要的地位。一位普林斯顿大学的负责人这样解释：“我们要看申请人在社区服务方面的创造精神。”学生通过各种志愿者活动，加深生活体验，强调服务他人，进而不断培养独立意识、自主意识和创造意识。

知识拓展

美国志愿者协会支持并赋予成千上万需要为了一个共同目标而紧密联合起来的人们以力量，在全国各地设立了38个办事处和400多个分会，为最需要帮助的人们提供多种类型的志愿者服务，主要包括：

青少年儿童和家庭

美国志愿者协会为残疾青少年儿童和孤儿提供高品质的创新型服务，通过协会的专职和兼职志愿者确保这些孩子在社会、感情和学业方面的发展，并且保证其中年长一些的孩子的身体、情感和心理健康，为成年做好准备。美国志愿者协会的该项目通过对青少年提供预防、早期干预、危机干预和长期服务等一系列连续帮扶活动，对孩子们给予照顾和支持。

社团交流活动

美国志愿者协会通过多种形式的项目构建一个安全的关系网络，加强无家可归者、衣食无着落者以及其他陷于危机者的社会活动性交流。这些服务项目包括定期的物品补给和社团活动、二手货商店、学术书籍赠送项目以及与宗教团体之间的合作项目；广泛的特殊活动与服务，节日盛宴和礼物赠送的项目也被包括在内。

重获新生

在过去的112年里，美国志愿者协会一直鼎力支持对服刑人员采取宽容疗法，并提供多种服务帮助他们实现从监狱到重归社会、从事正常生产生活的成功转型。在其服务传统的支持下，今天美国志愿者协会的矫正专家们一如既往地帮助重新进入社会的服刑人员，他们中的不少人在经历一段与世隔绝的监狱生活后，在社交中处于弱势地位。协会和各地社区联合创造国内最好的机会之一去鼓励公民参与与接纳刑满释放人员的项目进程，服务并指导曾受过监禁的公民。这些对于刑满释放人员而言，不仅仅提供能够改变生活的益处，还对当地社区的健康和活力产生直接影响。

美国志愿者协会新英格兰北部地区办事处开展了一项创新且领先的社区矫正转变联合项目。缅因州（Maine）的Windham项目已经将其累犯比例降低至20%，比全国平均水平的67%有显著落差。这个大获成功的项目从缅因州的矫正部获得了80万的奖金，用以在班戈的一座监狱（Bangor）开展了一个类似的女性服刑人员帮扶活动。

残疾帮扶

美国志愿者协会致力于完善发展中的残疾帮扶项目。最近委派的三所地方办事处包括：新大奥尔良州办事处（Greater Ner Orleans）、俄亥俄州河谷办事处（Ohio River Valley）和达科他州办事处（Dakotas）。其中达科他州地方办事处获得了品质与领导力委员会（Council on Quality and Leadership）的认证，俄亥俄州河谷办事处获得了CARF（Commission on Acereditation of Rehabilitation Facilities，康复设备检定委员会）的认证。

老年扶助

美国志愿者协会的服务项目致力于增进老年人的健康和独立生活能力。它是美国国内为老年人提供有品质、可负担住房的最大的非营利性组织之一，并且还有生活援助、家庭保健和家庭护士料理等服务项目可供选择。协会所提供的各种服务包括老年人活动中心、运输中心、代际项目、业务问询服务、保护服务、饭食计划和杂物修理服务等。

急救服务

美国志愿者协会急救服务倡导帮助个体和家庭超越个人挑战，通过干涉、复原和预防等工作途径去确保深陷危机的人们能够尽早从中解脱。在急救中的必要时刻，协会通常致力于最迫切的需要并提供长期支持。

就业培训

美国志愿者协会的成年服务对象所遭遇的最为常见的问题，是寻求并维持一份能够自给自足的工作。通常而言，低薪工人认为单纯的劳动力市场不能让他们摆脱贫困。尽管很多人放弃福利救济转而去工作，他们的生活标准却并没有得到提高，仍然无法满足自己的基本需求。

通过教育、培训服务，协会的就业培训项目帮助有准备的个体寻求更加高薪酬的工作，以帮助他们实现安定可靠的生活。项目包括职业咨询、工作安排、成人教育、电脑培训和职业经验项目。

健康护理

在100余年的时间里，美国志愿者协会始终积极响应着国家对健康护理的需要。今天，协会是专业为老人以及其他患病人员开展长期护理服务的主要提供者，其服务内容主要包括：生活援助、记忆护理、看护照料、康复治疗，协会也提供持续性的艾滋病病毒感染预防和家庭养护服务。

住宅供给

对美国志愿者协会及其所支持的人们而言，家的意义远远胜过一个遮风避雨之所。家是生存生活的基础。协会通过提供安全可靠、能够负担的住房，以及一些至关重要的帮助，去引导和支持需要的人们。

美国志愿者协会为无家可归者、残疾人、艾滋病感染以及携带者创造住房供给机会，并进行有效管理。同时，协会也有很多支持服务与活动提供给享受住房供给的住民，比如儿童课外生活项目、将老年人护送至指定医疗点，以及为残疾人士提供发展培训。但凡有需要住房的人们，美国志愿者协会的援助之手和微笑就一定会到那儿。①

二、英国大学生的创新教育借鉴

近现代科学技术的三次重大变革对人类产生了深远影响。继意大利之后，第一次工业革命发祥地的英国成为世界科技中心，尽管在第二次工业革命后其中心地位为德国所取代，从此逐渐失去了在科技与经济方面的世界领先地位，但在其后的这100余年间，英国却能始终稳居于世界强国之列，其雄厚的科技基础与实力不容忽视。

① 摘自美国志愿者协会主页，http：//www. voa. org/，周懿译。

据统计，1901 年到 2003 年期间全球 435 个获得诺贝尔奖的科学家中，英国有 72 人，占总数的 16.6%，仅次于美国。另据美国国家科学基金会的统计；1953~1973 年世界主要研究成果和发明总数中，英国占 25%，仅次于美国所占的 65%。能取得如此斐然成就，英国历史悠久的高等教育功不可没，排名世界第二的教育水平仅次于美国，在全世界排名前 100 所名牌大学中有 1/4 在英国，牛津和剑桥这两所老牌大学更是举世闻名，仅剑桥毕业生中就涌现出了 82 位诺贝尔奖得主。以保守传统著称于世的英国绅士，何以在科技创新领域屡有突破呢?

（一）英国大学生的科研意识

英国的高等教育机构可以分为两大类，即大学和学院。大学更加综合化、多学科和规模化，而学院则相对要更专门化、少学科和特色化。为了叙述的便利，在此将这些高等教育机构统称为大学。历史上英国的高等教育以提供博雅教育、培养社会精英和公众绅士的办学理念闻名于世。经过将近 900 年的发展，至 2003 年，英国已有大学 100 所，学院 120 所，高等教育学校 52 所，全国在校生规模超过 220 万人。

通过向公民、受教育者和社会传授知识、发展能力为目标的宗旨的英国高等学校，培养了无数受过良好文化素养熏陶的高素质社会公民，在社会的各个岗位上发挥着举足轻重的作用。他们的能力与素质的形成与英国高等教育的教育体制、理念、特色和社会环境密切相关。

1. 强烈的问题意识

科研意识的核心即问题意识。问题意识是科学研究的起点，是开启科学之门的钥匙。没有问题意识，创新将成为纸上空谈，科学会无从前进和发展，社会也就无从进化。唯有具备敏锐的洞察力，深刻的质疑精神，强烈的批判意识，敢于提出问题并执着努力于解决问题，科学研究和探索才有明确的目标和方向，才可以运用既有知识深入探求、追寻真理。英国大学生所具有的强烈问题意识，源自其英国独特的教育理念。

与我国传统的教育方式不同，英国教育的重点不是传授知识，而是为人的工作与创造服务。培养独立工作和独立思考的人，培养有个性的人，培养有专门知识和使用技能的人，这是学校一切制度和教育活动的出发点和衡量标准。正如英国的一位教育官员所说：“我们的教育目的不是为了教学生成为像微机和计算器那样准确计算的工具，而是教会他们如何使用微机和计算器去为其他的工作服务。”

近代英国科学哲学家 K. R. 波普尔说“科学只能从问题开始”，“科学知识的增长永远始于问题，终于问题”。在英国的教学课堂上，教师的讲授随时允许被学生打断，就相关问题提出疑问。提问内容相当广泛，或是没有听懂的细节，或是对讲授内容所持有的怀疑之处。学生没听懂有疑惑不被认为是学生的过错，老师有责任和义务回答学生的问题，并耐心讲解直到学生真正明白，教师绝不会因为学生有问题而责怪他们。回到家里，家长们所关心的，也不是“今天老师布置的作业你都做完了吗”而是“老师今天讲的你都听明白了吗，有向老师提问题吗”。

我国传统的学习方式过于突出接受和掌握，忽视了学生的问题意识，使学生学习成为纯粹被动地接受和记忆，兴趣和热情受到抑制，不利于创造性思维的培养。与我国古代“授人以鱼，不若授人以渔”的观点近似，英国教育系统自下而上都十分重视开放式教学，以如何发现并发挥学生的个性特点为教育思路，采用知识传授和思维力式培养相结合的教学，注重引导思考，提高思维能力，鼓励学生既动手又动脑，并制定了A、B、C、D等级+面试的评价体系。这一点对英国学生强烈问题意识的形成大有裨益。和美国一样，英国没有统一的课程教材，具有一定灵活性，探究性的教学方式更使得英国学生在独立学习、探究知识方面具有抢答优势，自幼就培养出较强的问题意识和创新精神。学生一般不拘泥于课本经验，不迷信盲从权威，不仅对问题有自己的见解，而且十分注重学科论证。大学非常崇尚学术与自由，教授们治学严谨，学生跟随导师学习，不仅在学习上得到指导，更能在工作、生活和情感方面得到点拨。

在本科生中实行导师制，是牛津大学的传统。教师针对某个专题开课以供学生选修。在学生申请入学时，各学院相关学科的教师通过审查申请文件选择学生，在日后成为该生专修科目的导师。导师每周和学生见一次面，学生要提前针对导师所开书目或指定的问题准备一篇研究心得或短文，在师生研讨过程中，双方就文章论点进行讨论。导师借由这种制度训练学生逻辑思考及临场反应能力，并详细了解学生研习的情况。

知识拓展

牛津大学导师制最初产生于14世纪，但直至19世纪之前，牛津大学的导师都没有被认为是学校的正式教师，导师所进行的教学也只是学院常规教育的一种补充。导师对学生的指导不以学业为主，而涉及道德、经济等多方面。

现代意义的牛津大学导师制建立于19世纪大学考试制度改革之后。导师制开始成为一种以学院为依托，以本科教学为主旨，以导师个别教学为主要特征的教学制度。此后逐渐向学科化、学术化和多元化的方向发展，导师职业成为一种真正的学术性职业。①

2. 浓厚的科研环境

英国高等教育从创立初期起就备受政府和社会的重视，几个世纪以来，始终享有高度的自主权。英国科技实力的雄厚与历来崇尚科学的传统密切相关，国内有着相当浓厚的科

① 杜智萍．牛津大学导师制与自由教育传统［N］．科学时报，2007-07-03.

研氛围，从政府到企业，从学校到家庭，在各个方面力创适宜科学发展的环境与土壤。

大学是英国开展科学研究最主要的基地。英国的高等教育在世界上享有盛誉，但曾因长期沿袭旧制，重理论轻实践、重科研轻应用，一度出现过滞后现象。为此在20世纪80年代中期，英国政府和教育界人士曾就高等教育如何提高质量，以适应市场经济和社会的发展，开展了大讨论，并于1988年发布《教育改革法》，大大拓展了大学的社会服务职能，推进了英国高等教育的新发展。

大学科研方面的强大实力突出体现在高端科研人员的广泛聚集，以久负盛名的牛津和剑桥大学最为突出。牛津大学建立于13世纪，在其近800年的历史中，牛津大学培养了5个国王、26位英国首相（包括英国前首相撒切尔夫人和布莱尔）、多位外国政府首脑（如美国前总统克林顿）、近40位诺贝尔奖获得者以及一大批著名科学家，如经济家亚当·斯密、哲学家培根、诗人雪莱、作家格林、化学家罗伯特·玻义耳、天文学家哈雷等。牛津现有83位英国皇家学会（Royal Society）院士，125位英国社会科学院（British Academy）院士，在数学、计算机科学、物理、生物学、医学等领域，都名列英国乃至世界前茅。近年来，牛津不仅在文科而且在理科、不仅在基础科学而且在应用科学研究中都取得了举世瞩目的成就。剑桥素有“自然科学的摇篮”之美誉，物理学家牛顿、生物学家达尔文、经济学家凯恩斯和李约瑟博士等世界著名科学家及学者均求学或执教于此。自1901年起，共有81名大学成员获得诺贝尔奖，所获的奖项涉及各个领域：29项物理奖、22项医学奖、19项化学奖、7项经济学奖、2项文学奖和2项和平奖。这81名成员中，有70人曾是剑桥大学的本科生或研究生。

同时，大学通过与企业合作能有效将科研实力转化为现实生产力。牛津早在1988年就建立了科技成果转化公司，将大学的科研成果转化为市场产品，并于1991年创办牛津科学园。剑桥大学的科学园则被称为英国的“硅谷”，吸引了大批高科技产业前来落户，出现了所谓“剑桥现象”。随着科学园的建设与开发，大批高科技企业在科学院的周边地区迅速成长起来，数以千计的公司和数以万计的高科技人才会集剑桥，着力于科研成果的转化，使之成为全英乃至欧洲高科技产业和人才最密集的地区。

知识拓展

英国是西欧建立科学工业园区最早的国家之一。英国的科学工业园区大部分是在研究基础较好的大学附近，创造优美、安静、建筑密度低的环境，吸引知识密集型企业，使大学的科研成果产业化。英国建立的科学园主要是为了加强学校与工业界的关系，而不是营利。英国建立的科学工业区主要有两类：一是以研究为主的科学工业园区，除剑桥大学科学园和赫利奥特瓦大学科学园外，比较著名的还有艾斯顿科学园和沃里克大学科学园；二是以生产制造业为主的科学工业园区，如已成为英国和欧洲电子工业基地的苏格兰硅谷和兼具研究、开发、生产活动的M4号高速公路走廊。

1970年，剑桥大学创办了英国第一个科学园——剑桥科学园。具有几百年学术研究传统的剑桥大学为英国科学工业园区的先行者。现在，剑桥科学园已成为欧洲最成功的科学园区，剑桥科学园的宗旨是：（1）将科学研究与工业生产相结合。（2）同租户公司的研究人员或当地的研究机构磋商确定轻、小、薄的工业产品生产。（3）开展活动中心、专利代理人和风险资本家认为适合科学园的一些从属性活动。剑桥科学园分阶段兴建，租用率逐年增加。

高技术小公司在剑桥地区大量集聚和衍生的现象被称为剑桥现象。剑桥现象具有以下特征：一是大量高技术企业集聚在剑桥附近；二是英国和国际的公司，包括高技术产业以及金融、商业服务公司，对在该地区建立分公司越来越感兴趣；三是在剑桥现象的发生过程中，大学起着直接和间接的影响。①

3. 政府支持

英国大学生之所以能在校内外享受到优厚的科研条件，与政府对科技发展的高度重视密切相关。为了加强科学技术研究，英国进行了两次体制改革，先将科技机构从教育和科技部分离出来，然后又脱离内阁办公室并入贸易工业部，英国科技办公室的职责是："遵循科学和创新的基本规律是制定科技政策的最高战略目标；政府是基础科学研究理所当然的主要投资者，是大学和企业合作的服务者，创新的管理者和公众科学信仰的推动者。"②为此，英国科技办公室专注于政府科技政策的研究和制定。政府在科技上的高投入是英国能在科技上保持世界领先地位长盛不衰的关键。

为了保障科技的稳健发展和进步，政府逐层逐级设立了各种科技管理机构，按照类型，可将这些机构划为四大块：七大研究理事会③、相关政府部门与地方性研究机构、大学和企业研发机构。研究理事会负责国内各领域的基础和应用研究，实为具有"准政府"性质的科技管理机构，上级主管部门是英国贸工部科技办公室，经费主要来自政府的科技预算。各研究理事会均设有管理委员会，邀请来自大学、专业机构、工业界和政府的专家组成，设立非全职主席和全职副主席各1名。仅在研究理事会这一方面，英国

---

① 李朝晨．英国科学技术概况［M］．北京：科学技术文献出版社，2002.

② 同上。

③ 依照英国皇家宪章而成立的自治性非政府机构，2007年4月前为七大研究理事会，自当年4月起，原"粒子物理学与天文学研究理事会"与"中央实验室研究理事会"合并形成科学与技术设施理事会。下面是研究理事会的名称和网址：（1）工程和物理科学研究理事会，http：//www. epsrc. ac. uk/default. Htm；（2）医学研究理事会，http：//www. mrc. ac. uk/index. htm；（3）科学与技术设施理事会，www. scitech. ac. uk/；（4）生物技术与生物科学研究理事会，http：//www. bbsrc. ac. uk/；（5）自然环境研究理事会，http：//www. nerc. ac. uk/；（6）经济与社会研究理事会，http：//www. esrc. ac. uk/ESRCInfoCentre/index. aspx。

政府每年会给予15亿英镑左右的科技预算。而大学作为主要的科研机构，每年总经费投入都是上百亿英镑。以2002~2003年财政年度为例，英国政府对教育的投入占国家GDP的5.4%，高等教育占其中的1.0%。

（二）英国大学生的科研活动

英国素有崇尚科技的传统，也是一个有悠久教育传统的国家，英国大学生受这种氛围的熏陶，具有较强的科研兴趣与能力，通过跟随导师参与科研项目、参加学术活动、投身创业等方式开展科学研究。

1. 英国科学促进协会

提及英国大学生的科研活动，就不能不提到成立于1831年的英国科学促进协会（British Association for Advancement of Science，BA）。该协会是英国历史最悠久、影响最广泛的民间科普组织，也是英国唯一的全国性专业科普机构，采取非营利性、开放会员制运行，会员包括政府部门、大学、专业学会、博物馆、慈善组织和个人等。很多大学生通过加入该协会，参与各项科学研究活动，锻炼提升个人的科研能力。

BA科学节（The BA Festival lf Science）是由英国科学促进协会主办的活动之一，也称英国科学促进协会年会，每年9月初轮流在英国的不同大学里举办，为期一周。自1831年始举办以来，BA科学节已成为欧洲最盛大、历史最悠久的科技盛会，组织者会邀请超过400名的国内外前沿科学家和学者参加，期间举办系列专题讲座、展览和研讨会，就当今世界科学技术的最新发展和动态进行交流与探讨。2007年BA科学节于9月9日至9月15日举行，在其发源地约克郡，由约克大学承办；2008年的BA科学节由地处英格兰西北部的利物浦大学承办。①

2008年BA科学节的主席是大卫·金先生，他所选定的主题为“科学推动下的稳定（发展）”（Sustainability through Science）。在2008年9月6日到9月11日期间，科学与文化的碰撞使利物浦体验到前所未有的科学大冲击。从家庭日到时下热点话题辩论，从名胜古迹游览到与英国顶尖科学家面对面的宝贵机会，BA科学节为大家安排了150项盛大活动。②

全国科学周（National Science Week）也是由英国科学促进协会具体组织举办的一项大型活动，每年3月在英国各地同时举行，以促进各界对科学技术和工程的正确认知，宣传科学技术发展为人类社会生活所带来的影响和利益，以吸引更多的优秀青年投身科学研究为主旨。

---

① BA科学节主页，http：//www. the-ba. net/the - ba/events/FestivalofScience/，周懿译。

② BA科学节主页，http：//www. the - ba. net/the - ba/events/FestivalofScience/，周懿译。

2. 牛津大学的科研创新活动

牛津大学主管科研的副校长 Bill Macmillan 曾说过，在欧盟，无论根据哪种标准进行比较，欧洲最好的 5 个大学都在英国。最主要的原因是，其他国家如德国、法国等，它们的科学研究与大学相分离。而在英国，绝大多数的科研都被放在大学。能够接触科研的前沿动态发展，对于学生成长而言非常有利。最好的学生应由最好的科研人员指导，有的大学把教学和科研人员分开，牛津大学反对这种做法。

牛津大学虽然是英国资格最老的大学，却同时也被誉为是英国最富有创新精神的大学和英国最强大的研究型大学。作为一所有着 800 年历史的古老学校，牛津以常人难以领会的智慧，把中世纪的大学理念和现代大学理念巧妙地融为一体，不断书写着新的辉煌。牛津大学的科学研究活动由来已久，重视大学中的科研活动，不仅带给学生了解科学发展动态的机会，更有利于培养学生的科学思维方式和创新精神。

三、德国大学生的创新经验借鉴

有这样一个国家，它是欧洲历史整合的重要推动者、设计者和建设者；它同为两次世界大战的策源地和战后“经济复苏”奇迹的创造者；它既有令人唾弃的希特勒法西斯纳粹，又有令世人叹服的领先科学技术；它既有诸如康德、黑格尔、马克思、恩格斯等令人肃然起敬的伟大哲学家，又有歌德、贝多芬、海涅、门德尔松等如雷贯耳的杰出艺术家；它的工业高度发达，经济实力位居欧洲之首，世界前三强；它的教育体系独具一格，令世上其他国家争相效仿。这就是德国，一个在历史上富有传奇色彩，同时又极富争议的国家，在世界政治、经济、文化舞台上扮演着重要角色。

这里要着重关注的是德国的教育与科技。近代自然科学起源于西欧，德国人在近代对世界自然科学的发展做出过巨大贡献。然而大学在德国的出现，却比意大利、法国、英国以及西班牙等国家都要晚得多。经院哲学与人文主义的长期斗争，此起彼伏的宗教改革，兼之分散的王权纷争不断，德意志始终陷于四分五裂的状况，难以统一。历经多次战争的洗劫和磨难，从强势到衰败再强大，从整合到分裂再统一，从领先到落后再复兴……德国高等教育的起步似乎晚了些，但这也丝毫无损历来以认真严谨著称于世的德国人在高等教育方面能够取得较快发展，并迅速占据领先地位。

提及德国的高等教育，有一位赫赫有名的学者不得不提，他就是威廉·冯·洪堡（1767~1835 年）。威廉·冯·洪堡在语言学、哲学上有卓越贡献，是著名的教育改革者、语言学者及外交官，更是柏林洪堡大学的创始者。德国早一批的大学，绝大多数都是在启蒙运动时代由当时的德意志诸侯邦国的君主建立，采取“精英”教育的培养模式，为各自所在地区培养官吏和神职人员。1810 年，以一套全新的办学理念为指导，本着“大学最主要的原则是尊重学术研究的自由”为初衷，在普鲁士政府的大力支持下，柏林大学正式成立，并从一开始就吸引了大量知名的学者，长久以来，柏林大学始终被看作是改革大学的象征，对世界各国的高等教育产生了深远影响。

随着柏林大学的建立，一批高等院校相继在德国建立起来。然而与今天德国高度重视自然科学和工程技术恰好相反，当时有些大学提倡对自然科学采取哲学的、思辨式的研究，实验科学并不受到重视，自然学科与人文学科产生极大分歧。好在教授被允许在课堂上讲授自己的专门研究，而不用拘泥于教育部长所批准的课程，所以教授们还是能够基于最新的个人研究资料，在较高的层次上教授学生开展研究所必需的各项技能，但教师对实验方面内容的传授多半在私下进行。德国高等教育教学与研究相结合的传统就是从这里开始形成。这一传统，日后成为德国科研体系一个极为显著的特征。

（一）德国大学生的研究特点

海德堡大学是现在德国境内最为古老的大学，成立于1386年，由“德意志神圣罗马帝国”创办，与中世纪的其他大学一样，主要为本地区培养行政官吏和教会神职人员，曾一度深受加尔文神学思想的影响，被誉为加尔文主义大学，成为当时欧洲的科学文化中心。经历百余年的发展，德国的高等教育已经非常普及，高等学校绝大部分都坐落在人文环境良好、自然环境优美的城市，优越的教学、科研和生活设施为完成大学学业提供了客观和物质上的保证。

目前德国各类高等学校共有368所，分布在16个联邦州，注册学生总人数约190万，外国留学生总人数约20万。每年入学新生人数约22万。各大高校按照不同的学制大致可分为如下三类：一是研究性高校（Wissenschaftlichen Hochschulen），包括大学（综合大学）、技术大学和独立的师范大学，有博士学位授予权，学科专业较多。二是艺术类高校（Kunsthochschulen），包括造型艺术、音乐、影视方面的高校，其学制一般为4~5年，学科专业较为单一。三是职业性的高校（Fachhochschulen），大部分基于原来的工科学校和专科学校而建，讲授科学、艺术基础上的应用学科，学制三年。

德国的高等教育强调能力为本，人人平等，着重培养大学生的思维力和创造力，要求学生多方面全方位发展。德国人的刻板时常成为人们茶余饭后调侃的谈资。但与此同时，德国人的精密、严谨、一丝不苟更让“德国制造”成为人们心目中品质过硬的象征。德国大学所培养出来的学生，更将德国人的典型特性充分体现在他们的学习与研究中。德国大学生的研究特点可以简要地概括为：严谨而富于哲理，秩序中求个性发展，具体表现在如下三方面：

第一，思辨严谨、擅长哲理。曾有人这样比较德、法、中三国人的差别，说“德意志人擅思辨，法国人爱浪漫，中国人喜中庸，于是有了德国人的理性严谨，法国人的多情浪漫，中国人的随遇而安”。这个概括确实比较准确地反映了三个民族的特点。日耳曼是一个擅长思辨的并对之习以为常的民族，这一点从他们所使用的语言中，即能得到很好的体现。语言作为一个国家和民族的文化重要载体之一，能在相当程度上，深刻体现出这一民族的文化特征。有些话意原本很简单，但一经德语特殊表达，就莫名地蒙上了一层深奥色彩。美国文学家马克·吐温在其《欧洲游记》中称德语是一种“可怕的语言”“死语言”，列夫·托尔斯泰也曾经形象地把德语比作看不到尽头的铁路线。但正是这种特点让德语的严谨体现得更加充分透彻，颠来倒去的德语句型结构非常能够体现出德国人的思辨特性，或许也正是因为如此，德国成了思维的王国。这种严于思辨、长于哲理的特性对德国大学生而言，无时无刻不体现在他们所从事的学习、研究活动中。这种习惯于、擅长于理性思维的素质，无疑对科技创造、发明有着重要作用。因为科技创造、发明的实质就是探索事物之间的本质联系，这种联系并不是表露在事物的现象上，而是隐藏在内在中，只能通过思维才能揭示出来。

素以认真见长的德国人时常会把一句俗语挂在嘴边，“复杂总比简单要好”。对于外国人而言，学习德语能让人深刻地体会到这一点。因为德语的语法结构反常，在其“框式结构”里，动词常常被放到句子的结尾，听德国人说话，一定要等到最后句子结束，才能明白其意思，绝不容打岔；德语中的名词有性、数、格的限制，各事其位，不管一句话有多么冗长，不管其中单词的排列有多么乱，人们总能有条不紊地将句子的意思理清楚，虽然麻烦，倒也不容易出现歧义。

第二，严格遵守各项规章制度，井然有序。“Ordnung”一词在德语中非常重要，中文意思是“秩序”，可引申为“规则、规定、条例”之意。一般人们打招呼的用语：“你好吗？”“吃了吧？”“近来怎么样？”在德国人那里成了：“Alles in Ordnung?”（“秩序还好吧？”）德国是一个讲求秩序的民族，非常注重规则和纪律。凡是有明文规定的，德国人都会自觉遵守；凡是明确禁止的，德国人不会去触碰。重视秩序仿佛是德国人的天性，他们从小就在这样的社会环境中生存，遵守秩序的自觉性很强，并成为一种良好的习惯。德国的大学生无论是在他们的日常学习中，还是在科学研究活动中，都严格地恪守着各项规章制度，一丝不苟。这种严谨的习惯与风格，是科学技术研究与运用的重要条件，因为任何科学与技术都是讲分寸的，即都有质与量的规定性，而不是随意的。没有严谨的态度与习惯，不可能在研究与运用中卓有成效。

德国人天生的严谨无人可比，即便是发生了交通事故，他们一般也绝不会发生争吵，两个人报警后就等警察和保险公司按规矩处理，双方可能会在路边聊起来，有的甚至因此还成为好朋友。德国的《明镜》周刊曾在2003年载文，谈汽车业在中国飞速发展，而中国交通却存在严重问题。文章中说：司机不严格遵守交通规则，左转车比其他车都优先的思想似乎根深蒂固，高速公路上可以从右边超车，交通秩序混乱，结果在拥有1450万辆汽车的中国，2002年因交通事故死亡者高达109381人，而在汽车拥有量超过4400万辆的德国，只有6842人死于交通事故。

第三，注重个性培养，稳中求新。德国被人称为“记事本的社会”，因为几乎每个德国公民都有自己的记事本，但凡做出决定之前，必定先参阅自己的记事本，凡事也要计划周详稳妥，以求万无一失，为了改变以往给世人留下的刻板、拘泥、守旧的印象，抓紧抢占时代与世界发展的前沿，德国的教育也越来越注重创新和个性。德国的教师与家长时常用这样一句话鼓励孩子们：“你不应该成为第二个莫扎特，你应该成为另一个贝多芬！”德国人认为，单纯的重复模仿就好比花瓶里的假花，只有对创造的不竭追求、深入探究才是生命的真正源泉。

（二）德国大学生的创新经验

德国是一个自然资源较为贫乏的发达国家，在近代素有重视科技、工程的传统。在德国大学里，研究与教学被放在同等重要的地位。教学与科研紧密连接，学术自由与学习自由相结合，大学生在这样良好的氛围中，使综合能力得以充分发展。

1. 充分运用完备的信息基础设施

在知识经济和终身学习的理念日益深入人心的今天，从事创新的首要前提是对某一领域的历史与现状有足够的认知，能掌握大量的信息并懂得如何取舍。德国完善的公共信息基础设施为大学生从事各项探索与创新活动提供了便利条件。哲理所提及的信息基础设施包括：图书馆、博物馆和文献中心。与我国的这些机构所主要担当的资料与信息存储、展览不同，德国的这些机构本身不仅仅是一个馆藏之地，而更多地肩负着科学研究的职责。

德国共有大小图书馆12442个，藏书超过1.3亿册，主要是为研究、教学、进修、职业教育而整理的文献。各大高校图书馆、州立图书馆收集并保管了大量前沿科研重大领域的资料与图书。德国是世界上较早开展现代博物馆建设的国家之一。博物馆在德国被视为学术机构，各种自然科学博物馆、自然史博物馆、文化史博物馆以及艺术博物馆等保存了大量的宝贵文献，并开展科学研究。大学生可以通过这些基础设施获取大量科研信息，掌握一手前沿资料。

2. 双元制与产学结合

德国的教育体系独具特色，为世界上许多国家学习借鉴，其中与大学生创新能力密切相关的一项尤为特别，这就是德国独有的“双元制”。所谓“双元制”，即在工商协会负责监控质量的前提下，由学校和企业共同完成的一种职业教育模式，学生的学习过程同时在企业（3天在企业实习）和学校（2天在学校学习理论）中交叉并行。所有初中毕业的学生都能进入普通职业学校，实行双元制的学校在学生入学前会与相关企业签订合同，由企业来承担学生学习的一切费用，并每个月支付给学生一定的工资。等学生毕业后可以直接进入企业工作，也可以升入高等职业学校。高等职业学校的学生经过1~2年的学习即可直接进入大学。

通过这种产学结合的双元制学习，即便是刚刚入校的大学新生，也已经在某一专业领域具备了较强的实践操作能力，为即将开展的科学研究奠定基础，不拘泥于课本、教条与理论，不盲信专家，严谨务实，探索求知，开拓创新。

德国的高等院校大致可以分成大学和高等专业学院，两类院校同属于高等教育层次，但在人们心目中还是有所区别。首先是二者类型不同，使命与定位存在差别。大学侧重学术性，重视基础研究，一般设有广泛的学科专业，规模大、门类齐全；高等专业学院侧重应用性，专注于培养应用型人才，为日后职业生涯夯实坚实基础，单科性的或者多科性的专门学院，规模一般。其次，高等专业学院的文凭和学院上要加注“F. H.”（德文中“高等专业学院”的缩写），不能授予博士学位；大学的任何一个专业则都有权招收博士生。

“没有问题就是最大的问题”，这是德国教师在教育问题上的共同认知。所有教师相当重视帮助学生培养“异想天开”的思维方式，鼓励学生大胆提问，尽情发挥，让他们了解到学无止境，以及对权威提出质疑并非大逆不道的事情。在这种教育理念下成长起来的德国大学生，思维活跃却不失逻辑，尊重秩序却不迷信权威。以至让教授们感到在教学过程中，最为费力的不是备课，而是如何安排学生之间的讨论，并通过总结学生讨论的情况向学生传授更多的思维方式和技巧。

四、日本大学生的创新经验借鉴

第二次世界大战以后，日本在一片废墟上重新崛起，迅速恢复实力并一跃成为世界上仅次于美国的经济大国。尤其在20世纪80年代，自日本提出“技术立国”的国家战略，强调发展具有独创性的自主技术、加强基础研究、着重培养富于创造精神和开拓精神的研究型人才之后，日本的经济发展更是以迅雷不及掩耳之势令世人瞠目结舌。在这个自然资源严重匮乏的狭长岛国上，日本人所创造的经济奇迹始终是世人关注的焦点，这其中，教育和科技创新毫无疑问对其经济复苏和腾飞起到了重大作用。

知识拓展

日本政府最近采取一系列措施，决心依靠科学和技术提升国家创新能力。2006年9月，安倍晋三在出任首相仅数天就任命了日本历史上第一位首相科学顾问，不久后又宣布了日本政府到2025年的科学技术发展路线图——《创新25战略》。2007年9月，日本教育部在其2008年度的预算案中提出一系列新计划，希望通过增加年轻科学家的资助经费、国际合作经费和教育经费等，全面实施政府的《创新25战略》。

据2007年出版的美国《科学》杂志报道，日本教育部是资助日本学术界科学研究的主力军。在2008年度的预算案中，日本教育部制定了一个吸引国外科学家和为年轻研究人员提供更多资助的新计划。与此同时，这份预算案也是对政府《创新25战略》的贯彻执行，该战略计划的宗旨是通过增加对科学和技术的投入，促进经济增长。

在《创新25战略》中，日本政府要求更多地为年轻科学家提供研究机会。教育部在预算案中提出，用于资助年轻科学家前10年职业生涯的同行评审经费将增加40%，达到3.51亿美元；国际合作项目经费增加45%，达到1.06亿美元，这些项目包括派日本年轻科学家到海外、请同等水平的外国科学家到日本访问、加强日本与亚洲和非洲的关系等。在教育部的总体预算中，用于同行评审的研究经费将增加22%，达到39亿美元。①

在知识借助产业能迅速转化为资本的今天，世界各国都在积极构建国家创新战略。举世公认的创新型国家有20多个，排在前面的就有如美国、日本、芬兰和韩国等。这些国家所具有的共同特征除了集中在创新综合指数高于其他国家以外，更有一点是都非常重视调动并发挥高等教育在国家创新战略体系中的能量。不同于美国所具有的优良创新传统以及世界一流的人才和设施，日本的创新优势在于具有超强的技术引进、消化和吸收能力，强调“独创性关系国家生死存亡”，以“具有个性的人才”为目标，大力发展高等教育。

日本的高等教育一般分为三种类型：一是大学。日本的大学通常都设有学部（院系）、大学院（研究生院、研究所）等机构，一般学制为四年，毕业后取得学士学位。二是短期大学。短期大学的学制一般为两年，学校注重培养学生的一技之长，学满两年以上并获得相应学分者，可被准予颁发学士学位证，与我国的大专学历类似。三是高等专科学校。日本的高等专科学校主要以初中生为接收对象，主要培养能够适应社会发展的现代技术人才，其中的绝大部分都是工业高等专门学校，其毕业生可授予准学士学位。此外还有一种专门学校，是设置专门课程的学校，以培养学生具有专门技术和实际能力的学校，学习时间1~4年不等。学生学习到两年以上，且上课时间超过1700小时，根据其考试成绩，可以获得专门士称号。日本共有高等教育机构1236所，其中大学576所，短期大学598所，高等专门学校62所。在576所大学中设有研究生院的有405所，其中98所国立大学均设有研究生院。

日本作为一个自然资源稀缺的国家，历来抱有科技传统，不惜花费巨大成本去培养科技人才。战后日本奇迹般的崛起，与日本的重教传统密切相关。美国著名发展经济学

① 实施《创新25战略》，日欲借国际化促国内创新［N］. 科学时报，2007-09-11.

家舒尔茨这样总结："战后日本物质资本存量几乎荡然无存，但其国家财富中的重要部分——具有知识水平的人还大量存在。"日本前文部大臣荒木万夫也曾经指出："从明治以来，一直到今天，我国社会和经济的发展，特别是战后经济的发展非常惊人，为世界所重视，造成此情况的重要原因，可归结为教育的普及和发展。"从政府教育投资的国际比较来看，日本教育投资占政府支出的比例最高，① 充分展示了日本政府对教育的重视程度。其中，高等教育作为科学研究的主体之一，也素来备受关注。

（一）日本大学生的研究性学习

为了适应日益发展的信息化和国际化，日本始终密切关注教育改革，并在1984年提出要培养具有创造性、个性的人才，并将之作为日本教育和教育改革的最主要目标。1985年6月26日，日本临时教育审议会向中曾根首相提交了总理府第二十四次总会关于教育改革的报告，报告指出"教育改革要在教育基本法的范围内进行"，制度和运用的划一性与僵硬性直接导致了教育的荒废现象。由此提出了重视个性的改革基本原则，还提出要在自由化的基础上"扩大选择的机会"，要在教育中进行"生生的活力和创造性、丰富的人性及人们之间内心相互融合的恢复"。在这样的宗旨与理念下，日本的高等教育汲取、借鉴了欧美优秀大学的成功经验，并结合本国的实际情况，制定并出台一系列教育改革政策，有力地推动了日本高校的高层次化、个性化和多样化发展。

研究性学习在日本被称为综合学习，始于20世纪50年代，20世纪90年代在日本中小学中非常盛行。综合学习的设立，以彻底扭转知识偏重的倾向为主要目的，实现培养学生自主性和创造性目标。通过广泛、深入地开展研究性学习，来培养学生独立思考的学习能力，自主发现、寻求解决问题的方法和创造性地开展探究活动的精神；同时培养学生主动灵活地适应急剧变化的国际化社会和信息化社会。

日本大学生从事研究性学习具有如下特点：第一，团队式学习。在日本，从大学的讲座到大学、研究所和企业以及彼此之间相互合作的科学研究，均采用小组的形式进行。大学的讲座一般由一名教授、一名副教授、一两名助手和十几名研究生组成。科学研究以项目为单位组成的小团队，由有经验的项目负责人和研究人员组成，人数大概15人。小组人员经常在一起进行"头脑风暴"式的共同讨论。这种学习方法不仅有利于思想的碰撞与交融，也有利于团队精神的培养与形成。

第二，重视现场开发，强调对引进知识的消化和吸收。日本大学生在研究性学习过程中，非常重视亲身实践体验，要到现场去、了解实物、从现实出发考虑并尝试解决问题。此外对于大量自欧美引进的创新经验与技术，日本大学生在研究之时，必定在严格了解熟悉引进的经验与技术的基础之上，认真学习，系统改良。

---

① 日本文部省．文部统计要览［M］．大藏省印刷局，1999：165.

第三，努力扭转重开发性研究、轻基础性研究的局面。日本取得巨大成功的最重要因素就是创新，然而日本的这种创新大大区别于欧美国家，就是在引进世界先进技术的基础之上，重点吸收、消化、然后再进行二次创新。这种模式曾经帮助日本科技和经济实现跨越式发展，但也成为日本深化发展最大的障碍和瓶颈。长久习惯于这种创新模式的日本人，形成了重开发性研究、轻基础性研究的习惯，导致创新后劲不足。

（二）日本大学生的研究活动

日本为了实现从二次创新强国到“名副其实”的创新型国家的过渡，政府采取了一系列强有力措施，促使大学培养更多符合国家发展趋势和需要创新型人才。日本大学生普遍拥有较大的就业压力，在这种压力之下，他们的研究活动更加严谨细致，一丝不苟。

1. 毕业论文的撰写

日本大学生在学校学习的四年时间中，前三年用来开展课程教学，四年级整整一年用来完成毕业论文。在前期的课程学习阶段，大学生们没有固定编制的班级，也没有固定的教室，是流动式学习。进入大四后，则需要到与各自专业相对应的研究室（类似于我国的教研室）去做毕业论文。论文的题目由教师指定，或者是有国家经费资助的科研项目，或者是受企业委托承担的技术开发项目。教师通过指导大学生开展规范的科研训练，达到系统化、专门化培养学生科学研究能力的目的。

2. 青少年发明俱乐部

名古屋市的刈谷小镇，是日本丰田公司的总部所在。“人的价值就在于具有创造性，现代的电子计算机发展尽管非常先进，但它却需要向人模仿，而只有人才能创造出新东西。从某种意义上说，创造就意味着进步。一个人只有具备创造精神和创造力，才能对人类的发展和社会的进步做出贡献。”基于这样的理念丰田公司在刈谷小镇创造了日本规模最大的青少年发明俱乐部，拥有1500余人的规模。在俱乐部里，由专职的教师和来自企业的技术人员对学生进行指导，并提供器材供他们开展研究和实验，借此培养学生的创造力，并引导学生在不断的失败和尝试中获得顽强意志的磨炼。

技能训练

一、任务名称

各国大学生创新活动交流会

二、任务目标

1. 通过分组的方式，完成读书报告会的分工。

2. 培养参与者的阅读、分析以及组织能力。

三、任务实施

1. 对班级学生进行分组，每组5~6人。

2. 每组同学按要求完成阅读的书籍，读书报告会人员安排、PPT、宣传。

3. 对PPT交流、阅读材料分析和人员分配的合理性做中期分析。

4. 撰写活动通知，进行活动分析与总结。

5. 教师适时指导。

6. 时间：两周。

四、成果考核

1. 活动方案及成果册。

2. 教师根据本组学生的表现情况打分，并计入平时成绩。

参考文献

1. 赵新军，李晓青，钟莹等．创新思维与技法［M］. 北京：中国科学技术出版社，2014.

2. 胡飞雪．创新思维训练与方法［M］. 北京：机械工业出版社，2009.

3. 曹莲霞，赖光宝，孙桂秋等．创新思维与创新技法新编［M］. 北京：中国经济出版社，2010.

4. 创新创业编委会．创新创业能力训练［M］. 北京：中国书籍出版社，2014.

项目统筹：徐　峥
责任编辑：董　昱
责任印制：冯冬青
封面设计：中文天地

图书在版编目（CIP）数据

大学生创新理论与实践 / 方法林，陈瑶主编 . --北京：中国旅游出版社，2017. 2
全国旅游高等院校精品课程系列教材
ISBN 978-7-5032-5757-5

Ⅰ. ①大… Ⅱ. ①方… ②陈… Ⅲ. ①大学生—创造教育—高等学校—教材 Ⅳ. ①G640

中国版本图书馆 CIP 数据核字（2016）第 322142 号

书　　名：大学生创新理论与实践

主　　编：方法林　陈瑶
出版发行：中国旅游出版社
（北京建国门内大街甲 9 号　邮编：100005）
http：//www. cttp. net. cn　E-mail：cttp@ cnta. gov. cn
发行部电话：010-85166503
排　　版：北京旅教文化传播有限公司
经　　销：全国各地新华书店
印　　刷：北京工商事务印刷有限公司
版　　次：2017 年 2 月第 1 版　2017 年 2 月第 1 次印刷
开　　本：787 毫米×1092 毫米　1/16
印　　张：13. 25
字　　数：262 千
定　　价：39. 00 元
I S B N　978-7-5032-5757-5